LLÊN Y LLENOR
GOLYGYDD: HUW MEIRION EDWARDS

Saunders y Dramodydd

Tudur Hallam

GWASG PANTYCELYN

ISBN: 978-1-907424-55-7

Mae'r cyhoeddwr yn cydnabod cefnogaeth ariannol
Cyngor Llyfrau Cymru.

Cyhoeddwyd gan Wasg Pantycelyn
Argraffwyd gan Wasg y Bwthyn, Caernarfon

I Nia
ac i Garan, Bedo ac Edwy

CYNNWYS

DIOLCHIADAU

Carwn yn gyntaf ddiolch i fyfyrwyr y cwrs gradd BA yn y Gymraeg ym Mhrifysgol Abertawe, a'r dosbarth llenyddol yn Sgeti, am bob cyd-drafod a fu ar ddramâu Saunders Lewis er 1999. Diolch hefyd i'r ymchwilwyr ôl-radd Gwennan Evans, Sarah Gwilym, Awen Jones a Hannah Sams am drafodaethau difyr yn ddiweddar.

Rhoddodd ennill Ysgoloriaeth Goffa Saunders Lewis yn 2010 gyfle imi ddatblygu fy nodiadau darlith ac ymchwil ysbeidiol ar y dramâu, a dechrau o ddifri ar lunio'r gyfrol hon. Mae fy niolch yn fawr i'r Ymddiriedolaeth am ei nawdd a'i gofal. Diolch yn arbennig i'r Athro R. Geraint Gruffydd am ddarllen darnau cynnar o'r gwaith ar ran Ymddiriedolaeth a Chronfa Goffa Saunders Lewis, ac am ei gyngor hael. Diolch hefyd i'r Cadeirydd, yr Athro M. Wynn Thomas, ac i Brif Weithredwr y Cyngor Llyfrau, Mr Elwyn Jones, am bob anogaeth, ac am drefnu'r ddarlith gyhoeddus dan nawdd yr Ymddiriedolaeth a Chymdeithas Ddysgedig Cymru yn Aberystwyth ym mis Mai 2012.

Bu'r gyfrol hon drwy law dau o'm cyd-weithwyr ym Mhrifysgol Abertawe, Dr Christine James a Mr Robert Rhys. Mae fy nyled yn fawr i'r ddau am sawl awgrym doeth a gwerthfawr. Diolch hefyd i'm cyd-weithwyr agos yn Academi Hywel Teifi a Choleg y Celfyddydau a'r Dyniaethau am bob cefnogaeth, yn enwedig wrth imi ymroi i orffen y gwaith. Diolch i'r Brifysgol am drefnu achlysur fy narlith agoriadol, a bu honno eto'n fodd imi ddatblygu'r ymchwil ymhellach tuag at y gyfrol hon. Bu fy nghyd-weithwyr yn Llyfrgell Prifysgol Abertawe yn hael iawn eu cymwynas, ac felly'r cyfeillion yn Llyfrgell Genedlaethol Cymru

7

a Llyfrgell Gyhoeddus Caerfyrddin. Diolch yn fawr iddynt am wneud y gwaith hwn yn bosib. Diolch hefyd i'm cyfeillion Magali a Geraint Lloyd am eu cymorth wrth imi ymdrechu i drosi ambell ymadrodd Ffrangeg i'r Gymraeg.

Bu'r golygydd, Dr Huw M. Edwards, yn hynod gymwynasgar. Goddefodd sawl cais, gan gynnwys cais i newid ffurf arferol y gyfrol. Elwais yn fawr o'i ofal a'i ysgolheictod wrth iddo ddarllen drafftiau a phroflenni a chynnig awgrymiadau. Wrth reswm, myfi sy'n llwyr gyfrifol am unrhyw ddiffyg sy'n aros.

Gyda'r golygydd, bu gofal y wasg amdanaf yn dra charedig. Diolch yn arbennig i Marred Glynn am yr e-byst amyneddgar, ac i'r wasg am ei phroffesiynoldeb.

I'm teulu, yn olaf, anodd gwybod pa fodd i fynegi maint fy ngwerthfawrogiad – am gymwynasau lu gan fy rhieni a'm rhieni yng nghyfraith, am ymbil taer y plant i'm tynnu o'r stydi at y trampolîn, am amynedd ac anogaeth fy ngwraig i sicrhau bod modd imi orffen y gwaith. A hebot ti, Nia, gwn na fyddwn yn deall fawr ddim am y theatr, a llai fyth am sut i ysgrifennu llyfr yn ei chylch. Drama – mawr ddiolch i Delyth Mai Nicholas – a ddaeth â'r ddau ohonom ynghyd, ac er gwaethaf cusan amatur, trwsgl, gorfrwdfrydig actor pengoch, gwritgoch yn y chweched dosbarth, dyma ni o hyd yn dal i gredu yn nrama ein bywyd, ac yng ngwefr a grym y theatr Gymraeg ar ei gorau.

RHAN 1:

RHAGYMDDIDDAN

'Peth anodd yw trafod fy ngwaith fy hun.'[1]

Yn wreiddiol, ysgrifennwyd y llyfr hwn ar ffurf astudiaeth academaidd, draddodiadol, yn unol ag arddull y gyfres hon, cyn penderfynu nad y ffurf honno oedd yr un orau ar gyfer yr hyn yr oeddwn am ei ddweud. O'r cychwyn cyntaf, y bwriad oedd cyflwyno darlleniad theatraidd o waith y dramodydd, megis a geir yn llyfr David Maskell, *Racine: a Theatrical Reading*, gan lenwi bwlch nid yn unig yn y gyfres hon, eithr hefyd yn ein gwerthfawrogiad o waith dramataidd Saunders Lewis yn gyffredinol yn y Gymraeg. Y gobaith ydoedd cynhyrchu llyfr academaidd a fyddai'n gydymaith i lyfr John Rowlands, *Saunders y Beirniad*, a chyfrol Saesneg Ioan M. Williams, *A Straitened Stage*, ynghyd â'i gyflwyniadau yn y ddwy gyfrol, *Dramâu Saunders Lewis*.

Nid theori newydd mo'r darllen theatraidd hwn, ac eto, nid dyma'r norm chwaith ym maes beirniadaeth ar ddrama Ewropeaidd. Megis y mae Maskell yn adweithio yn erbyn darlleniadau mwy llenyddol a syniadol o ddramâu Racine, felly hefyd yr wyf finnau'n ymwybodol mai trafod stori a syniadaeth y dramâu, ac i raddau llai, eu hiaith a'u cyd-destun hanesyddol, a wnaed yn aml wrth drafod agweddau ar waith dramataidd Saunders Lewis. Hyd yn oed wrth synhwyro mai ar sail darlleniad neu brofiad theatrig y bydd beirniad yn nodi mai *Siwan* yw gwaith gorau'r dramodydd, bydd y drafodaeth ei hun ar ei waith yn canolbwyntio'n bennaf ar stori a syniadaeth.[2]

Weithiau, yn sgil y cyfryw bwyslais ar syniadaeth, archwilir yn fwriadol 'yr ethos a ddiffiniwyd unwaith ac am byth yn *Gwaed yr Uchelwyr*', yn hytrach felly nag archwilio datblygiad theatrig y dramodydd yn ei ddramâu aeddfed.[3] Ni fynnwn am funud fod heb drafodaethau syniadol felly. Oherwydd er fy mod yma'n dadlau dros ddull arbennig o ddarllen drama, gan gredu mai dyma'r dull mwyaf priodol mewn perthynas â'r theatr, beirniadaeth eithafol yw honno sy'n disgrifio ymdriniaethau syniadol neu lenyddol ar ddrama yn nhermau 'an eccentric annexe of literary semiotics'.[4] Ac yn achos y dramodydd sydd dan sylw yma, gellir derbyn, gan 'leted y gagendor syniadol a wahanai Saunders Lewis oddi wrth bob dramodydd Cymraeg arall',[5] fod yr agwedd hon ar ei waith yn haeddu'r un sylw ag a dderbyniodd yr elfen syniadol yn nramâu Samuel Beckett, yn enwedig o drafod y syniadol mewn perthynas â chorpws cyfan y naill awdur a'r llall.[6] Dramodydd syniad-ddwys ydyw Saunders Lewis, heb os, ac at yr elfen hon yn ei waith y cyfeirir yn aml pan hawlir iddo statws dramodydd o faintioli Ewropeaidd – 'a dramatist of European stature, European in thought and philosophy'.[7] Felly y canmolir ei arwr, Corneille – 'a philosopher of sorts', chwedl H. T. Barnwell, 'expressing in dramatic form his ideas about the nature of man'.[8] Nid heb reswm da chwaith y darllenir dramâu Saunders Lewis mewn perthynas â hanes athronyddol diweddar y Gorllewin: gweld, er enghraifft, mai mewn perthynas â gwrthryfel dirfodol Kierkegaard a Sartre yn erbyn rheswm 'y sgrifennwyd llawer o ddramâu tra rhesymol Saunders Lewis, megis *Amlyn ac Amig*, *Siwan*, *Gymerwch Chi Sigarét?*, ac *Esther*'.[9] Yn ei astudiaeth o'r mudiad drama yng Nghymru, nododd Ioan M. Williams i Saunders Lewis lwyddo gyda *Buchedd Garmon* i dorri'n rhydd o'r mudiad hwnnw a chreu'r 'posibiliad o ddrama Gymraeg a gyfrannai'n uniongyrchol at y dadleuon moesol ac athronyddol a oedd yn gyfredol yn nrama Ewrop'.[10] Mae hynny'n gwbl gywir, ac, wrth gwrs, yn faes astudiaeth hollol ddilys. Fodd bynnag, yn wyneb gofynion y theatr Gymraeg heddiw, ystyriais nad drwg o beth fyddai taflu'r rhwyd i gyfeiriad lletach na'r syniadol a'r athronyddol yn unig ac archwilio'r elfennau hynny sy'n ymgorffori'r syniadol mewn darn llwyddiannus o theatr. Canlyniad hynny yn y gyfrol hon yw peidio â chanoli'r sylw ar *Gwaed yr Uchelwyr*, *Buchedd Garmon* nac *Amlyn ac Amig* – ei 'weithiau prentis', chwedl y dramodydd ei hun[11] – eithr trafod yn hytrach y dramâu mwyaf artistig a mwyaf llwyddiannus yn y theatr. Fel y dadleuodd R. M. Jones, y dramâu lle y mae'r syniadol wedi ei ddiriaethu ar ffurf cymeriad a digwydd 'dwfn a theimladol' yw'r rheini, ac er na chytunwn ag ef yn achos *Cymru Fydd* (1967) – drama a feirniedir ganddo'n rhannol oherwydd ei hathroniaeth lem, heb ystyried yn llawn natur theatrig y dihiryn a'i hunanladdiad – gellir cytuno'n gyffredinol mai gwendid y dramâu a gyfansoddwyd ar ôl *Esther* (1960) yw bod y syniadol yn rhy amlwg a heb ei gorffori'n awgrymus yn nigwydd y cymeriadau.[12]

Pe gofynnid imi i ba gangen feirniadol ym maes astudiaethau'r theatr y mae'r gyfrol hon yn perthyn, yna, mae'n siŵr mai ymrestru â'r ffenomenolegwyr a wnawn, gan fod y pwyslais ar greu a phrofi darn o theatr sy'n ceisio dweud rhywbeth gwironeddol fawr a all symud pobl. 'Gweledigaeth ysbrydol yw gweledigaeth y celfwr', yr artist, chwedl Saunders Lewis.[13] Fel y nododd Mark Fortier, nid yw ffenomenoleg – ddim mwy na'r un gangen arall – heb ei beirniaid. 'Nevertheless,' meddai Fortier, 'phenomenology does treat lived experience in a compelling way that is different from other theoretical perspectives'.[14] Mae yn y gyfrol hefyd elfennau sy'n perthyn i faes semioteg theatr, wrth imi ystyried sut y mae'r dramodydd yn defnyddio gwahanol elfennau'r theatr i greu arwyddion. 'Arwyddlun hefyd yw'r llwyfan, arwyddlun yw'r ddrama', chwedl Saunders Lewis.[15] Darllenir yr arwyddion hynny, wrth gwrs, gan y gynulleidfa, ac felly mae yma hefyd agweddau ar theori ymateb y darllenydd, a'r pwyslais yn drwm ar rôl y gynulleidfa. Effaith synhwyrus y theatr yw'r brif ystyriaeth, felly, a beirniedir y disgybl yn rhan nesaf y gyfrol am orbwysleisio strwythur a fformiwla. Yn yr un modd, pwysleisia'r athro, y Llais, na ddylid rhoi'r flaenoriaeth i syniadaeth, eithr gwau pob syniad yn rhan o fywyd y cymeriad. 'Ein tuedd ... yw gorfodi'r ddrama Gymraeg i fod yn ddrama-bamffled, yn ddrama feirniadol. A thrwy hynny ni a anghofiwn mai gogoniant y ddrama yw cymeriadau haelfrydig, mawr, angerddol, a chyda'r cymeriadau iaith gyfoethog ...'[16] Dyna eto gyngor y darpar ddramodydd yn 1920.

Heb os, mae syniadaeth drama yn elfen bwysig i'r darllenydd theatraidd. A dyfynnu Jeffrey Hatcher: 'In its highest sense, drama makes powerful statements about the human condition. It reveals truths about our world and ourselves, truths that rise out of characters acting under the pressure of conflict, need and desire.' Ac eto, y stori, ac nid y syniad, chwedl Hatcher, a ddylai danio dychymyg y dramodydd.[17] Felly yr ymffurfiai dramâu ym meddwl Saunders Lewis. Weithiau, man cychwyn y sefyllfa storïol fyddai 'darllen hanes mewn papur newydd Saesneg'.[18] Ond wedi iddo ddarllen am stori'r fam weddw a gawsai dri mis o garchar am guddio'i hunig fab o garcharor, gwelai'r dramodydd y byddai'n rhaid i'w ddrama ef, *Cymru Fydd*, '[dd]weud rhywbeth am y sefyllfa a'r dewis sy'n wynebu Cymry heddiw'.[19] Gan hynny, ceir enghreifftiau trawiadol yn y ddrama hon lle y mae'r dramodydd *fel pe bai* – sylwer – yn herio'r Cymry'n uniongyrchol i ystyried eu stad eu hunain, gan adleisio ambell beth yn ei ddarlith enwog *Tynged yr Iaith* (1962). Meddylier hefyd am areithiau tebyg yn *Esther* (1960), lle y mae llais y dramodydd digenedl fel pe bai'n asio â llais y cymeriad. O'i defnyddio'n gynnil, gynnil ac yn unol â'r gymeriadaeth, gall hon fod yn dechneg effeithiol ac elfen Frechtaidd o ddieithriol yn perthyn iddi. Heb y cynildeb, fodd bynnag, gall dynnu gormod o sylw ati ei hun, megis y cyfeiriad at lyn Tryweryn o enau Halder yn *1938*.[20] Ond, wrth gwrs, nid pregeth nac araith wleidyddol mo drama, a llefaru'n bennaf â'i gynulleidfa drwy gyfrwng y digwydd rhwng y cymeriadau ar lwyfan, 'ar lun stori', a wna Saunders Lewis.[21] Dyma'r llefaru anuniongyrchol y mae ambell chwistrelliad o lefaru *ymddangosiadol* 'uniongyrchol', eironig yn dibynnu arno'n llwyr. Rhaid cofio hefyd nad ymryson athronyddol mo drama, ac nad yw pob dadl yn enghraifft o wrthdaro dramatig. Wrth reswm, gall dau gymeriad ddadlau â'i gilydd o du safbwyntiau hollol groes, megis Phugas a Marc yn

Gymerwch Chi Sigarét?, ond bydd ein diddordeb ni – os yw'r dadlau hwnnw'n rhan o'r digwydd – yn y modd y mae'r naill gymeriad a'r llall yn ceisio ennill y ddadl honno, ac effaith hynny ar y naill a'r llall. Er bod y ddrama, felly, yn 'dweud rhywbeth' am Farcsiaeth a Christnogaeth – ac, i ambell Farcsydd, yn dweud gormod o blaid Cristnogaeth, bid siŵr – y mae'r ddrama'n dweud cymaint mwy am rym aberth a chariad a galar, i'r graddau y gall y pethau hyn newid dyn, a rhoi iddo alwad newydd. Wedi'r cyfan, Iris ac nid yr Iesu sy'n achub Marc: ei llaswyr yn y blwch sigarét; ei llais ar y ffôn; ei llw yn ei erbyn; ei marwolaeth yn ei le. Felly y mae yn achos *Cymru Fydd* hefyd. Er cymaint y poeri ar werthoedd y Cymry Cymraeg – 'Duw, crefydd, eglwys neu gapel, Cymru, yr iaith Gymraeg' – gan fod y poeri hwnnw'n rhan hanfodol o gymeriad Dewi, mae'r llefaru 'uniongyrchol' hwn rhwng y dramodydd a'r Cymry, ei unig gynulleidfa, yn rhan o neges ehangach y ddrama, sy'n dweud cymaint wrthym am gariad a gwewyr mam a thad, ac am unigrwydd, ag ydyw am Gymru.[22] Dyma'r apêl syniadol a brofir yn awgrymus drwy gyfrwng gwrthdaro'r cymeriadau yn eu digwydd. Y ffordd fwyaf effeithlon o '[dd]weud rhywbeth' yn y theatr yw drwy beidio â'i ddweud hefyd.[23] Nid yw hynny'n golygu na all ambell linell grynhoi holl ethos drama: 'Beth ond hapchwarae yw byw?'[24] 'Fi ydi Cymru Fydd.'[25] Ond bydd gwirionedd y ddrama – yr hyn sydd ganddi i'w ddweud am y natur ddynol, yr hyn y mae'r llinellau gwirebol yn arwyddbyst iddo – bob amser ar ffurf y digwydd rhwng y cymeriadau wrth inni deimlo effaith y geiriau *arnynt*, ac arnom, lawn cymaint â'r geiriau eu hunain. Hynny yw, trwy inni gydymdeimlo â'r cymeriadau, yn aml yn eu tawelwch, yr agorir ein llygaid, nid trwy gyfrwng unrhyw bregeth. Yn wir, i mi, wrth wylio'r cynhyrchiad gafaelgar *Tir Sir Gâr* yn ddiweddar, profwyd mor gywir yw'r egwyddor a nododd Saunders Lewis yn 1938: 'ni ellir difetha drama yn llwyrach na rhwyddach na thrwy beri i'r cymeriadau ynddi dynnu allan safonau moesol fel baneri ar draws y llwyfan.'[26]

Hawdd deall pam y bydd ambell un ohonom – meddylier yn arbennig am gyfrol Dewi Z. Phillips ar ddramâu Gwenlyn Parry

– yn ymateb yn frwdfrydig i'r elfen syniadol mewn drama, a hithau wedi'i hymgnawdoli yn y cymeriadau a'r digwydd, ac yn rhan o'r gofod a'r strwythur yn aml iawn.[27] Heb os, bydd drama dda yn ein gadael â rhywbeth i'w drafod. Bydd darlleniad theatraidd llawn, fodd bynnag, am archwilio hefyd yr elfennau eraill sy'n boddhau'r gynulleidfa yn y theatr gymaint â'r athronydd yn ei stydi. Rhaid cofio nad yw 'cymhlethdod di-ddeall *Tŷ ar y Tywod*', er enghraifft, at ddant pawb, a bod hynny'n her i unrhyw theatr sy'n chwilio am gynulleidfa.[28] I mi, megis y feirniadaeth ar athrylith Beckett a chomedïau duon y *boulevards* newydd, felly y mae yn achos Gwenlyn Parry. Mae'r egni posib yn y ffurf yn troi'n 'gydgamddealltwriaeth ailadroddus', chwedl Raymond Williams.[29] Ac er i ambell ddeallusyn ganmol yr elfen hon – 'a cyclical structure ... a diminishing spiral ... descending towards a final closure that can never be found'[30] – yn y theatr, nid oes yn yr ailadrodd hwnnw ddigon o ddigwydd. Ac i'r darllenydd theatraidd, fel y gynulleidfa yn y theatr, y mae digwydd yn bwysicach na syniad. Camp Shakespeare, chwedl Harold Bloom, yw iddo gyfuno'n well na'r un dramodydd arall adloniant a doethineb: 'both entertainment and wisdom literature'.[31] O orbwysleisio'r naill elfen neu'r llall, mae'r theatr yn colli grym ei hapêl. Try naill ai'n bregeth neu'n ffair. O'u cyfuno, mae'r dramodydd yn creu'r hyn y mae'r theatr yn ei wneud yn dda ac yn well na'r un cyfrwng arall, sef ennyd y ddealltwriaeth fawr:[32] cyffes Llywelyn, tröedigaeth Marc, ymostyngiad a dyrchafiad Esther, dynoliaeth ôl-barchus Dora a John.

Beth yn union, felly, ydyw darlleniad theatraidd? Yn syml, dull deongliadol a darlleniad 3D, eang ei ystyriaethau, cyfyng ei nod; dull a gais wrthbwyso'r duedd ymhlith academyddion i werthfawrogi agweddau llenyddol a syniadol y dramâu'n unig, ac felly darllenir y testun mewn perthynas â'i botensial ar gyfer creu darn o theatr.[33] Fel y dywedodd R. Gerallt Jones, dylid gosod y ddrama 'ar y llwyfan ... ym myd dychymyg wrth ei darllen a'i hastudio'.[34] Yn wahanol i drafodaethau llenyddol a syniadol, bydd darlleniad theatraidd yn ystyried sut y mae'r dramodydd yn llwyddo i gynnal diddordeb y gynulleidfa drwy gyfrwng ei destun perfformiadwy.[35] O gredu mai nod y dramodydd, a chalon y theatr yn wir, ydyw dal sylw'r gwrandawr – 'l'attachement de l'auditeur', chwedl Corneille[36] – onid trafod yr agwedd honno ar ei waith yn anad dim oll a ddylai ambell feirniad? Yn ei ragair i'r ddrama *Problemau Prifysgol*, condemniad Saunders Lewis ar safonau beirniadol ei ddydd ydoedd hyn: 'Llenyddiaeth yw drama inni, neu bregeth.'[37] Mewn gair, chwenychai yntau'r darlleniad a'r ymateb theatraidd. Wedi'r cyfan, gall fod yn brofiad digon tebyg i'r dehongli sydd wrth wraidd yr actio a'r cyfarwyddo a'r ysgrifennu ei hun. Yn 1939, wrth iddo feirniadu cystadleuaeth y ddrama hir yn yr Eisteddfod Genedlaethol, rhybuddiodd yn erbyn 'cynllunio ar bapur ... wrth ysgrifennu', yn hytrach na gweld drama'n 'feirniadol gyda llygaid cynulleidfa'.[38]

Yn ogystal â chyflwyno'r cyfryw ddarlleniad, yr oedd gennyf hefyd, o'r cychwyn, fwriad arall, sef sicrhau y byddai'r llyfr academaidd hwn o fudd, nid yn unig i efrydwyr y ddrama Gymraeg, eithr hefyd i ddarpar ddramodwyr Cymraeg. 'Ni ddylai neb fentro ... heb fyfyrio yn hir iawn uwchben ysgrifau awduron fel Saunders Lewis, John Gwilym Jones, D. T. Davies, Leyshon Williams, J. Ellis Williams ac eraill.'[39] Dyna gyngor Emyr Humphreys i ddramodwyr yn 1959, a'r dramodydd mwyaf oll yn ei olwg, maes o law, oedd Saunders Lewis. Nid anghytunaf â'r farn honno.

Wrth reswm, a minnau am ganolbwyntio ar waith un dramodydd yn unig, ni cheisiais am funud ysgrifennu llyfr 'Sut-i-greu', megis cyfraniad gloyw Emyr Edwards i'r gyfres honno'n ddiweddar, *Sut i Greu Drama Fer*.[40] Fel y nododd un o feirniaid theatr Corneille a Racine, 'method hanfodol' y sawl a gais gyflwyno camp unrhyw ddramodydd ydyw 'dadansoddi'n fanwl ddetholiad o ddramâu'.[41] Er gwaethaf y pwyslais ar grefft, nid y bwriad yma yw cynnig fformiwla o fath y ddrama fecanyddol a gysylltir ag Eugène Scribe a Victorien Sardou, ac a oedd ar un adeg mor boblogaidd ledled Ewrop ac America.[42] Yn 1920, gan gyfeirio at 'y ddrama reolaidd, glyfar, ddienaid', meddai Saunders Lewis:

Y perigl cyntaf yw inni feddwl mai peth peiriannol yw celfyddyd, peth y gellir ei ddysgu fel dysgu triciau siwglaeth. O goleddu syniad felly buan y darfyddai am ddrama ... Canys nid swrn o driciau yw celfyddyd, ond peth personol, peth a berthyn i'r dyn ei hun ... Ac am hynny, y mae deddfu ar faterion celfyddydol – dywedyd yn bendant wrth feirniadu 'rhaid' neu 'na raid', – fel rheol yn wrthun ac ar bob adeg yn beth i'w wylio.[43]

Mae'n ystrydeb bellach nodi na ddylai *Hamlet*, a hithau'n torri cynifer o'r rheolau, weithio o gwbl yn y theatr, ac eto, ys dywedodd Steve Waters, 'it remains far more alive than many a play that obeys all the rules'.[44] 'Os myn neb astudio celfyddyd drama ar ei goreu, darllened ac aml-ddarllened yr act gyntaf o "Hamlet",' meddai Saunders yntau.[45] Ac o edrych ar ystod dramâu Shakespeare, gwelwn mor amharod ydoedd ef i ailadrodd ei gampau, 'so ruthless an experimenter', chwedl Bloom.[46] Gweddw crefft heb ei dawn. Y ddawn honno, dawn yr artist creadigol, sydd hefyd yn gyfrifol am amrywiaeth y deunydd yn nramâu mawr Saunders Lewis: un ddrama ar sail chwedl Blodeuwedd, un ddrama hanesyddol am dywysoges ganoloesol Gymreig, un ddrama gyfoes am Gomiwnydd a'i wraig o Babydd yn Ewrop y pumdegau, un ddrama hanesyddol fodern am y cynllwyn i ladd Hitler, wedi'i lleoli ym Mharis, un ddrama wedyn yn seiliedig ar stori'r Iddewes, Esther, ac un ddrama fawr, olaf, a chyfoes, am wrtharwr o Gymro ar ffo o'r carchar.

Yn wyneb y fath amrywiaeth testunol – gyda'r dramodydd hefyd yn amrywio canolbwynt ei ddramâu o un i ddau i gasgliad o gymeriadau – nid y bwriad yma yw ceisio dod o hyd i unrhyw fformiwla fel y cyfryw. Ac eto, er dweud hynny, ni raid inni roi'r gorau i astudio barddoneg y theatr. Gweddw dawn heb ei chrefft hithau.[47] I'r perwyl hwn, yn ogystal â darllen yr astudiaethau academaidd ar waith Saunders Lewis a dramodwyr eraill a gwylio amryw ddramâu, ymgynghorais â nifer o lyfrau ar grefft ysgrifennu drama, a chanfod bod y goreuon ohonynt – er enghraifft, *The Crafty Art of Playmaking* gan Alan Ayckbourn – yn cynnig nid yn unig gryn dipyn mwy o arweiniad i'r darpar ddramodydd nag a wnâi astudiaethau'r academyddion, eithr hefyd ddyfnder dealltwriaeth amgenach o bosibiliadau'r theatr ei hun. Gwelwn yn eglur ddigon fod mwy o dreiddgarwch, os llai o nodiadau gwybodus, yn perthyn i'r llyfr *How Plays Work* gan y dramodydd David Edgar o'i gymharu â'r *How Plays Work* arall gan yr Athro Emeritws Martin Meisel. Mae'r ail lyfr, o Wasg Prifysgol Rhydychen, yn astudiaeth academaidd, drylwyr a goleuedig o safon, ond mi welwn fod cynnwys ac arddull y llyfr arall, sy'n tynnu ar brofiad y dramodydd ei hun a'i adnabyddiaeth lwyr o hanfodion y cyfrwng, yn ateb f'amcanion presennol yn llawnach. O ddarllen hefyd gyfweliadau â chyfarwyddwyr a dramodwyr rhyngwladol – megis y rhai yn llyfr Ralph Berry, *On Directing Shakespeare*, neu â'r dramodwyr yn llyfr Jeffrey Hatcher, *The Art and Craft of Playwriting* – canfûm fod y ffurf honno ar rannu gwybodaeth yn llawer eglurach ei gwersi ac yn ddifyrrach ei harddull na'r astudiaethau academaidd.[48] Dyma'r caswir nad yw'r academydd canol oed ac aml ei droednodiadau fel rheol am ei gydnabod, efallai, sef y gall trafod 'y ddrama fel llenyddiaeth wiw' fod yn fwy gwerthfawr nag 'ysgrifau beirniadol tra phroffesoraidd'.[49] Gyda'r dychan hwn o eiddo Saunders Lewis ei hun eto'n corddi'r ysbryd, rhois y gorau i'r arddull broffesoraidd (er imi gadw'r ôl-nodiadau), a chwilio'n hytrach am lais arall. Dechreuais ddychmygu y gallai Saunders Lewis amddiffyn ei waith ei hun – nid yn ôl amodau'r beirniaid hynny a gred mai barn yr awdur ar ei waith yw'r unig un o bwys, eithr o gredu mai testun arall a gyfansoddir gennym yw stori'r creu bob tro.[50] Pen draw'r fath ymholi yw'r hyn a welir yn ail ran y llyfr hwn, sef yr ymddiddan rhyddiaith, ac fel y dywed Muriel yn *Gan Bwyll*, 'Socratig yw fy nhechneg i'.[51] Saif y gyfrol, felly – i mi, o leiaf – yn llinach y sgwrs rhwng Gruffydd Robert a Morys Clynnog yn *Gramadeg Cymraeg* (1567), neu rhwng y ddau gymeriad, Theophilus ac Eusebius, yng ngwaith Pantycelyn, *Drws y Society Profiad* – gwaith y mae'r Llais yn cyfeirio ato'n bur helaeth yn yr ymddiddan. Yn 1938, wrth feirniadu cystadleuaeth y ddrama hir yn yr Eisteddfod Genedlaethol, nododd Saunders Lewis 'rai pethau cyffredinol a eill … fod o gymorth i ysgrifenwyr dibrofiad', gan ymddiheuro 'am ailadrodd peth sydd mor hen ag Aristoteles'.[52] Ar sail yr awydd Aristotelaidd hwn i hyfforddi eraill – a welir hefyd ar waith mewn cyfres o ysgrifau cynnar yn *The Welsh Outlook* a'r *Darian* – hyderaf na fyddai'r dramodydd na'r beirniad wedi gwarafun imi ddatblygu ei egwyddorion ar farddoneg y theatr ymhellach.

Wedi imi ddewis ffurf yr ymddiddan, felly, yr her, wrth gwrs, ydoedd ceisio cynnal yr elfen ymchwil 'broffesoraidd', ond cadw'r sgwrs rhag troi'n 'sychlyd o addysgiadol'. Dyna farn E. G. Millward am ymddiddan Twm o'r Nant, *Bannau y Byd*.[53] Anodd i mi fy hun farnu a wyf wedi llwyddo i ymgadw rhag y feirniadaeth honno. Wrth reswm, mae'r elfen addysgiadol yn amlycach mewn ymddiddan na drama. Fel y nododd E. G. Millward, nid anterliwt mo *Bannau y Byd*. Nid traethiad academaidd mohoni chwaith. Ac felly, yn ddi-os, mae perygl iddi syrthio rhwng y naill stôl a'r llall – yn fflat ar ei hwyneb. Am y rheswm hwnnw, ceisiais innau gadw f'ymddiddan rhag llusgo a rhoi ar waith yn ei ddiweddglo rai o'r egwyddorion a drafodwyd yng nghorff y gwaith. Ystyriais roi iddo adrannau, ond un peth ydyw, mi gredaf: un ymddiddan, hynny yw, ac nid drama un act.

Ar dro, bu'n rhaid i Saunders Lewis amddiffyn ei waith yn wyneb beirniadaeth lem, megis yn wyneb y beirniadu a fu ar *Gymerwch Chi Sigarét?* Gwnâi hynny'n 'hwyrfrydig'. Ef piau'r geiriau ar ddechrau'r rhan hon: 'Peth anodd yw trafod fy ngwaith fy hun.' 'Diau na ddylai dramäydd geisio amddiffyn nac esbonio ei waith ei hun,' meddai mewn man arall.[54] Ac eto, mae'r diolch ei fod wedi gwneud o'm rhan i'n dwymgalon iawn; oherwydd, ar un olwg, fy mhrif nod yn y llyfr hwn ydyw dychmygu sut y gallai'r cyfryw amddiffyniad a gyflwynodd y dramodydd ei hun fod wedi ymaddasu'n llyfr ar grefft drama. Ceisir amlygu, felly, sut y mae'r dramodydd hwn (a'r dramodydd yn gyffredinol) yn 'argraffu ar gynulleidfa y diddordeb cyffrous ... yn y clwm bychan o gymeriadau a ddaliesid yn argyfwng y digwyddiad'; sut y mae'n 'ymroi ... i drosglwyddo'r ias a'r cynnwrf ... yn natblygiad y stori, ac i gyfleu hynny yn y dialog'.[55] Nid rhoi'r dramodydd ar brawf mo'r bwriad o gwbl, felly. Mae'r ddedfryd ynghylch ei fawredd eisoes yn amlwg ddigon i mi. Ac, am y tro o leiaf, nid tasg anodd yw cytuno ag Emyr Humphreys mai Saunders Lewis yw ein prif ddramodydd, a'i fod yn haeddu'r un ystyriaeth a pharch ag a rydd yr Almaenwr i Bertolt Brecht.[56] Ef a osododd y safon, nid yn unig ar gyfer ei gyfoeswyr, ond hefyd y rhai a'i dilynodd. Er mai cymharol fychan ydyw nifer y dramâu gwirioneddol fawr a gyfansoddodd, a hynny gan iddo gysegru cymaint o'i amser i fathau eraill o weithgarwch a mathau eraill o ysgrifennu – ac yn hynny o beth y mae'r gymhariaeth rhyngddo a Chekhov a'i bum drama fawr ef yn drawiadol[57] – erys Saunders y dramodydd yn ddylanwad arnom heddiw; neu, o leiaf, fe ddylai fod. Credu hynny ydoedd ysgogiad y llyfr hwn. Fel y nododd Ian Rowlands, erys 'ei gred ym mhŵer y theatr i ddylanwadu ar gwrs cymdeithas, ei gweledigaeth, a'i dychymyg' yn hwb i ddramodwyr a chyfarwyddwyr.[58] Ac amlygodd cynhyrchiad y Theatr Genedlaethol o *Esther* yn 2006 fod yng ngweithiau gorau'r dramodydd hwn botensial 'llwyddiant theatrig hyd yn oed mewn oes mor ddreng: drama ac iddi stori afaelgar, cenadwri ddilys, cymeriadau diddorol a ieithwedd rymus'.[59] O ddehongli ei waith yn ddeallus gan gyfarwyddwr ac actorion o safon, gwelai'r adolygwyr oll fod y dramodydd hwn yn abl i symud y gynulleidfa Gymreig o hyd. Pe baem wedi gweld perfformiad o'r un safon gan bob un o'r actorion yng nghynhyrchiad y Theatr Genedlaethol o *Siwan* yn 2008, gallem fod wedi dweud yr un peth yn achos y ddrama honno hefyd, bid siŵr.[60]

Nid fi yw'r cyntaf yn y gyfres hon i feddu ar gymhelliad deublyg, gan ddarllen y testun ger ei fron yng ngoleuni cydamcan arall. Meddylier yn benodol am gyfrol R. M. Jones, *Tair Rhamant Arthuraidd*, ac yntau'n cyfaddef na allai 'neb fod wedi llunio llyfr bach ar feirniadaeth lenyddol gan feddu ar waelach rheswm' (sef llunio llyfr, nid er mwyn astudio'r testun dan sylw, ond er mwyn 'myfyrio am feirniadaeth lenyddol ei hun').[61] Hon, *Saunders y Dramodydd*, fodd bynnag, yw'r gyfrol gyntaf yn y gyfres, mi gredaf, i dderbyn caniatâd ei golygydd i beidio â chadw at y ffurf arferol. Gwaelach fyth hyhi!

Gwell imi nodi, felly, un peth pwysig am wead y gyfrol, cyn dweud rhyw gymaint am natur y dramâu a drafodir ynddi. Elfen yn unig yng nghymeriad y Llais ydyw'r Saunders Lewis hanesyddol. Er bod cynsail ar gyfer nifer o'i sylwadau i'w chanfod yn ei weithiau ysgrifenedig ef ei hun, priodolir iddo hefyd sylwadau sy'n gydnaws â'i weledigaeth, ond a wnaed gan awduron eraill mewn sawl oes. Yn y naill achos a'r llall, nodir ffynhonnell y sylw yn yr ôl-nodiadau, a hynny ar ffurf cofnod ymchwil o'r broses ysgrifennu. Nodir hefyd yn yr ôl-nodiadau ambell ddyfyniad cyd-destunol ac ambell sylw estynedig, a oedd eto'n rhan o'r ymchwil i mi. Fy ngobaith, fodd bynnag, yw y bydd y darllenydd yn darllen yr ymddiddan er ei fwyn ei hun, heb droi o gwbl at yr ôl-nodiadau, a dim ond yn gwneud hynny os digwydd iddo gael ei demtio i ddarllen y gwaith am yr eildro. Gellir wedyn, wrth gwrs – er nad wyf yn annog hyn – ddarllen yr ymddiddan mewn perthynas â'r nodiadau, mewn modd mwy dieithr ac academaidd, fel y gellir yn wir ei wneud yn achos y dramâu golygedig erbyn hyn. Ond yn y lle cyntaf, a dyfynnu Dafydd Glyn Jones, dylid darllen y gwaith 'heb ymboeni am esboniad ar unrhyw air, nac am ffynhonnell unrhyw fenthyciad'.[62]

Creadigaeth yw'r Llais, felly. Mae'n bwysig nodi hynny'n ddiamwys. Mae'n seiliedig ar yr hyn ydyw Saunders Lewis heddiw i mi, gymaint â'r hyn ydoedd yn y cnawd. Fy llais i ydyw'n bennaf oll, ac yntau Saunders yn llais yn fy Llais. Rhaid nodi hefyd nad drama o fath yn y byd mo rhan nesaf y llyfr. Ymddiddan ydyw, os nad ymson ar ffurf cyfweliad rhyngof fi a'r Llais. Wrth gwrs, nid y fi chwaith yw'r cymeriad sy'n dwyn f'enw yn yr ymddiddan: o leiaf, nid yn llwyr.

Yn ystod ei fywyd, rhoes Saunders Lewis inni ambell gyfweliad dadlennol iawn, megis y cyfweliad enwog rhyngddo ac Aneirin Talfan Davies neu'r cyfweliad cryno ond tra diddorol rhyngddo a Gwyn Thomas a gyhoeddwyd yn *Cyfweliadau Mabon*.[63] Yn *Saunders y Dramodydd*, dychwelodd rhith y dramodydd atom ar ffurf y Llais a rhoi inni un cyfweliad arall. Nid ei berson ef ydyw, ac eto gobeithiaf ei fod yn gymeriad o fath, neu ò leiaf yn fwy na dyfais.[64] Canoli'r sylw ar Saunders y dramodydd *theatr* y mae'r llyfr hwn, a thrafodir yn bennaf ei brif weithiau rhwng *Siwan* a *Cymru Fydd* – 'cyfnod aeddfed y dramodydd', chwedl Ioan M. Williams.[65] Nid yn annhebyg i'r corff o waith dramataidd a gynhyrchodd ei hoff ddramodydd ef, Pierre Corneille, digon anwastad yw safon y canon Saundersaidd.[66] Wrth gwrs, rhaid cofio i Saunders Lewis gyfansoddi ambell ddrama ar gyfer radio a theledu, ac yntau'n sylfaenol, i mi o leiaf, yn feirniad ac yn ddramodydd theatr.[67] Mae hynny'n esbonio 'methiant' ambell elfen mewn ambell ddrama – hynny yw, o'i darllen yn theatraidd.[68] Ond ni ddylem gyffredinoli fel hyn chwaith, o gofio mai comisiwn radio a roes *Esther* ar waith, a bod *Branwen*, er enghraifft, er nad yw'n addas ar gyfer y theatr, efallai, yn ddrama deledu dda. Anwastad, o ryw olwg benodol, felly, yw'r safon hon y cyfeirir ati. I mi, o'r safbwynt theatraidd, mae mawredd uchafbwyntiau'r canu canol ar gyfer y theatr, rhwng 1956 ac 1967 – *Siwan*, *Gymerwch Chi Sigarét?*, *Brad*, *Esther* a *Cymru Fydd* – yn ddigamsyniol. A pherthyn i'r cyfnod hwn hefyd y mae *Blodeuwedd* (fersiwn radio 1961) ac *1938* (a ddarlledwyd ar y teledu yn 1978), dramâu ac ynddynt ddigon o botensial theatrig hefyd.

Yn hytrach na rhestru'n gatalogaidd yr holl enghreifftiau o ryw nodwedd theatraidd sy'n bresennol yn y dramâu – nodwedd anffodus braidd ar ambell ddarlleniad theatraidd, sef rhestru pob un dilledyn, cefnlen, ystum ac yn y blaen – penderfynwyd y byddai'r llyfr hwn yn llifo'n well pe bawn yn trafod gwahanol elfennau Aristotelaidd y cyfrwng – delwedd, iaith, sain, cymeriad, digwydd, syniad – a hynny mewn perthynas ag un neu ddwy ddrama enghreifftiol yn bennaf, gan gyfeirio at eraill wrth wneud hynny. Drwodd a thro, fodd bynnag, pwysleisir bod yr elfennau hyn i gyd yn ymdoddi i'w gilydd a bod modd i un gair yn theatr Saunders Lewis – 'Fi', er enghraifft – ddwyn yr holl elfennau hyn ynghyd. Sylwer ar y dyfyniad uchod o'r rhagair i *Gymerwch Chi Sigarét?* Y tair elfen fawr i'r dramodydd ydoedd 'clwm bychan o gymeriadau', 'argyfwng y digwyddiad', a '[th]rosglwyddo'r ias a'r cynnwrf ... yn y dialog'; a gwneud hyn oll er mwyn 'argraffu ar gynulleidfa'. Dyna gywasgu holl gynnwys y llyfr hwn i frawddeg, felly. O! na bai pethau mor syml â hynny.

Yn ei hanfod, symlrwydd yw nod y dramodydd. Ailadroddir y wers Aristotelaidd hon gan nifer o ddramodwyr cyfoes – Alan Ayckbourn, er enghraifft, a David Edgar, Stuart Spencer a Tim Fountain.[69] Dyma, yn wir, un o hanfodion pwysicaf y grefft. Yn 1922, mewn ysgrif fer yn *The Welsh Outlook*, canmolodd Saunders Lewis Yeats am ei allu anhygoel i gadw at yr hanfodol – 'what arduous toil, what discipline, what shedding of ornament and of all that were inessential' – a Gordon Bottomley yntau am lunio dramâu clasurol: 'short and simple. There is no surprise of plot. They are dramas of situation, and the interest is not in the turn of events, but in the unfolding of character.'[70] Dyna grynhoi'r ymdrech at symlrwydd a fyddai'n nodwedd ar ei yrfa yntau, a'r dramâu mwyaf oll yw'r rhai syml, pan fo'r cymeriad yn ei ddigwydd, yn ei argyfwng, yn chwarae â chalon a meddwl y gynulleidfa. Fel y gwelir yn yr ymddiddan, pwysleisio cymeriad, rhagor na'r un elfen arall, y mae'r Llais.

Mewn modd tebyg, yn ei ragymadrodd i *Bérénice*, pwysleisiodd Racine rym symlrwydd yn y theatr, ac apeliodd at awdurdod Sophocles a'i ddrama *Aias*. Honno oedd y ddrama y cyfeiriodd Saunders Lewis ati'n fodel yn ei ragair i *Cymru Fydd*.[71] Gwelai yntau fod angen i ddrama gywasgu'r cyfan yn ddiwastraff, fel na allai'r digwydd fod wedi ei gyflwyno fel arall. Dyna'r gwaith hunllefus sy'n her i'r dramodydd: sicrhau bod pob un gair o enau'r cymeriadau, a phob un ystum neu wrthrych ar lwyfan, yn rhan o'r digwydd. Gwneud mwy a mwy o'r uned leiaf posib bob tro. Ai dyna'r rheswm pam yr erys *Siwan* gyda'r mwyaf theatraidd o'r dramâu: 'arguably Saunders Lewis's finest play', chwedl Bruce Griffiths?[72] Mae'n meddu ar gynildeb rhyfeddol yn nifer ei chymeriadau, ei golygfeydd, ei gwrthrychau a'i hareithiau, 'gyda phob gair yn cario ei bwysau', yn ôl R. Gerallt Jones.[73] Honnodd yr Abbé d'Aubignac, awdur *La Pratique du théâtre* (1657), fod gormod o olygfeydd a gormod o gymeriadau'n cynhyrchu dryswch – 'beaucoup d'agitation ... beaucoup de confusion' – ac wrth i'r dramodydd symud y sgwrs a'r digwydd bob yn ddau gymeriad, rhan fawr o'r mwynhad yn *Siwan* yw'r ymdeimlad o breifatrwydd, a ninnau, ys dywedodd Maskell am ddramâu Racine, yn 'clustfeinio ar gyfrinachau'r pwysigion'.[74] Oherwydd effaith cynildeb – gan gynnwys cynildeb ym mhethau'r llwyfan[75] – yw caniatáu i'r dramodydd gynyddu dwyster teimlad y sefyllfa, a dyfnder y cymeriadau. Dyna'r math o ddyfnder nad yw'r cyffro carlamus ym mhlotwaith *Brad* yn ei ganiatáu, efallai, ac sy'n golygu bod tyndra'r berthynas rhwng Else a Hofacker heb ei ddatblygu'n llawn, ac yn eilbeth i fethiant cyfansawdd y gwahanol swyddogion. Dywedaf hyn, gan gydnabod mai yn fy meddwl yn unig y gwelais i'r ddrama'n theatraidd, yn sgil ei darllen, wrth gwrs, a gwrando ar gynhyrchiad radio 1959, a Richard Burton a Siân Phillips yn aelodau o'r cast.[76] Yn achos *Brad*, daw geiriau John Galsworthy i'r meddwl: 'The dramatist who hangs his characters to his plot, instead of hanging his plot to his characters, is guilty of cardinal sin.'[77] Gryfed y ddwy act gyntaf, ac mor grefftus y plot, fel yr wyf yn mawr obeithio y caf ryw ddydd weld fy mod yn anghywir, fel y profwyd, efallai, drwy gyfrwng cynhyrchiad 2006, nad yw *Esther* yn ddrama 'orlawn, orbrysur ac ansicr ei hamcan', chwedl T. Robin Chapman.[78] (Gwelir uchod imi gynnwys *Brad* ymhlith campweithiau'r dramodydd, er fy mod i'n amau i'r dramodydd ddychwelyd at ei phwnc yn rhannol ar ffurf *1938* mewn ymgais i gywiro'r gwall.) Wrth iddo adolygu'r ddrama yn 1959, nododd Eic Davies 'nad rhwng cloriau llyfr y mae unrhyw ddrama ar ei gorau'.[79] Fel y mae, yn fy nallineb, rhyw synhwyro'r wyf fi y byddai'r act olaf, sy'n symud tuag at dorri'r berthynas rhwng Else a Hofacker, yn siom yn y theatr, gan nad yw'r ddeialog rhyngddynt yn yr act gyntaf, er cryfed yw, yn ddigon i'r gynulleidfa brofi dwyster eu perthynas, ac, felly, faintioli'r golled. I'r gwrthwyneb, mewn ysgrif ar syniadaeth y dramâu, nododd Bruce Griffiths y dwyseir 'y darlun o fethiant llwyr gan ddynion gweinion yn wyneb drygioni, gan dynged y rhamant a ddyfeisiodd Saunders Lewis rhwng Hofacker ac Else'.[80] Fodd bynnag, wrth imi ddarllen y ddrama'n theatraidd, dychmygaf mai *dyfais* yn wir yw'r berthynas hon, heb ddigon o reidrwydd yn perthyn iddi, na digon o emosiwn o du'r gynulleidfa. Efallai fy mod yn anghywir, ond synhwyraf nad Albrecht na'r S.S. a ddaw

rhwng y cariadon, eithr Kluge a'r ail act. Ac ym mhrofiad Eic
Davies, 'syrthiodd grym y chware ryw fymryn bach yng
Nglynebwy' yn achos yr act olaf.[81] Os felly, ystyriai'r dramodydd
ei hun hyn yn 'wendid'.[82]

Fel y nododd Anwen Jones, yn hanesyddol, nid cynildeb oedd
nodwedd amlycaf y theatr Gymraeg, ac yn gynnar yn ei yrfa
feirniadol anogodd Saunders Lewis y cwmnïau Cymreig i
efelychu symlrwydd Theatr yr Abbey: 'to rely on good plays and
beautiful speech and action for their effect.'[83] Gan hynny, yr oedd
theatr Saunders Lewis yn fath ar sioc ddiwylliannol i lawer. O
blith ei oreuon, gellir nodi bod *Cymru Fydd* – er gwaethaf her ei
diweddglo i gyfarwyddwr, gan fod y ffin rhwng trasiedi a
melodrama mor denau, wrth gwrs – a *Siwan* hefyd, yn teimlo'n
llawer mwy diymdrech na *Gymerwch Chi Sigarét?* a *Brad*, ac
Esther hyd yn oed, ac felly, i'm dychymyg i o leiaf, yn sicrach ei
gwead a'i gwth. Y mae 'saernïaeth fewnol y stori', chwedl
Aristoteles, a chan hynny'r ymdeimlad o 'reidrwydd' – yr
ymdeimlad na allai'r ddrama fod fel arall – yn gryfach.[84] Er na
ellir ystyried y plismyn yn gymeriadau crwn yn *Cymru Fydd*, y
maen nhw'n perthyn yn llwyrach i fyd y ddrama na Calista yn
Gymerwch Chi Sigarét?, ac mae eu presenoldeb, boed ar y
llwyfan neu beidio, yn cyfrannu at ddwyster y ddrama a'r gwth
tuag at ei huchafbwynt anochel. Er sôn uchod am y llefaru
ymddangosiadol 'uniongyrchol' a geir yn *Cymru Fydd* – efallai y
dylem feddwl yn hytrach am Dewi yn nhermau cymeriad
'surrogate', chwedl Bloom, yn cario ynddo lais y dramodydd[85] –
mor dynn yw'r digwydd nes i'r dramodydd guddio'i law wrth iddo
gyfansoddi'r ddrama hon. Yn achos ambell ddrama arall, y
gwrthwyneb sy'n wir, ac yntau Saunders yn euog o'r gwendid a
welodd ef ei hun yn un o ddramâu Kate Roberts: 'Y mae ôl un yn
mynnu, yn *ceisio*, ac felly un yn treisio arni hi ei hun wrth
ysgrifennu, yn eglur i mi yn y gwaith.'[86] Colli ei afael ar yr
egwyddor hon – egwyddor rheidrwydd – sy'n esbonio 'methiant
cymharol Saunders Lewis fel comedïwr', chwedl Ioan M.
Williams.[87] Er iddo ef ei hun ganmol comedïau clasurol Molière
a chymharu'r portread o Harpagon yn *Y Cybydd* â'r portread yn

Macbeth, a gweld i'r dramodydd ganoli'r digwydd yn *Le Misanthrope* ar 'Célimène neu Alceste ... a mewndra'r ymdrech feddwl'[88] – sef yr hyn a welir hefyd ar waith yn ei ddramâu mawr yntau – ni welir yr un ffocws yn ei gomedïau ef ei hun. Yn wir, nodwedd amlycaf ei gomedïau yw'r gwrthwyneb yn llwyr, yn enwedig y ddwy ddrama gynnar, *Eisteddfod Bodran* a *Gan Bwyll*. Yn y gyntaf yn enwedig, prin yw'r ymdeimlad o reidrwydd – y rheidrwydd hwnnw a welodd Saunders Lewis ei hun yn nrama D. T. Davies, *Ephraim Harris*. Am honno, meddai'r beirniad: 'The vital matter is this: it could not have been otherwise said.'[89] Yn wir, i mi, y gwendid hwn sy'n rhannol gyfrifol am farn y beirniad Bruce Griffiths ar ei gomedïau, sef 'nad oedd gan Saunders Lewis fawr o synnwyr digrifwch'.[90]

Nododd Peter H. Nurse i Molière roi i gomedi'r un math o ffocws ag a roes Racine i drasiedi: 'the action is simplified and subordinated to the presentation of character, its whole purpose being to supply us with a series of *perspectives* of the central figures.'[91] A dyfynnu Bruce Griffiths, ceir 'un cymeriad mawr comig yn ganolbwynt'.[92] Ond yn ei ymgais i archwilio'r modd y mae 'pob cymeriad yn fflachio goleu ymddiddan a deall ar natur ei gilydd', collodd Saunders Lewis olwg ar y ffaith seml hon.[93] Nid syndod, felly, i'r sawl a ganmolodd symlrwydd Molière brofi bod "sgrifennu ffars ysgafn ... yn drybeilig anodd'; yn anos na thrasiedi.[94] Anghofiodd, rywfodd, mai'r un yw'r egwyddor fawr wrth ysgrifennu comedi hefyd. A dyfynnu Ayckbourn: 'the less everything, the better'.[95]

Megis Molière o'i flaen, pwysleisiodd Ayckbourn rym symlrwydd a dwyster er mwyn datgelu cymeriad.[96] Yn achos y Cymro, ein dramodydd ni, mae'r elfennau hynny'n amlycach yn *Excelsior* na *Problemau Prifysgol*, ac eto, ni fynnwn achub y naill na'r llall rhag y feirniadaeth a gyflwynodd R. M. Jones ar y comedïau hyn: 'mae'r gwyfyn wedi cnoi peth ar lawnder gafael y cymeriadau a'u symudiad yn ogystal ag ar y breuddwydion a fynegant.'[97] Yn *Excelsior* hyd yn oed, mae ôl llaw'r dramodydd yn rhy amlwg ar drefniadaeth y plot, fel na theimlwn mai Huw Huws na Dot na Dic Sarc sy'n newid meddwl Crismas Jones, eithr Saunders ei hun.[98] 'Tröedigaeth ryfeddol ddiymdrech Cris yw hanfod *Excelsior*,' meddai Haydn Hughes. 'Dyna ei phwynt, dyna ei chomedi, dyna'r ddrama.'[99] Dyna hanfod ei methiant, felly. Oherwydd rhaid i'r gynulleidfa bob amser gredu yn y dröedigaeth ar y llwyfan; fel arall mae'r chwerthin yn ddiangerdd.

Ar ei orau, mae Saunders Lewis yn llawer mwy cynnil na hyn, a'r gynulleidfa'n cydymdeimlo'n ddyfnach â'i gymeriadau. Ac yn y theatr, effaith cynildeb yw rhoi i'r gynulleidfa ffocws: troi'r digwydd bach yn ddigwydd mawr. Nid yn annhebyg i dechneg dangosrwydd – un o dechnegau amlycaf theatr Saunders Lewis, pan yw geiriau'r cymeriadau'n cyfeirio at ddigwydd y llwyfan (boed y digwydd hwnnw'n air neu'n weithred) – mae creu ffocws drwy gynildeb yn fodd i'r dramodydd adennill yr agosrwydd cynulleidfaol y mae cynifer o bethau'r theatr yn ei fygwth. Ys dywedodd W. B. Yeats un tro: 'With every simplification the voice … recovered something of its importance … The stage-opening, the powerful light and shade, the number of feet between myself and the players have destroyed intimacy.'[100] Y mae theatr Saunders Lewis ar ei gorau pan fo'r dramodydd yn llwyddo i adennill yr agosrwydd hwn rhwng actor a chynulleidfa, oherwydd, fel y nododd Lisa Lewis, 'nid celfyddyd ynysig yw actio, fe ddibynna'n llwyr ar gynulleidfa'.[101] Dyna'r hyn a anghofir 'o hyd ac o hyd', chwedl John Gwilym Jones – 'mai peth ar gyfer cynulleidfa yw drama'.[102] Rhodd Saunders Lewis i'r actor, felly, yw'r ffocws hwn a ddaw yn sgil ei ddefnydd mawr o gynildeb, ac wrth iddo ganoli'r sylw ymhellach ar gymeriadau a digwydd y llwyfan drwy gyfrwng techneg dangosrwydd: 'rhoi i bob un a ddaw ar y llwyfan gymeriad i'w ddeall a'i ddehongli a thrwy ei actio ei greu'n fyw.'[103] Pan ddigwydd hyn, bydd yr actor a'r gynulleidfa'n nesáu at ei gilydd, a'r adolygydd yn nodi'n ddiamwys iddi gael ei 'llyncu'n llwyr gan y digwydd … Gellid teimlo'r gynulleidfa'n ymateb'.[104] Dyma'r foment pan deimlwn fod y theatr yn fyw ac yn brofiad ysgytwol i'r actor a'r gynulleidfa: profiad yn wir, fel y dadleuodd Jerzy Grotowski, sy'n ymdebygu i'r cariad dyfnaf oll rhwng dau unigolyn.[105] Y theatr yn unig a all gynnig hyn i ni; mi gredaf hynny'n ddiffuant. Ys dywedodd John yn *Cymru Fydd*: 'Mae actio da *yn* wir, ar y funud i'r actor ei hunan.'[106] Felly hefyd, mewn ffordd od, i'r gynulleidfa. Yr actor dan sylw yng ngeiriau John, wrth gwrs, yw ei fab, Dewi. Cofier geiriau'r fam hithau: 'John, rhaid ei gredu o, hyd yn oed yn ei anwiredd. 'Does dim modd arall i gyffwrdd ag o.'[107] Mewn traethiad cynnar yn 1919, 'The present state of Welsh drama', rhoes y darpar ddramodydd gryn bwyslais ar y 'cyffwrdd' hanfodol hwn rhwng actor a gwyliwr. Ac yn wir, o ddarllen yr ysgrif, gwelir bod cynhyrchiad diweddar y Theatr Genedlaethol, *Tir Sir Gâr*, yn rhoi ar waith nifer o'i hargymhellion:

> I imagine a house in one of our villages, built pleasantly like an old farm-house, and sheltered among trees. There would be three or four fair rooms, and the porch would not have an illuminated front. I am not sure if the play would all be acted in one room, or whether at a change of scene we should not enter another chamber, the players mingling with the hearers ... But certainly there would be no fixed seats ... and I should leave a great deal to the imagination of the onlookers.[108]

Mewn awyrgylch felly y mae dramâu Saunders Lewis yn gweithio orau, 'gredaf fi, yn rhydd o barchusrwydd y sedd theatr gonfensiynol – er nad yw'r fath awyrgylch, wrth gwrs, yn rheswm dros beidio â chynnal y pwyslais ar grefft dramodydd. Ymhellach, yn 1921, canmolodd Saunders weledigaeth Firmin Gémier a fynnai '[d]ynnu'r tô oddiar [*sic*] y chwaraedy, a mynd yn ol [*sic*] at ddrama'r awyr agored'. Apêl hynny unwaith yn rhagor iddo ydoedd dwyn y 'chwaraewyr a'r gynulleidfa ochr yn ochr dan oleu dydd, a dibynna'r ddrama ar allu'r actiwr i'w dehongli yn syml ac yn urddasol drwy gyfrwng llais ac ystum'.[109] Er bod perygl i'r agwedd Aristotelaidd yn y gyfrol hon roi'r argraff fod unrhyw ddrama fawr yn byw ac yn bod yn annibynnol ar unrhyw ystyriaethau cynhyrchu – 'taken-for-granted delivery systems', chwedl Ric Knowles[110] – rhoes Saunders Lewis gryn ystyriaeth i amodau llwyfannu ac amgylchfyd y ddrama Gymraeg, a hynny gan mai'r peth mawr iddo ydoedd perthynas yr actor â'r gwyliwr-wrandawr. Yn wir, ac yntau'n dadlau 'na welodd neb eto fedrusrwydd artistig Twm o'r Nant' gan 'na ddeallodd neb o'i feirniaid amodau a therfynau ei gelf, sydd yn gwbl wahanol i gelf y chwaraedai',[111] gellid dadlau bod yma enghraifft gynnar o'r 'semioteg faterol' y mae Knowles yn ei hargymell yn *Reading the Material Theatre*.

Mae cymeriad yr Ysbryd, megis yn *Hamlet*, yn gymeriad theatrig sy'n pwysleisio cyswllt y gorffennol â'r presennol, fel rheol i'n rhybuddio a'n cymell i weithredu.[112] Rhoi digwydd ar waith yw ei nod. Dyna ddiben cyflwyno'r Llais yn y gyfrol hon. Bernais mai'r ffordd orau o annog cenhedlaeth newydd o ddramodwyr Cymraeg i fwrw iddi ydoedd drwy roi'r cyfle iddyn nhw gwrdd â'r dramodydd a roes i ni 'ein syniad o'r hyn y gall iaith drama fod'.[113] Yn un peth, mae'r dramodydd yn meddu ar awdurdod llefaru nad yw'n nodwedd ar fy llais i. Nid ysgrifennais yr un ddrama erioed ac nid wyf wedi bod ynghlwm wrth gynhyrchiad theatrig ers dyddiau coleg. Arsyllwr Aristotelaidd yn unig wyf, felly. Ac eto, mi wn i gymaint â hyn. Os dadleuodd Raymond Williams mai Ibsen a greodd 'the consciousness of modern European drama', da y nododd Ioan M. Williams mai dramâu Saunders Lewis sydd 'wedi addysgu'n clustiau' ninnau.[114]

Pe chwiliwn am derm i ddisgrifio theatr Saunders Lewis, cynigiwn am ennyd y term chwithig 'ôl-naturiolaeth ôl-glasurol', oherwydd, er derbyn awgrym y dramodydd ei hun mai Sophocles, Corneille, Racine ydoedd ei '[f]eistri yn y ddrama', y mae'n nes at Ibsen na'r hyn y mae ei rethreg yn ei erbyn yn ei awgrymu.[115] I mi, un yn sefyll rhwng Corneille a Chekhov ydyw; un a aeth i'r Abbey i weld Yeats, a dod oddi yno yng nghwmni Synge.[116] Hyd yn oed yn achos *Blodeuwedd*, mynnai'r dramodydd weld yr actorion yn 'siarad y fydryddiaeth yn naturiol ... [D]wyster naturiol pobl yn meddwl yn galed wrth siarad â'i gilydd, dyna'r hyn sy'n iawn, onid e?'[117] Oni ddywedem fod y sylw'n nes at Ibsen na Racine? 'Rhaid i'r ddeialog ymddangos yn gwbl naturiol,' meddai'r cyntaf, lle'r oedd yr ail, er ei fod yn hoff o arddull naturiol cwmni Molière, yn ffafrio arddull rethregol yr Hôtel de Bourgogne.[118]

Yn hyn o beth, mae'r gymhariaeth rhwng Saunders Lewis a'i arwr Corneille yn un y carwn ei datblygu ymhellach yn y fan hon, oherwydd yr oedd ef, ac yntau'n un o ragflaenwyr Ibsen, yn ymrafael hefyd â'r tyndra creadigol hwn rhwng clasuriaeth a naturiolaeth.[119] A dyfynnu Gordon Pocock:

> [Corneille] takes a story or situation and endows it with significance by elaborating it, filling in its background, drawing out the interest in its events and characters, using heightened language as an extra resource. In doing so, he moves away from tragedy and the poetic method towards a subtle mixture of poetry and naturalism. In many of his later plays ... he accepts the implications of naturalism very boldly, producing some unexpected, sophisticated, and even bizarre effects.[120]

Mae llawer o hyn hefyd yn wir am y disgybl o Gymro. Archwilio un sefyllfa drwy iaith oedd ei dechneg sylfaenol yntau, gan archwilio'r berthynas rhwng clasuriaeth a naturiolaeth. Mewn llythyr at Kate Roberts yn 1923, meddai: 'Dylai drama gymryd un sefyllfa'n unig a'i dihysbyddu hi mewn tair act neu bedair, nid symud o sefyllfa i sefyllfa.'[121] Dyma oedd ei dechneg gyfansoddi graidd. Yn aml iawn, canolbwynt y sefyllfa a'r sgyrsiau o'i chylch yw'r tyndra rhwng dau nad ydynt yn deall ei gilydd: Llew a Blodeuwedd, Llywelyn a Siwan, Dewi a Bet. Ar hyd ei yrfa, dihysbyddu'r sefyllfa hon ar hyd continwwm o farddoniaeth i farddoniaeth-siarad ac ymlaen at siarad naturiolaidd a wnaeth y dramodydd, wrth i'r ferch o flodau droi'n dywysoges ac yn fab i weinidog (a dewis yma'r tri i enghreifftio'r daith tuag at naturiolaeth). A chyda'r iaith, newidiodd ganlyniadau'r sefyllfa, gan nesáu at yr abswrd. Y gwahaniaeth amlwg rhwng y Cymro a'r Ffrancwr, wrth gwrs, yw nad oedd Saunders Lewis yn gaeth i gonfensiynau'r theatr neo-glasurol. Roedd modd iddo, felly, ymateb i'r tyndra chwithig rhwng clasuriaeth a naturiolaeth ac addasu ieithwedd ei ddramâu, a gwneud hynny heb golli'r pwyslais Aristotelaidd ar 'efelychu un digwydd, a hwnnw'n gyfan'.[122] Wrth iddo wneud hyn, datblygodd yn ei ddramâu rhyddiaith un o brif nodau rhethreg y neo-glasurwyr, sef amlygu gwth a chymhelliad y cymeriad ar lwyfan – nodwedd a ddaeth i'r amlwg hefyd, wrth gwrs, yn y theatr naturiolaidd, yn enwedig yng ngwaith Chekhov, ac yn y Gymraeg, yng ngwaith John Gwilym Jones a Meic Povey.[123] Ond wrth iddo ddatblygu ei grefft gymeriadu drwy iaith, cadwodd Saunders Lewis y pwyslais Aristotelaidd ar ddigwydd, delwedd, sain a syniad – 'all that is the same in prose or verse', chwedl Yeats[124] – a chan hynny, er bod modd gweld cryn debygrwydd rhwng ei ddatganiadau ar safonau'r theatr ac eiddo Stanislavsky – gŵr a roes bwyslais mawr nid yn unig ar realaeth seicolegol ond hefyd ar lefaru deallus ac ysgolheictod[125] – digon clasurol ei waed yw'r symud hwn at naturiolaeth hefyd, mor chwedlonol â'r Gymraeg yn *Gymerwch Chi Sigarét?* a *Brad*. Dim ond mewn ambell ddrama 'abswrd' y cyll y pwyslais ar ryngberthynas iaith a chymeriad a digwydd, a chanlyniad dibrisio'r grefft theatrig y pryd hwnnw yw creu cymeriadau anghyflawn, antheatrig, a hynny ar gyfer y teledu a'r radio.[126] Ac eto, hyd yn oed yn *Yn y Trên* a *Cell y Grog*, drama o argyfwng ydyw o hyd: drama o newid, a drama o fethiant, yn wahanol iawn ei hysbryd i'r gweithiau cynnar, yn enwedig *Buchedd Garmon* ac *Amlyn ac Amig*.

Wrth draethu ar ddramâu John Osborne, nododd David Hare mai'r theatr yw'r cyfrwng gorau ar gyfer methiant.[127] Daeth y gwleidydd aflwyddiannus o Gymro i weld hynny'n burion. Meddai yn 1961: '[R]hyw wneud yn iawn i mi fy hun yr ydwyf am fy methiant, yn fy nramâu.'[128] Dygymod â'u methiant yw hanes Siwan a Llywelyn, Iris a Marc, Else a Hofacker, Haman yr Agagiad, ac yn ben ar y cwbl, Dewi a'i deulu. Awgrymodd ambell un mai Janseniaeth Racine a roes iddo'r gallu i osod dyn mewn sefyllfa anobeithiol, anorchfygol, 'brought up thus against a power he could not resist yet able in his defeat to demonstrate his status as a man'.[129] Yn achos Saunders Lewis, mae rhywun yn cael ei demtio i gyplu methiant ei yrfa wleidyddol wrth ei Galfiniaeth Gatholig, gan esbonio llwyddiant y dramâu mawr, aeddfed yng ngoleuni bywyd y dramodydd – fel y gwnaeth ef ei hun, nid yn unig yn y dyfyniad uchod, ond wrth edrych yn ôl ar *Buchedd Garmon*, er enghraifft, yn 1957.[130] Yn sicr, buasai ei fywyd yn un llai helbulus oni bai am ei ddaliadau gwleidyddol a chrefyddol. O edrych ar y dramâu aeddfed, gwelwn yn ddiamau mai canlyniad methu yw gwaed, a heb yr adfer i fywyd a welir yn *Amlyn ac Amig* a *Blodeuwedd*.

Gwelai Saunders Lewis ei hun iddo ymrafael yn ddygn am flynyddoedd lawer â 'iaith theatr'. Yn 1953, gwelai fod 'ymgodymu â'r broblem hon' wedi bod yn nodwedd ar ei yrfa gyfan tan hynny.[131] Gyda *Siwan* (1956) a *vers libre* sgyrsiol y ddrama honno, ymddengys iddo ddatrys y broblem a dod o hyd i'r berthynas ddelfrydol rhwng barddoniaeth a naturiolaeth. Ac eto, o hynny allan, ymwrthododd â barddoniaeth yn y theatr, gan y byddai glynu wrthi wedi tynnu'n groes i symudiad cyffredinol ei oes a chynnwys ei ddramâu tuag at naturiolaeth a dadansoddi'r Gymru gyfoes ac Ewrop. Fel arall, byddai yntau wedi cynhyrchu'r un math o ddryswch ag a gynhyrchir gan ambell enghraifft nodedig o naturiolaeth farddonol yng ngwaith Corneille.[132] Pe bai ei *Esther* yn waith barddonol, byddai, o bosib, yn felodrama chwerthinllyd. Comedi drasig yw, a'r pwyslais ar gymeriadu drwy ddeialog ac nid ar emosiwn yr unigolyn. Dyma'r dryswch a welai'r Saunders aeddfed yn ei 'weithiau prentis' ei hun. Yn 1957, adeg ailddarlledu *Buchedd Garmon*, nododd yr ymgroesai rhag 'ysgrifennu'r farddoniaeth areithiol sydd ynddi'.[133] Y mae gennyf finnau f'amheuon ynghylch *Blodeuwedd*. Teg i mi nodi hyn yn y rhan gyntaf hon, o gofio mai hi yw 'campwaith' y dramodydd i ambell un.[134] Mae'n bosib fy mod yn anghywir – caf weld yn y man, cyn cyhoeddi'r gyfrol hon – ac mai fi'r ôl-anghydffurfiwr o Gymro sy'n theatrig drwm fy nghlyw. Credai Saunders Lewis y byddai 'cynulleidfa Gymraeg yn barod i wrando ar drasiedi o fath Racine', hynny yw, yn barod i wrando ar *Blodeuwedd*, ei ddrama Racine ef.[135] Esboniodd dro arall mai 'rhodd go fawr' i 'ddramaydd hen-ffasiwn' ydoedd dylanwad eglwys a chapel: 'Mae gennym ni gynulleidfa sy'n barod i wrando ar ddweud pethau am dynged dyn, – un o ganlyniadau trafod y pwnc mewn pulpud capel neu eglwys.'[136] Go brin y gellir dweud hynny mwyach, o leiaf i'r un graddau. Fel yr awgrymodd Tennessee Williams – un arall o feibion y mans – nid ar chwarae bach y mae'r dramodydd trasig yn diystyru anallu'r gynulleidfa fodern i ymateb i emosiwn.[137]

Gwn o brofiad, fodd bynnag, y gall *Siwan* o hyd swyno cynulleidfa – cynulleidfa ac ynddi resi o blant ysgol. Ac i un adolygydd, mesur o lwyddiant *Esther* ydoedd i'w blant ymgolli yn y ddrama gymaint ag ef ei hun.[138] Ond am *Blodeuwedd*, a derbyn y sgript fel y mae, wn i ddim, boed yn y gynulleidfa arddegwyr neu beidio. Mae ynddi, heb os, ambell foment wefreiddiol. Yn wir, siawns nad yw'r drydedd act ymhlith deunydd gorau'r dramodydd. O'r cychwyn cyntaf, mae'r ffaith fod Blodeuwedd yn gwrthod caniatáu i'w chariad gyffwrdd â hi yn esgor ar densiwn theatrig ac yn troi eu geiriau'n *weithredoedd* llafar, wrth i'r naill geisio perswadio'r llall ac ennill y ddadl. Cais Gronw Pebr ei thorri â *narratio*, hanesyn, sy'n llawn emosiwn, ond etyb hithau ag araith sy'n dod yn agos iawn at hunanffieidd-dod Phèdre:

> Fy Ngronw ...
> Nid oedd i mi nos na dydd diogel,
> Ond gormes ei gorff ef a baich fy nghas
> Yn sigo 'mronnau a dileu d'argraff di.
> Ni dd'wedaf ragor; caf ddweud a dweud heno,
> Heno ac yfory a thrennydd, ac O, byddaf rydd.
> Ond awr y taro yw hon.[139]

Megis yr ymatal rhag cyffwrdd, mae'r ymatal rhag dweud ymhellach yn rhoi grym newydd i'r geiriau a leferir yma, ac yn rhoi gwth i'r digwydd. 'Beth yw dy gynllun?' yw ei sylw cwta ef. Hi a enillodd yr ornest. A symudwn yn gyflym at ddisgrifio'r cynllun, ac yna'r camau araf, llawn disgwyl tuag at uchafbwynt y cyflawni, wrth i Flodeuwedd rwydo Llew â'i geiriau, a pheri iddo sefyll yn yr union fan lle y gall ei chariad neidio o'i guddfan a'i ladd: ei ladd yn union fel y lleddir y dryw yn y ddrama y mae Llew a Blodeuwedd wrthi'n ei hail-greu'r foment honno. Nid yn unig y mae yma saernïaeth grefftus drama o fewn drama, ond y mae holl ddiben y llefaru'n wahanol yn yr act hon. Mae'n rhan o'r ymrafael rhwng y cymeriadau. Nid cyfrwng ar gyfer cyfleu teimlad uniongyrchol ydyw. Hynny yw, mae'r iaith a'r digwydd yn un, ac er bod yma ambell araith deimladwy sydd fel pe bai'n arafu'r digwydd, mae'r iaith, yn enwedig ar y diwedd, yn foel ac yn oer – 'Mor hawdd y mae dyn yn marw' – ac yn nes at *Siwan* na'r ddwy act flaenorol. Yn wir, ychydig iawn o'r act hon a dorrwyd gan y dramodydd ar gyfer darllediad radio 1961.[140] Teithiasom yn bell o 'Ho, deled yma un …', agoriad chwithig yr act gyntaf. Yma, yn hytrach, gwelir y berthynas rhwng iaith a chymeriad a digwydd y mae'r darllenydd theatrig yn chwilio amdani, ac amlwg ddigon yw'r enghreifftiau o eironi a delwedd a sain, y rheolaeth ar dempo'r act a dyfeisiau dangosrwydd. Dyna'n rhannol pam y mae'n demtasiwn i'r darllenydd theatrig gondemnio'r ddwy act gyntaf, yng ngoleuni'r drydedd, gan yr ymddengys fod yn y ddwy gyntaf antithesis rhwng yr areithio emosiynol a'r digwydd. Cyn gwneud hynny, fodd bynnag, mae'n werth ystyried sylwadau Yeats ar 'bleser trasig': '[C]haracter is continuously present in comedy alone, and … there is much tragedy, that of Corneille, that of Racine, that of Greece and Rome, where its place is taken by passions and motives, one person being jealous, another full of love or remorse or pride or anger.'[141] Mewn drama o'r fath, ni raid i'r araith ddatblygu'r digwydd na'r ddrama rhwng cymeriadau. Ei nod yn hytrach yw amlygu eu cynnwrf yn sgil ambell dro ar fyd. Gall clywed corn yr heliwr gymell Blodeuwedd i lefaru fel hyn:

> Bydd dawel, fron anesmwyth, daeth dy awr …
> Er plygu flwyddyn o dan foesau llys
> A defod dynion, ddeil hyn mono' i'n hwy.
> Cyffro a rhyddid yw f'elfennau i,
> A'm deddf yw chwant, y chwant sy'n gyrru'r had
> I chwalu'r pridd a'i ceidw rhag yr haul.
> Mae ynof innau egin sy'n mynnu dydd
> I dyfu'n fraisg a cheinciog uwch y llwyn
> Heb gyllell neb i'w docio. Ac i mi
> Gwn fod y marchog hwn yn herodr nwyd.[142]

Mewn araith fel hon, mae pleser y gynulleidfa'n deillio o natur gynhyrfus y llefaru – i'r graddau, yn wir, nad yw'n poeni mai cyd-ddigwyddiad yw'r corn hela. Mae'n ymroi, yn hytrach, i ymateb i emosiwn y prif gymeriad: 'this reverie … between man and phantom, this perilous path as on the edge of a sword … so rare and so brief.'[143] Wrth brofi'r pleser hwn, bydd y gynulleidfa'n poeni llai am ddatblygiad y cymeriad ac yn profi rhywbeth dyfnach yn y theatr, 'because the individual woman is lost amid the labyrinth of its lines as though life were trembling into stillness and silence, or at last folding itself away'.[144] Yng ngenau'r actores iawn, oni allai'r araith hon o eiddo Blodeuwedd gynhyrchu'r 'pleser trasig' hwn y mae Yeats yn sôn amdano? Nid yr un yw *Phèdre* a '*Phèdre* as acted'.[145] Felly hefyd, bid siŵr, fel yr awgrymodd Ian Rowlands, y ddrama *Blodeuwedd* yn y theatr.[146] Ond, a derbyn dadl Yeats – barn a ffurfiodd drwy wylio'n gyson ac ailysgrifennu ei ddramâu ei hun – sef nad chwarae â threfn y digwydd sy'n cynhyrchu'r pleser trasig hwn, eithr yn hytrach natur gyfoethog yr iaith, erys elfennau o'r ddwy act gyntaf sy'n peri imi amau eu hapêl theatraidd. Rhyw awgrymu hyn y mae'r ffaith i'r dramodydd addasu iaith y testun ar gyfer darllediad 1961, a hynny, ys awgrymodd Ioan M. Williams, nid yn unig oherwydd y newid cyfrwng, eithr am ei fod 'yn dal yn ymwybodol o anystwythder iaith y ddrama'.[147] Sylwer, er enghraifft, mor niferus yw'r trosiadau a dorrwyd o'r testun ar gyfer darllediad 1961, yn enwedig o'r ddwy act gyntaf. Rhaid trochi'r geiriau'n ddwfn mewn meddwl personol a throsiad, chwedl Yeats.[148] Dyna sy'n cadw'r ddrama rhag melodrama. Nododd Pocock yntau nad ceinder yr iaith sy'n cyfrif am rym *Phèdre*, eithr y modd y mae'r bardd yn grymuso arwyddocâd emosiynol ambell air drwy ei ailadrodd a'i wreiddio ym manylion y stori ac yn seicoleg y prif gymeriad. Wrth i'r cymeriadau siarad yn blaen am ddigwyddiadau gwaedlyd y stori, mae trosiadau treuliedig – 'yn ysglyfaeth i'w nwyd', er enghraifft – yn dod yn fyw.[149]

Yng ngoleuni'r sylwadau hyn, mae'n arwyddocaol i Saunders Lewis, wrth iddo addasu'r ddrama ar gyfer darllediad 1961, dorri cymhariaeth mor hyfryd â'r isod:

> Cyn dy ddyfod ataf,
> Carchar amdanaf i oedd y corff hwn,
> [Megis gwe farw am y glöyn byw;] ...

A thorrodd hyd yr araith i'w hanner.[150] Ynghyd â sawl trosiad, mae'r hunanddadansoddi, nad yw'n ddigon emosiynol i gynhyrchu'r 'pleser trasig', yn diflannu yng ngolygiad y dramodydd aeddfed. 'Characters may feel profound sadness, or joy, or anger, or love,' meddai Stuart Spencer. 'They may speak at great length about these feelings, shout about them, sing about them. But these remain feelings, not actions.'[151] Rhoi pwyslais ar ddigwydd yn hytrach na theimlad a wnaeth Saunders Lewis wrth adolygu'r ddrama a'i haddasu. Yn wir, mae'r araith a ddyfynnwyd uchod, sy'n diweddu â'r gair 'nwyd', i'w thorri hefyd, mewn ymgais i greu cwlwm tynnach rhwng y cymeriadau a chyflymu'r digwydd. Dyna'r feirniadaeth lymaf, efallai, ar gymeriad Blodeuwedd ei hun. Er bod ganddi ambell foment, ambell araith ddirdynnol, ni ellir ei chymharu â Phèdre: 'the workings of the unconscious with its complexes, repressions and sense of guilt.'[152] Mae'r dramodydd Cymraeg ar ei orau, yn hytrach, wrth iddo ddatblygu'r berthynas seicolegol *rhwng* y cymeriadau, wrth iddynt lefaru er mwyn symud ei gilydd, yn hytrach na llefaru'n uniongyrchol i symud y gynulleidfa. Dyna'r rheswm pam y ceisiodd Saunders Lewis ei orau i gyfyngu ar yr areithio a lleihau'r bwlch rhwng *Blodeuwedd* (1948) a *Siwan* (1956) wrth iddo addasu'r ddrama gyntaf ar gyfer darllediad 1961 – estyniad pellach ar y datblygu a welodd James Kitchener Davies wrth gymharu '*Blodeuwedd* yn *Y Llenor* [1923–25] ac yn y gyfrol [1948]'.[153]

I mi, fodd bynnag, *Siwan* yw'r campwaith cyntaf, a phen draw ymchwil y dramodydd am ei lais ei hun. Yn hynny o beth gellir ei chymharu â *Bérénice* Racine.[154] Yn *Siwan*, daw'r cymeriadu a'r iaith a'r digwydd ynghyd, wrth i'r dramodydd ganfod y berthynas iawn rhwng barddoniaeth a naturiolaeth, ac ymateb i natur y gynulleidfa fodern, chwedl Tennessee Williams. Mae geiriau'r traddodiad trasig, megis 'nwyd' a 'gwaed', bellach yn deillio o'r cymeriadau a'r digwydd, yn hytrach nag o awydd y dramodydd i greu areithiau teimladwy â'r cyfryw eiriau.[155] 'Cefais gyda'm gwaed / egni nwydwyllt fy nhad,' meddai Siwan.[156] Gwelsom fod hynny eisoes yn wir. Ffurf ar ddangosrwydd yw'r geiriau, felly.

Cadarnhau y maent yr hyn a welsom eisoes. A gwelsom hyn, nid drwy gyfrwng areithio teimladwy *Blodeuwedd*, eithr drwy gyfrwng yr ymatal – yr 'atalnwyd', chwedl Saunders[157] – a hwnnw'n ffrwydro o'r cymeriad.

Yn y rhan nesaf, rhydd y Llais gryn bwyslais ar ymadrodd enwog yr Abbé d'Aubignac, y beirniad theatr o'r ail ganrif ar bymtheg – 'Parler, c'est agir'.[158] Llefaru *yw* gweithredu. Gweithredu yw llefaru. Gall geiriau fod yn rhan o'r cyffro, yn bethau sy'n symud pobl eraill ac sy'n rhan o'r digwydd. Ond, fel y nododd Mary Reilly, hanner y gwir yw hyn. Nid byw mewn gwagle y mae'r geiriau chwaith, eithr tarddu o ofnau a dyheadau'r cymeriadau sy'n eu llefaru. 'The old dictum "parler, c'est agir" is simply an inadequate description of Racinian action, for it ignores the unverbal world which drives the action forward.'[159] Felly y mae yn achos *Siwan*, a dyna'r rheswm pam y mae'r ddrama hon yn fwy theatrig na *Blodeuwedd*. Daw Blodeuwedd i'r llwyfan yn ddigyfrinach, gan ruthro i areithio, heb newid dim ar gynlluniau ei gŵr. Nid 'parler, c'est agir' mo hynny, a chyd-ddigwyddiad yw Gronw Pebr.

Tua'r un adeg ag yr oedd *Siwan* yn ymffurfio ym meddwl y dramodydd, meddai Tennessee Williams:

> This modern condition of his theatre audience [y ffaith na all hi ymateb i'r ddrama drasig mwyach, y ffaith nad ydym yn medru rhannu'n hawdd ag eraill ein gwir deimladau tuag atynt] is something that an author must know in advance. The diminishing influence of life's destroyer, time, must be somehow worked into the context of his play. Perhaps it is a certain foolery, a certain distortion toward the grotesque, which will solve the problem for him. Perhaps it is only restraint, putting a mute on the strings that would like to break all bounds.[160]

Yn *Siwan*, ceir yr ymatal hwn yn ei anterth, ynghyd ag elfen o'r grotésg yn yr ail act. Deuir â'r teimladau i'r wyneb yn raddol – fel y byddwn ni oll, ambell dro, yn ymdrechu i beidio â cholli deigryn, ac yna'n beichio crio, neu'n gyndyn i ddweud 'Rwy'n dy garu', tan inni wynebu'r ffaith na allwn fod ar ein pen ein hunain. Ac i'r Llais, dyna'r rheswm pam y gall y gynulleidfa ymateb i'r elfen drasig yn *Siwan*, i raddau helaethach nag yn achos *Blodeuwedd*. Hi, Siwan, yw ein Marie de France: 'Ein teimladau ni, ein hofnau ni a'n hiraeth ni, / Nid fel y beirdd dysgedig sy'n glyfar ac oer.'[161] Canu 'ing dylanwad', chwedl Bloom, yw *Blodeuwedd*; canu'r Racinefardd (a than ddylanwad *Andromaque* ac nid *Phèdre*);[162] canu'r bardd ar drywydd ei lais ei hun.[163] Fel yr awgrymodd Tim Fountain, yn aml iawn dyma'r unig ffordd y gall dramodydd ddysgu ei grefft.[164]

Wrth gwrs, efallai fy mod yn gwbl anghywir. Sylwais fy hun ar ddarlleniadau theatraidd a oedd yn awgrymu bod sawl peth yn *Siwan* a fyddai'n anesmwytho cynulleidfa theatr.[165] Fe'm hargyhoeddwyd gan y dadleuon hyn – yn seiliedig yn bennaf ar gambryderon ynghylch digwydd, a'r chwedl gelwyddog a ailadroddir gan bawb, sef mai drama radio yw *Siwan*. (A dywedir hyn, nid oherwydd iddi gael ei darlledu cyn iddi gael ei llwyfannu yn 1954, eithr oherwydd credu'r myth mai apelio i'r glust y mae hi'n bennaf.) Fe'm hargyhoeddwyd, hynny yw, tan imi weld y ddrama ei hun, a phrofi drosof fy hun bleser trasig yr ail act. Mae'n ddigon posib, felly, fy mod innau'n anghywir ynghylch natur theatrig-amwys *Blodeuwedd*, hyd yn oed o geisio'i darllen yng ngoleuni profiad Yeats, Tennessee Williams ac amddiffynwyr Racine. I mi, ymddengys nad yw'r iaith yn llwyddo i gyfleu'r 'mewnblygrwydd angenrheidiol' y mae'r gynulleidfa Ewropeaidd ers y bedwaredd ganrif ar bymtheg wedi ei ganfod drwy gyfrwng opera.[166]

Rhaid i'r beirniad bob amser fod yn barod i'r profiad theatrig wrthbrofi ei ragddarlleniad ohono. Dychmygu ar sail profiad o'r theatr yn unig a wneir, nid deddfu o gwbl. Ac er fy mod yma'n cynnig math ar farddoneg syml, nid wyf am funud yn credu y gall unrhyw ganllaw ym maes ysgrifennu drama warantu y bydd y darllenydd maes o law yn cyfansoddi campwaith theatrig o safon *Siwan* ac *Esther*, ynghyd â'r tair drama fawr, fwy problemus, *Gymerwch Chi Sigarét?* (sy'n broblemus gan mai'r act gyntaf yw'r orau, ac am fod ôl ymdrech ar y ddwy arall), *Brad* (gan fod yr ail act eto'n gryfach na'r drydedd, a'r plot fel pe bai'n gryfach na'r cymeriadau) a *Cymru Fydd* (gan y gallai'r diweddglo droi'n felodramatig). Ac fel y nodais uchod, mae'n dra phosib na ddylwn i amau mawredd *Blodeuwedd*. Gyda'r rhain, rhaid imi addef fy mod yn hoff iawn o sawl act a chymeriad mewn dramâu a gyfansoddwyd ar gyfer radio neu deledu, gan gynnwys ei ddrama olaf, *1938*. A gallai hon, gan na chydymdeimlem fyth â Hitler, fod yn brofiad Brechtaidd inni yn y theatr, ac yn gyfle inni edrych ar Gytundeb Versailles o'r newydd yn ystod y blynyddoedd nesaf.

Rhydd y llyfr hwn gryn bwyslais ar gynllunio drama, ar ddeall ei hegwyddorion, ar blotwaith, ar 'saernïaeth y digwydd', sef yr egwyddor bwysicaf oll yng ngolwg Aristoteles.[167] Ac eto, ys dywedodd y dramodydd David Hare: 'No play exists in its description, in the ambition of what you would wish it to be. It exists only as it is, the thing, not the design.'[168] Drwy gyfrwng yr ysgrifennu ei hun yn unig y gall drama ddod yn fyw, pan fydd y cymeriadau'n llefaru o'u dyfnder eu hunain, ac mae'n anochel y bydd ambell gymeriad felly am ddweud naw wfft wrth y rheolau. Gŵyr y beirniad llenyddol ryw gymaint am y profiad hwn, heb os.[169] Gallaf ddychmygu, fodd bynnag, fod y profiad yn un dwysach o lawer i'r dramodydd. Nododd Dennis Potter, er enghraifft, fod y profiad megis breuddwyd ddwys: 'the intensity of the experience is such that you are almost receiving what you're writing ... It's being on a trip. It's being subject to it as well as controlling it.'[170] Pa ryfedd i Saunders Lewis awgrymu bod ysgrifennu drama'n waith llawer dwysach nag ysgrifennu academaidd a pholiticaidd?[171] A pha ryfedd mai prinder dramodwyr yw gwendid mawr y theatr yn fyd-eang? Ys dywedodd Peter Brook: 'It is woefully difficult to write a play.'[172] Nid syml pob symlrwydd. Yng ngoleuni'r sylw hwn o eiddo Brook, fy ngobaith ar gyfer y llyfr hwn yw y bydd, yn gyntaf, yn astudiaeth ddadlennol o waith ein prif ddramodydd theatr, ac yn ail, yn gwneud y dasg flin o gyfansoddi drama ychydig yn haws i lawer. Gobeithiaf y bydd yr elfen o gynllunio y mae'n ei hargymell yn gymorth i hebrwng y foment honno 'pan fydd y creaduriaid yn rhyw ddod yn fyw', chwedl Saunders, 'ac ... mewn gwirionedd, yn eu 'sgrifennu eu hunain'.[173]

NODIADAU

1 Saunders Lewis, rhagair *Gymerwch Chi Sigarét?* (1956), *DSL: 1*, 612.
2 Bruce Griffiths, 'His theatre', 79–92. Er tegwch i'r awdur, gw. t. 92. 'A single chapter can only be a superficial introduction to a theatre worthy of a whole book.' Hyd yn oed yn achos astudiaeth R. Gerallt Jones, *Siwan Saunders Lewis*, sy'n amcanu at ddarlleniad theatrig, rhoddir cryn bwyslais ar gefndir hanesyddol y ddrama.
3 Dafydd Glyn Jones, 'Agweddau ar ethos y dramâu', 195.
4 Keir Elam, *The Semiotics of Theatre and Drama*, 210.
5 Dafydd Glyn Jones, 'Agweddau ar ethos y dramâu', 184.
6 Am gyflwyniad cryno i'r feirniadaeth ar Samuel Beckett, gw. rhagymadrodd Jennifer Birkett a Kate Ince (goln), *Samuel Beckett*, 1–36. Gw. t. 29. 'The importance of Beckett criticism lies in the fact that it goes on, proliferating ensembles of representational practice, undertaking necessary impossibilities, repeatedly discovering the ordariness of going on.'
7 Emyr Edwards, 'Saunders Lewis, the dramatist', 39.
8 H. T. Barnwell, 'Introduction', yn *Writings on the Theatre*, viii.
9 R. M. Jones, *Mawl a Gelynion ei Elynion*, 36–7.
10 Ioan Williams, *Y Mudiad Drama yng Nghymru 1880–1940*, 198.
11 Saunders Lewis, 'Pierre Corneille', 225. Cyfeirio at *Gwaed yr Uchelwyr* ac *Amlyn ac Amig* a wna yn y dyfyniad, ond digon dibrisiol ydoedd y dramodydd aeddfed o *Buchedd Garmon* hefyd. Gw. 'Drama ar gyfer Gŵyl Ddewi', 9. Gw. ymhellach Ioan M. Williams, *DSL: 1*, 109–10. Cymh. sylw John Gwilym Jones, 'Saunders Lewis dramodydd', 152. 'Mae coeden *Siwan* a *Brad* ac *Esther* yn tyfu'n fwy canghennog a deiliog a phraffach na choeden Luned yn *Gwaed yr Uchelwyr*, nid am iddo newid y pridd ond am iddo ddysgu mwy ar y ffyrdd i'w drin.'
12 R. M. Jones, 'Dramâu Saunders Lewis', 374. Gw. ymhellach t. 376. '[A]il-law yw'r holl egwyddorion hyn pan fyddant yn destun "sôn", pan fodolant yn syniadol: nid ydynt yn gyflawn nes eu plethu yn eu cydberthynas deimladol â'r gweddill o'r bersonoliaeth.'

13 Saunders Lewis, 'Celf drama', 2.
14 Mark Fortier, *Theory / Theatre: an Introduction*, 45.
15 Saunders Lewis, 'Celf drama', 2.
16 Saunders Lewis, 'Celfyddyd y ddrama', 3.
17 Jeffrey Hatcher, *The Art and Craft of Playwriting*, 12. Cymh. t. 41. 'Maybe some great playwrights start with the great thematic idea, but the truth is that good dramatists have a nose for an exciting story that has the potential for exciting ideas.'
18 Saunders Lewis, Rhagair *Cymru Fydd* (1967), *DSL: 1*, 562. Cymh. Ioan M. Williams, *DSL: 1*, 595. 'Eithriad yw *Gymerwch Chi Sigarét?* ymhlith dramâu Saunders Lewis oherwydd ei bod wedi ei seilio'n uniongyrchol ar ddigwyddiad cyfoes, y darllenodd amdano yn y papurau dyddiol Saesneg.' Teg nodi, fodd bynnag, i'r dramodydd addasu'r stori honno hefyd, megis y stori am y fam weddw a'i mab o garcharor a oedd yn fan cychwyn i *Cymru Fydd*.
19 Ibid., 563.
20 *1938* (darlledwyd 1978), *DSL: 2*, 942.
21 Rhagair *Cymru Fydd* (1967), *DSL: 2*, 563.
22 Ibid. 'Cymry yw fy nghynulleidfa i, ni cheisiais ddim arall. Dweud rhywbeth am y sefyllfa a'r dewis sy'n wynebu Cymry heddiw yw mater y ddrama yma, a hynny ar lun stori.' Gw. hefyd *Cymru Fydd* (1967), *DSL: 2*, 602.
23 Cymh. Jeffrey Hatcher, *The Art and Craft of Playwriting*, 42–3. Trafodir yr egwyddor 'dangos ac nid dweud'.
24 *Siwan* (1956), *DSL: 1*, 577.
25 *Cymru Fydd* (1967), *DSL: 2*, 603.
26 Saunders Lewis, 'Cyfansoddi drama hir: beirniadaeth Mr. Saunders Lewis' (1938), 165. I mi, daeth apêl ddramatig *Tir Sir Gâr* (Theatr Genedlaethol Cymru, 2013) i ben drwy gyfrwng monolog y tad yn yr angladd, ac yntau'n ceisio crynhoi gwerthoedd y cymeriad a'r teulu ar ffurf pregeth uniongyrchol. Cyn hynny, roedd y ddrama'n brofiad pur theatraidd.
27 Dewi Z. Phillips, *Dramâu Gwenlyn Parry: argraffiad newydd gyda phenodau ychwanegol*. Gw. t. 11. '[N]i cheir yn fy nhraethodau astudiaeth dechnegol o arddull y dramâu, nac ychwaith o ffurf a thechneg eu llwyfannu. Yn y syniadau a geir yn y dramâu y mae fy mhrif ddiddordeb i. Ac eto, nid syniadau mewn gwagle ydynt, ond, yn hytrach, syniadau sydd wedi ymgnawdoli yng nghymeriadau a chyd-destunau'r dramodydd.'
28 Glyn Evans, 'Awyr iach ar ôl cymhlethdod Tŷ ar y Tywod', *Y Cymro*, 31 Mai 1983, 7. Am y modd y penderfynodd Emily Davies gynhyrchu, ymhlith dramâu eraill, *Siwan*, yn dilyn y feirniadaeth ar *Tŷ ar y*

Tywod, gw. Lisa Lewis, 'Cwmni Theatr Cymru ac Emily Davies', 219–24.

29 Gw. Raymond Williams, 'Theatre as a political forum', 320. Beirniedir agweddau ar theatr yr abswrd am leihau 'the scale of human possibility and human action, converting a dynamism of form which had flirted with a dynamic of action to a repetitious, mutually misunderstanding stasis of condition'.

30 Michael Worton, *'Waiting for Godot* and *Endgame*: theatre as text', 69.

31 Harold Bloom, *Shakespeare: the Invention of the Human*, 734.

32 Dragan Klaić, 'The crisis of the theatre? The theatre of crisis!', 145. 'The more theatre churns out its stuff in unison with the other factories of collective consciousness, such as film and television, the more irrelevant it becomes.'

33 Cymh. David Maskell, *Racine: a Theatrical Reading*, 1. 'There are therefore two texts to be interpreted. Firstly the *written text*, which is purely verbal and which is contained in the editions of Racine's works. Secondly, the *performance text*, which is the potential performance of the written text.'

34 R. Gerallt Jones, *Siwan Saunders Lewis*, 5.

35 Cymh. Michael Hawcroft, *Word as Action: Racine, Rhetoric, and Theatrical Language*, 11. 'The overriding aim is to make a contribution to an understanding of how the tragedies of Racine, so often described as predominantly verbal, none the less work well in theatre.'

36 Pierre Corneille, *Writings on the Theatre*, 112.

37 Saunders Lewis, rhagair *Problemau Prifysgol* (1968), *DSL: 1*, 438.

38 Saunders Lewis, 'Drama hir ... neu ddrama hanes: beirniadaeth Saunders Lewis' (1939), 215.

39 Emyr Humphreys, 'Drama wreiddiol hir: beirniadaeth Emyr Humphreys' (1959), 195.

40 Emyr Edwards, *Sut i Greu Drama Fer.*

41 Gordon Pocock, *Corneille and Racine: Problems of Tragic Form*, 11–12.

42 Gw. J. L. Styan, *Y Ddrama Gyfoes: Damcaniaethau ac Arferion: Realaeth a Naturiolaeth*, 4–5.

43 Saunders Lewis, 'Celfyddyd y ddrama', 3.

44 Steve Waters, *The Secret Life of Plays*, 3.

45 Saunders Lewis, 'Celfyddyd y ddrama', 3.

46 Harold Bloom, *Shakespeare: the Invention of the Human*, 722.

47 Cymh. Stuart Spencer, *The Playwright's Guidebook*, 119. Meddai am Ionesco, Beckett, Anouilh, Shakespeare, Molière, Euripides a

Chekhov: 'these writers knew the rules very well, but made a conscious choice to ignore them.'

48 Ralph Berry, *On Directing Shakespeare*; Jeffrey Hatcher, *The Art and Craft of Playwriting*.

49 Gw. Saunders Lewis, 'Celfyddyd Miss Kate Roberts' (1924), 1.

50 Ysgrifennais ar y pwnc hwn eisoes. Gw. Tudur Hallam, *Canon ein Llên*, 6–19. Hefyd, 'r/hanfodoli', 53–4.

51 *Gan Bwyll* (1952), *DSL: 1*, 442.

52 Saunders Lewis, 'Cyfansoddi drama hir: beirniadaeth Mr. Saunders Lewis' (1938), 165.

53 E. G. Millward, 'O'r llyfr i'r llwyfan: Beriah Gwynfe Evans a'r ddrama Gymraeg', 199.

54 Saunders Lewis, rhagair *Cymru Fydd* (1967), *DSL: 1*, 562.

55 Saunders Lewis, rhagair *Gymerwch Chi Sigarét?* (1956), *DSL: 1*, 612.

56 Emyr Humphreys, *Theatr Saunders Lewis: Astudiaethau Theatr Cymru 1*, 29.

57 Gw. Ronald Hingley, 'Introduction', yn *Anton Chekhov: Five Plays*, vii-ix. 'He left behind only five truly outstanding plays ... Important though the theatre was to Chekhov, he worked for it only sporadically and neglected it for years on end ... When ... Chekhov reverted to serious dramatic writing he did so by invitation.'

58 Ian Rowlands, 'Drama a llenyddiaeth', 59.

59 Gareth Miles, 'Yn y crochan', 96. Gw. hefyd Eifion Lloyd Jones, [adolygiad o *Esther*].

60 Rhyfedd mor amharod ydoedd yr adolygwyr i feirniadu'n gyhoeddus safon actio Rhys ap Hywel, un o actorion amlycaf y sgrin fach, wrth iddynt ymateb i gynhyrchiad y Theatr Genedlaethol o *Siwan*. Anodd peidio â meddwl i'r ffaith hon gyfrannu at yr anniddigrwydd a fynegwyd ynghylch cyflwr y theatr Gymraeg yn gyffredinol wedi i'r cwmni cenedlaethol lwyfannu *Tyner yw'r Lleuad Heno* yn 2009.

61 R. M. Jones, *Tair Rhamant Arthuraidd*, 7–8.

62 Dafydd Glyn Jones, 'Golygu dramâu S.L.', 102–3.

63 Gw. Saunders Lewis, 'Dylanwadau: Saunders Lewis mewn ymgom ag Aneirin Talfan Davies', 5–18; hefyd, 'Saunders Lewis' yn *Cyfweliadau Mabon*, 93–8.

64 Am drafodaeth ar gymeriad yr Ysbryd yn *Hamlet*, ac ym mha fodd yr oedd yn gwbl wahanol i'r ysbryd Senecaidd, 'a kind of Jack-in-the-box, popping up from Tartarus at appropriate moments', gw. John Dover Wilson, *What Happens in Hamlet*, 52–86.

65 Ioan M. Williams, *DSL: 2*, 194. Cymh. Gwynn ap Gwilym, *Stori Saunders Lewis: Bardd y Chwyldro yng Nghymru*, 90. 'Mae'n debyg mai'r pedair drama a ysgrifennwyd rhwng 1956 a 1960 – *Siwan*, *Gymerwch Chi Sigarét?*, *Brad* ac *Esther* – yw dramâu aeddfetaf Saunders Lewis.'

66 Gordon Pocock, *Corneille and Racine*, 16. 'Corneille's work was astonishingly uneven in quality, beginning with feeble comedies and a couple of romantic plays, flaring out in four masterpieces, then dying away in a long line of failures which finally reached the depths of ineptitude.'

67 Cyferbynner Bruce Griffiths, 'Gorchest a chymwynas (rhan un)', 77. 'Ni fu erioed yn hollol gysurus yn cyfansoddi ar gyfer y llwyfan – bu'n fwy cysurus yn cyfansoddi ar gyfer y radio, ac yn ddiweddarach ar gyfer y teledu.' Ymatebir i'r farn hon mewn man arall, 'Saunders Lewis a drama'r radio'.

68 Cymh. e.e. Ioan M. Williams, *DSL: 2*, 773. 'Gall mai'r rheswm dros y methiant ... yw'r ffaith i *Branwen* gael ei chyfansoddi gogyfer â'r teledu.'

69 David Edgar, *How Plays Work*, 99; Stuart Spencer, *The Playwright's Guidebook*, 32; Tim Fountain, *So You Want to Be a Playwright?*, 40, 71. Gw. sylwadau Alan Ayckbourn isod. Wrth reswm, nid yw lleihau nifer y golygfeydd a'r cymeriadau'n golygu na ddylai'r cymeriadau a'r iaith feddu ar ddyfnder mawr. Ffordd o gynyddu dwyster yw lleihau nifer yr elfennau.

70 Saunders Lewis, 'Recent Anglo-Celtic drama', 65.

71 Ar natur theatrig *Bérénice*, o'i chymharu â drama Corneille, *Tite et Bérénice*, gw. Michael Hawcroft, *Word as Action*, 142–59. Cymh. Peter H. Nurse, *Classical Voices: Studies of Corneille, Racine, Molière, Mme de Lafayette*, 69–70. Gw. rhagair *Cymru Fydd*, *DSL: 2*, 564.

72 Bruce Griffiths, 'His theatre', 85. Trafodir dangosrwydd isod, ond mewn perthynas ag effaith theatrig y set foel yn y ddrama *Siwan*, gw. Lisa Lewis, 'Cwmni Theatr Cymru ac Emily Davies', 225. 'Nid set feiddgar nac anarferol oedd hon. Fe gynrychiolai stori'r ddrama mewn modd confensiynol iawn. Cyferbynnwyd stafell wely Siwan yn llawn baneri moethus a chroen anifail â'i chell lom yn yr ail [act]. Ond ar y fath set foel, gwnaed pob celficyn yn fanylyn diddorol, ac felly roedd canhwyllbren a thapestri, cadair a chist yn y stafell wely yn arwyddion o statws y frenhines, tra bod y gell lom a'r gwellt ar lawr ynddi yn arwyddocáu alltud a throseddwraig wrthodedig.'

73 R. Gerallt Jones, *Siwan Saunders Lewis*, 34.

74 François Hédelin, abbé d'Aubignac, *La Pratique du théâtre*, 246. Cymh. David Maskell, *Racine: a Theatrical Reading*, 48: 'eavesdropping upon the secrets of the mighty.'
75 Saunders Lewis, 'Celf drama', 2. 'Rhoi awgrym i'r ysbryd yw amcan golygfa mewn drama, nid diwallu chwant y llygaid.' Cymh. y feirniadaeth ar ddrama J. O. Francis yn 'Celfyddyd y ddrama II: Pa fodd i drefnu'r llwyfan?', 1. 'Dyma fateroliaeth eilwaith yn troseddu ar faes celf; dawn y "music-hall" yn ymdroi ym myd drama.'
76 Gwelais hefyd yr addasiad teledu llwyddiannus a ddarlledwyd yn 1985, ond llai defnyddiol yw hynny i'r dasg o ddarllen yn theatraidd, gan mor wahanol yw'r cyfrwng i'r llwyfan.
77 John Galsworthy, yn Eric Bentley, *The Life of the Drama*, 55.
78 T. Robin Chapman, *Un Bywyd o Blith Nifer*, 324.
79 Eic Davies, '"Brad" Saunders Lewis', 29.
80 Bruce Griffiths, 'Trwy deg ynteu trwy dwyll?', 59.
81 Eic Davies, '"Brad" Saunders Lewis', 31.
82 Saunders Lewis, '*Brad*: holi Saunders Lewis', 39. 'Os ydych yn golygu, pa funudau sy'n aruchel, dim ond y gynulleidfa fedr ateb. Ofnaf mai'r ail act ydi hi i'r gynulleidfa, yn y gwrthdrawiad rhwng Kluge a Hofacker. Os felly, mae hyn yn wendid, oherwydd dydi hyn ddim yn cadw'r diddordeb hyd y diwedd.'
83 Anwen Jones, *National Theatres in Context: France, Germany, England and Wales*, 170–1. 'The Welsh dramatist's reluctance to abandon the "multiplicity of scenes" and the "absurd use of the soliloquy and the aside" was an indication of a general immaturity in the field of scriptwriting skills.' Saunders Lewis (21.9.1920), *Letters to Margaret Gilcriest*, 417.
84 Aristoteles, *Barddoneg*, 87.
85 Harold Bloom, *Shakespeare: the Invention of the Human*, 722. 'Hamlet is Shakespeare's authentic surrogate ...'
86 Saunders Lewis (Hydref 1923), *Annwyl Kate, Annwyl Saunders*, 4.
87 Gw. Ioan M. Williams, *DSL: 1*, 330.
88 Gw. Saunders Lewis, *Doctor er ei Waethaf*, 26–8. Gw. Ioan M. Williams, *DSL: 1*, 329–32; 424–32.
89 Saunders Lewis, 'Welsh drama and folk drama', 168.
90 Bruce Griffiths, 'Gorchest a chymwynas (rhan un)', 77.
91 Peter H. Nurse, *Classical Voices*, 115.
92 Gw. Bruce Griffiths, 'Molière a'r meddygon', 28–9.
93 Saunders Lewis, *Doctor er ei Waethaf*, 28.
94 Saunders Lewis (28 Ebrill 1950), *Annwyl Kate, Annwyl Saunders*, 160.
95 Gw. Alan Ayckbourn, *The Crafty Art of Playmaking*, 13. 'In virtually

every theatre department, economy often equals better art. The
fewer the locations, the shorter the time frame, the fewer the
characters, the less dialogue, the less scenery, the less everything,
the better.' Wrth reswm, saif *Barddoneg* Aristoteles yn gefn i'r
sylwadau hyn. Gw. Aristoteles, *Barddoneg*, 84. '[R]haid i'r stori, am
ei bod yn efelychiad o ddigwydd, efelychu un digwydd, a hwnnw'n
gyfan; a rhaid i rannau'r hanes gydio gyda'i gilydd yn y fath fodd
fel y dinistrir ac y terfir y cyfan o symud neu gymryd allan unrhyw
ran.'

96 Ibid., 44–6, 65–9.
97 R. M. Jones, 'Triawd y Gymru gyfoes', 392. Cymh. Ioan M. Williams,
    DSL: 2, 288. 'Erbyn 1962, pe baem ni'n cymryd tystiolaeth *Excelsior*
    yn unig, byddai'n anodd gwadu nad oedd gweledigaeth Saunders
    Lewis wedi culhau ac wedi chwerwi.' Fel y nododd Ioan M.
    Williams, prin yw'r gwahaniaeth rhwng y fersiwn teledu (1962) a'r
    fersiwn theatr (1980). Gw. tt. 284–8.
98 Cymh. Ioan M. Williams, *DSL: 2*, 286. 'Yn y fersiwn theatr, fel yn yr
    un a gyfansoddwyd ar gyfer y teledu, Dic Sarc biau'r ergyd cryfaf
    sy'n llorio'r cenedlaetholwr gwamal, gan ei fod yn siarad ag
    awdurdod y dramodydd.'
99 Haydn Hughes, 'Saunders yr enllibiwr', 33.
100 W. B. Yeats, 'Certain noble plays of Japan', 222.
101 Lisa Lewis, 'Cwmni Theatr Cymru ac Emily Davies', 244.
102 John Gwilym Jones, 'Drama hir wreiddiol: beirniadaeth John
    Gwilym Jones' (1961), 155.
103 Saunders Lewis, rhagair *Cymru Fydd* (1967), *DSL: 1*, 563.
104 Gwenan Mared, 'Atgyfodi clasur', 55–6.
105 Gw. Jerzy Grotowski, 'Statement of principles', 188. 'The actor's act
    – discarding half measures, revealing, opening up, emerging from
    himself as opposed to closing up – is an invitation to the spectator.
    This act could be compared to an act of the most deeply rooted,
    genuine love between two human beings – this is just a comparison
    since we can only refer to this "emergence from oneself" through
    analogy. This act, paradoxical and borderline, we call a total act. In
    our opinion it epitomizes the actor's deepest calling.' Gw. y
    ffynhonnell wreiddiol, Jerzy Grotowski, *Towards a Poor Theatre*,
    211–18.
106 *Cymru Fydd* (1967), *DSL: 1*, 619.
107 Ibid., 585.
108 Saunders Lewis, 'The present state of Welsh drama', 303.
109 Saunders Lewis, 'Y ddrama yn Ffrainc', 3.
110 Ric Knowles, *Reading the Material Theatre*, 20.

111 Saunders Lewis, 'Y ddrama yn Ffrainc', 3.
112 Gw. John Dover Wilson, *What Happens in Hamlet*, 55–6. Cymh. yr ymdriniaeth ehangach ar ysbrydion yn David Edgar, *How Plays Work*, 188–96.
113 Ioan M. Williams, *DSL: 1*, 110.
114 Raymond Williams, *Drama from Ibsen to Brecht*, 74; Ioan M. Williams, *DSL: 1*, 110.
115 Saunders Lewis, 'Pierre Corneille', 225. Cymh. Gareth Miles, 'Y teilwng a'r annheilwng: cip yn ôl ar y brifwyl', 54. 'Y Norwyad oedd "y dylanwad mwyaf anghelfgar a niweidiol a esgynnodd orsedd celf erioed", meddai yn 1920; ond pan aeth ef ei hun ati o ddifri i sgrifennu dramâu cafwyd gweithiau Ibsenaidd eu ffurf a'u naturiolaeth a gwrth-Ibsenaidd ac adweithiol eu hathrawiaeth.' Gw. Saunders Lewis, 'Celfyddyd y ddrama II: Pa fodd i drefnu'r llwyfan?', 2. Cymh. Raymond Williams, 'Theatre as a political forum', 309. 'There is hardly a new dramatic or theatrical movement, down to our day, which fails to announce, in manifesto, programme note or press release, that it is rejecting or moving beyond "naturalism". And this is especially surprising since the overwhelming majority of theatrical works and productions continue, in relatively obvious senses, to be naturalist, or at least (for there can be a difference), naturalistic.'
116 Hwyrach fod hyn yn wir am Yeats yntau. Gw. W. B. Yeats (1908), *The Variorum Edition of the Plays of W. B. Yeats*, 1295. 'I planned ... to establish a dramatic movement upon the popular passions, as the ritual of religions is established in the emotions that surround birth and death and marriage, and it was only the coming of the unclassifiable, uncontrollable, capricious, uncompromising genius of J. M. Synge that altered the direction of the movement and made it individual, critical, and combative.' Atgynhyrchwyd hyn o'r rhagair i *The Unicorn from the Stars and Other Plays*.
117 Saunders Lewis mewn llythyr at Morris Jones, 23 Chwefror 1948, Papurau Theatr Garthewin (23), Llyfrgell Genedlaethol Cymru. Gw. Ioan M. Williams, *DSL: 1*, 214.
118 Gw. Ibsen yn J. L. Styan, *Y Ddrama Gyfoes ... Realaeth a Naturiolaeth*, 34; David Maskell, *Racine: a Theatrical Reading*, 123. Cymh. sylwadau Ronald Hingley, 'Introduction', yn *Anton Chekhov: Five Plays*, xx. 'It was, as always, Stanislavsky's exuberance that Chekhov most feared. How on earth could his drama of understatement be conveyed by such a dedicated apostle of overstatement?'

119 Gw. Gordon Pocock, *Corneille and Racine*, 11, 24. 'The history of Western drama since the Renaissance is of the gradual replacement of the poetic by the naturalistic mode, and then of attempts to reverse the process. [...] Neo-classical critical dogmas commonly rest on an implied basis of realism (hence the stress on the unities), but this is usually overlaid by an emphasis on formal and moral values and respect for the example of the Ancients. Corneille carries this naturalistic trend further than his contemporaries in several ways.' Cymh. sylwadau Ioan M. Williams ar *Brad* (1958), *DSL: 2*, 17. 'Yn ddiau, y mae'n ddrama yn nhraddodiad Racine a Corneille, y llenorion cyntaf i wynebu'r her o addasu ffurfiau'r hen fyd i argyfwng ysbrydol byd newydd.' Ar ddechreuadau naturiolaeth yn y theatr, gw. J. L. Styan, *Y Ddrama Gyfoes ... Realaeth a Naturiolaeth*, 3. Gw. hefyd, 'Naturalism', yn Phyllis Hartnoll (gol.), *The Oxford Companion to the Theatre*, 564–5.

120 Ibid., 98.

121 Saunders Lewis (Hydref 1923), *Annwyl Kate, Annwyl Saunders*, 4.

122 Aristoteles, *Barddoneg*, 84.

123 Gw. H. T. Barnwell, *The Tragic Drama of Corneille and Racine*, 212. '[R]hetoric ... performs its function neither in a juridical way nor as pure ornament but as revelation of what really drives the characters to their tragic ends.' Cymh. sylwadau J. L. Styan ar y pwyslais hwn ar gymhelliad y cymeriadau yng ngwaith Ibsen a Chekhov; *Y Ddrama Gyfoes ... Realaeth a Naturiolaeth*, 34, 108.

124 W. B. Yeats (1911), *The Variorum Edition of the Plays of W. B. Yeats*, 1299. Atgynhyrchwyd y rhagair o'r llyfr *Plays for an Irish Theatre*.

125 Hoffaf derm R. Wallis Evans, '[t]heatr ymberffeithiol' i ddisgrifio gwaith Stanislavsky. Gw. R. Wallis Evans, 'Cymdeithaseg y ddrama' [rhan 2], 42. Dyma'r math o ymberffeithio y mae Saunders Lewis yn ei annog yn y rhagair i *Problemau Prifysgol* (1968), *DSL: 2*, 435–8, gan gyfeirio at 'sefydlu theatr cenedlaethol Cymreig [*sic*] yng Nghaerdydd cystal â'r goreuon yn Llundain neu Baris neu Fosco'. Gw. t. 438. 'Ysywaeth yr ydym ni'r Cymry gan amlaf nid yn unig yn bodloni ar yr eilradd [mewn celfyddyd] ond yn mynwesu'r eilradd, yn hapus gyda'r eilradd.'

126 Cymh. Harold Bloom, *Shakespeare: the Invention of the Human*, 730. 'Shakespeare's personages are so artful as to seem totally natural.'

127 David Hare, *Obedience, Struggle and Revolt: Lectures on Theatre*, 43–4. 'John [Osborne]'s subject is, essentially, failure ... [A]nd he does it in a medium in which the reality of failure is always more

painful, more present than in any other.' Cymh. Marsha Norman yn Jeffrey Hatcher, *The Art and Craft of Playwriting*, 194. Cymh. hefyd Emyr Edwards, *Sut i Greu Drama Fer*, 119.

128 Saunders Lewis, 'Dylanwadau: Saunders Lewis mewn ymgom ag Aneirin Talfan Davies', 14. Cymh. R. M. Jones, 'Dramâu Saunders Lewis', 376.

129 Clifford Leech, *Tragedy*, 18–19.

130 Gw. Saunders Lewis, 'Drama ar gyfer Gŵyl Ddewi', 9. 'Hawdd gweld yn y ddrama [*Buchedd Garmon*] ddrych o'n sefyllfa ni'n tri ar y pryd. Hawdd gweld ynddi gais i amddiffyn ein bwriadau a'n cymhellion. Drama gyfoes yw hi, wrth gwrs, yn trafod argyfwng Cymru yn 1937 – ac mae'r sefyllfa yn 1957 yn frawychus debyg – er mai 429–30 yw dyddiad ei digwyddiadau hi.'

131 Saunders Lewis, 'Drama wreiddiol hir – cystadleuaeth arbennig: beirniadaeth Saunders Lewis' (1953), 171.

132 Gw. Gordon Pocock, *Corneille and Racine*, 98. 'In a naturalistic play there will usually be many things to be said that will not fit easily into verse, and especially the verse of neo-classical tragedy. The attempt to make them fit leads either to flatness, or to clumsiness, pomposity, obscurity and bathos.'

133 Gw. Saunders Lewis, 'Drama ar gyfer Gŵyl Ddewi', 9. Gw. Ioan M. Williams, *DSL: 1*, 109.

134 E.e. J. Ellis Williams, *Tri Dramaydd Cyfoes*, 27.

135 Saunders Lewis mewn llythyr at Robert Wynne, dyddiedig 21 Awst 1949. Gw. Ioan M. Williams, *DSL: 1*, n. 7, 217.

136 'Saunders Lewis', *Cyfweliadau Mabon*, 96.

137 Tennessee Williams, 'The timeless world of a play', 14.

138 Eifion Lloyd Jones, [adolygiad o *Esther*]: 'Roeddwn i wedi mentro mynd â'r ddau fab acw, sy'n bymtheg a dwy ar bymtheg oed, i weld a chlywed un o ddramâu clasurol eu treftadaeth. Digon pryderus oeddwn i o'u hymateb tebygol i ddieithrwch iaith a chyfnod y ddrama ond er clod i'r cynhyrchiad a'r actorion, mwynhau wnaethon hwythau, hefyd.'

139 *Blodeuwedd* (1948), *DSL: 1*, 257.

140 Ond gw. *Blodeuwedd* (1948/1961), *DSL: 1*, 266–7, oherwydd ymddengys i'r dramodydd dorri'r sgwrs rhwng Gwydion a'r milwr.

141 W. B. Yeats (1911), *The Variorum Edition of the Plays of W. B. Yeats*, 1296–7.

142 *Blodeuwedd* (1948), *DSL: 1*, 234.

143 W. B. Yeats (1911), *The Variorum Edition of the Plays of W. B. Yeats*, 1299.

144 Ibid., 1298.

145 Gordon Pocock, *Corneille and Racine*, 278. Gw. tt. 237, 248. '[T]he role of Phèdre suffices to sustain the play, and ... it can do so because it is a masterly psychological study. [...] If we are still fascinated by *Phèdre*, it is because it means something of importance to us, and it is able to mean something of importance only because Racine's means of expression enabled him to express it.' Cofier i *Blodeuwedd* dyfu ar sail profiad theatrig penodol, sef gweld Sybil Thorndike ym mhrif ran y ddrama *Medea*. Gw. Ioan M. Williams, *DSL: 1*, 207–10.

146 Gw. Ian Rowlands, 'Drama a llenyddiaeth', 61.

147 Ioan M. Williams, *DSL: 1*, 215.

148 W. B. Yeats (1911), *The Variorum Edition of the Plays of W. B. Yeats*, 1299.

149 Gordon Pocock, *Corneille and Racine*, 248–54.

150 *Blodeuwedd* (1948/1961), *DSL: 1*, 239.

151 Stuart Spencer, *The Playwright's Guidebook*, 39.

152 Martin Turnell, *Jean Racine – Dramatist*, 239–40.

153 Gw. James Kitchener Davies, 'Saunders Lewis a'r ddrama Gymraeg', 101.

154 Gw. Gordon Pocock, *Corneille and Racine*, 214. 'The play functions perfectly at both the poetic and naturalistic levels: the plot is entirely *vraisemblable*, and is unobtrusive enough to be moulded exactly to fit the poetic pattern. *Bérénice* is the culmination of the first stage of Racine's career.' Oni ellir dweud hyn hefyd am *Siwan*?

155 Cymh. W. B. Yeats (1911), *The Variorum Edition of the Plays of W. B. Yeats*, 1299. Sylwodd nad oedd ei ddrama drasiedi'n gweithio pan ddefnyddiai eiriau megis 'traitor', 'sword', 'suborned' heb iddo eu trochi ym meddwl a throsiadau personol y cymeriadau, a'u naddu o'u hiaith sgyrsiol ['speech'].

156 *Siwan* (1956), *DSL: 1*, 542.

157 Saunders Lewis, *Williams Pantycelyn*, 54.

158 François Hédelin, abbé d'Aubignac, *La Pratique du théâtre*, 282.

159 Mary Reilly, *Racine: Language, Violence and Power*, 14.

160 Tennessee Williams, 'The timeless world of a play', 14.

161 *Siwan* (1956), *DSL: 1*, 538.

162 Ar y gwahaniaeth rhwng Hermione – y seiliodd Saunders Lewis arni gymeriad Blodeuwedd – a Phèdre, gw. Peter H. Nurse, *Classical Voices*, 98. Dadleuir bod emosiwn gorwyllt Hermione yn ei chadw rhag hunanadnabyddiaeth Phèdre. Mae Phèdre yn unigryw gan ei bod yn cyfuno'r nwyd a geir yng nghymeriad Hermione a Roxane a'r purdeb sy'n nodwedd ar eraill, megis Junie a Monime.

163 Harold Bloom, *The Anxiety of Influence*; Tudur Hallam, 'r/hanfodoli', 49–91. Cymh. Jeffrey Hatcher, *The Art and Craft of Playwriting*, 70. Noda'r dramodydd nad oedd ei ddwy ddrama gyntaf yn cynnwys ynddynt ei lais ef ei hun. 'There was no "me" in my first two (unproduced) plays.' Am berthynas *Blodeuwedd* ag *Andromaque*, gw. *DSL: 1*, 209.

164 Tim Fountain, *So You Want to Be a Playwright?*, 31.

165 Ioan M. Williams, *A Straitened Stage*, 109–10. Hefyd, *DSL: 1*, 530. 'Cawn yr un argraff wrth edrych ar sylwedd yr ail act, sy'n lletchwith iawn yn y theatr ac yn darllen drwyddi draw fel rhywbeth a gyfansoddwyd ar gyfer cyflwyniad radio, gydag effeithiau sain o du [sic] allan a rhuglau cadwyn Siwan y tu mewn.'

166 Gw. Michael H. Black, *Poetic Drama as Mirror of the Will*, 19.

167 Aristoteles, *Barddoneg*, 80.

168 David Hare, *Obedience, Struggle and Revolt*, 21.

169 Gw. e.e. M. Wynn Thomas, 'Holi'r Athro M. Wynn Thomas', 217.

170 Dennis Potter, *Potter on Potter*, 28.

171 Saunders Lewis (3.7.1923), *Letters to Margaret Gilcriest*, 506.

172 Peter Brook, *The Empty Space*, 38.

173 Saunders Lewis (16.2.1922), *Letters to Margaret Gilcriest*, 483: 'when your creatures sort of come to life and ... really write themselves.'

RHAN 2:

YMDDIDDAN

AT Y DARLLENYDD

Darllener yr ymddiddan er ei fwyn ei hun,
'heb ymboeni ... am ffynhonnell unrhyw fenthyciad'.[1]

Sŵn bysedd ar allweddfwrdd. Sŵn mwmian siarad yn y tywyllwch. Golau'n graddol ddangos awdur wrth ei gyfrifiadur yn eistedd a'i gefn at y gynulleidfa o flaen sgrin cyfrifiadur mawr. Ar un ochr o'r ddesg y mae monitor babi. Ar yr ochr arall, pentwr o lyfrau.

TH: *(megis actor)* 'A phaham y dylwn i gredu d'eiriau di? Dwed. Paham y dylwn i dy gredu di, o bawb? Ti'r un a roes imi'r freichled hon, imi gael syllu arni'n hiraethus ar fy mhen fy hun.'

'Am nad ar gyfer llygaid y llys y rhois i hon i ti, ond rhag iti beidio 'anghofio bod yno un a garai fod yma gyda thi, fraich ym mraich, yn yr ystafell hon. Arwydd o'm llaw fy hun amdanat yw'r freichled hon. Hi yw 'nirprwy dros dro.'

'Os felly ...'

Drwy'r monitor, clywir sŵn y babi'n 'stwyrian. Edrycha'r awdur ar y monitor a thua'r llofft.

'Os felly, dwed di pa fodd nad yw'r garreg lasaf hon yn denu o'm llygaid na'r un wên na'r un deigryn mwyach, ond yn corddi ynof ddirmyg c'letach na hi ei hun?'

*Dechreua'r babi grio. Oeda. Clywir sŵn y fam yn mynd at y ferch
fach a'i thawelu.*

NH: Dere di. Dere di. *(dan ganu)* 'Si hei lwli, 'mabi. Mae'r llong
yn mynd i ffwrdd ...'

TH: *(gan ymuno)* 'Si hei lwli, 'mabi. Mae'r capten ar y bwrdd. Si
hei lwli, lwli lw. Cysga, cysga 'mabi tlws. Si hei lwli, 'mabi. Mae'r
llong yn mynd i ffwrdd.'

NH: *(trwy'r monitor yn sibrwd)* Tuds, 'ti am fod yn hir? Os wyt ti,
dere 'lan i ôl potel i fi. Nawr. Plis. A bydd yn dawel. 'Dyw hi ddim
yn cysgu'n esmwyth o gwbl.

*Cwyd yr awdur a gadael y llwyfan. Clywir ei gerddediad drwy'r
monitor yn pasio ystafell y fechan, a'i lais yn y pellter yn dweud
rhywbeth wrth ei wraig. Ar y llwyfan, gwelir y gadair wrth y
ddesg yn symud, a sŵn teipio ar yr allweddfwrdd, a'r geiriau
'Rho'r gorau iddi. Rho'r gorau iddi nawr' yn ymddangos ar y
sgrin. Daw'r awdur yn ei ôl, cynnau'r tegell ac eistedd wrth ei
ddesg, cyn sylwi ar y geiriau.*

TH: Be' gebyst? *(gan droi)* Garan? Ti sy' 'na? O'n i'n meddwl dy
fod di yn y gwely. Mae ysgol fory, cofia, ac mae wedi deg o'r gloch
yn barod. *(gan edrych)* Garan? Garan!

NH: *(drwy'r monitor)* Tudur, hisht-w. Pam gebyst 'ti'n galw
Garan? Os dihuni di hon, ti fydd ar dy draed am yr awr neu ddwy
nesaf – ac nid sgwennu dy ddrama fyddi di.

Clywir y babi'n 'stwyrian a'r fam yn dechrau canu.

TH: Iawn. Iawn. Ond ... 'Rho'r gorau iddi nawr.' Y geiriau 'ma ...

Llais: *(o'r monitor, dan chwerthin)* ... y geiriau. O ble 'daeth y
geiriau? Y geiriau?

TH: ... Nia? Ti sy' 'na? *(Ond y mae hi'n dal i ganu.)* Garan? Bedo?

Llais: *(o'r monitor)* Na, 'ddwedwn i ddim mo hynny, Tudur. Mae'r
bechgyn yn cysgu. Y ddau fachgen bach yn eu gwlâu. Y chi a'ch
twrw'n unig sy'n cadw'r ferch fach ar ddi-hun. Na, peidiwch da

chi â dychryn. Peidiwch. Peidiwch â mynd. A pheidiwch â
'ngadael i yma ar fy mhen fy hun, yma, yn eich 'stafell fyw, Tudur.
Eich 'stafell chi. Eich 'stafell 'sgrifennu. Eich desg. Eich cadair.
A'ch merch fach yn cysgu, a'ch gwraig yn canu 'si hei lwli, 'mabi',
Tudur. A'r tegell ar ganu.

NH: Tuds, dere â'r botel. Yn dawel.

Llais: Gwell ichi wneud, Tudur, ond dewch yn eich ôl, cyn gynted
ag y medrwch, heb rannu'r un gair â hi, amdanaf fi. Amdanom ni.
Ac yn dawel. Rhag i'r fechan ddeffro.

*Yn araf, ufuddha'r awdur. Gwna'r botel ddŵr a gadael. Clywn ei
gerddediad eto, uchod, drwy'r monitor, yn gyflym, ac wrth
ddychwelyd, ei lais yn 'stafell y ferch.*

TH: Helô? ... Helô? Garan? Bedo?

*Ymddengys yr awdur eto'n dawel, a sylwi bod y cyfrifiadur wedi'i
ddiffodd. Dynesa'n araf, araf at y monitor.*

Llais: Bw! (*yntau'n neidio.*) Sorri Tudur. Sorri. Mae'r demtasiwn
yn ormod weithiau; mor naturiol i ysbryd ag yw d'wedyd 'Helô' i
ddyn. Mi wnaech chi'r un peth, Tudur, pe medrech? Dychryn y
byw, ar fy marw, i'm cyffroi i unwaith yn rhagor. *(Saib.)* Ond
dewch, o ddifri', on'd ych chi damaid yn nes i'r lan? Neu a yw'r
capten ar y bwrdd o hyd? Oni welwch chi rychau f'wyneb yng
nghrac fy llais?

TH: Saunders? Saunders, ai chi sy' 'na?

Llais: (*yn ei acen Seisnig*) 'What art thou that usurp'st this time
of night?'[2] Saunders? Ie. A nage. Nid fi yn union, ond rhywbeth
mwy na fi fy hun. Yn faner ac yn fwgan. Fy ngeiriau yn eich
rhagfarnau'n fyw.[3]

TH: A chi a sgwennodd y geiriau ar y sgrin: 'rho'r gorau iddi
nawr'.

Llais: 'Mene, mene ...', rhag ichi syrthio lle y syrthiodd llawer
un.[4]

TH: Be? Wrth sgwennu'r ddrama?

Llais: Wrth 'sgrifennu a byw. Syrthio, wrth 'sgrifennu a byw. Fel chithau, mi rown y cwbl i fedru 'sgrifennu.[5] 'Sgrifennu yng nghuriad y galon.

TH: Ac fe ddysgwch chi fi?

Llais: Gwnaf, efallai, ond nid fel hyn: nid ar ffurf rhyw ddrama ddigynllun, a chithau'n cogio eich bod yn rhywbeth nad ydych.

TH: Am 'mod i'n sgwennu drama?

Llais: Am eich bod yn 'sgrifennu drama, heb boeni dim oll am grefft.

TH: Ac fe ddysgwch chi'r grefft imi? I mi gael sgwennu.

Llais: Mi gewch ddysgu eich hun, ond cewch gen' i rybudd, gystal ag y medraf. Fi fydd eich fforch yn y lôn, ichi ganfod eich llwybr eich hun. A'ch llais. Cewch chithau 'nyfynnu. Wedi'r cyfan, mae 'na eraill mor orlawn o John Gwilym Jones a Gwenlyn Parry – er mai ataf fi y deuai'r naill a'r llall am eu rhagair.[6] Fel y dywedais un tro, wrth artist perffaith, y mae gen' i wybodaeth llyfrau, ac at hynny, heddiw, ryw gymaint o ysgol brofiad.[7] D'wedwch – a oes gennych chi y naill neu'r llall? Heddiw yng Nghymru, rhoddir nawdd i fardd na ddarllenodd erioed na *Gramadegau'r Penceirddiaid* na *Chrefft y Gynghanedd*, heb sôn am Ddafydd ap Gwilym a Fyrsil.

TH: Mi ddarllenais eich dramâu chi.

Llais: Do, debyg iawn, ond nid â llygaid theatraidd.[8] Ofnaf imi dwyllo mwy nag un genhedlaeth drwy dd'wedyd mai *poème* oedd *Siwan*. Ac aeth pawb ati i gredu mai yn allanolion *Y Tŵr* y mae enaid drama. Anghofio'n llwyr fod Gwenlyn yntau'n feistr ar ddeialog. O! heb os, rhydd y beirniaid ryw frawddeg neu ddwy i sôn am ei gymeriadu drwy eiriau, cyn ceisio ein hargyhoeddi mai'r 'llun canolog', y tŵr disymud, yw calon y ddrama.[9] 'Dd'wedwn i mo hynny am fardd o ddramäydd.[10] Cefnlen i'r chwarae yw'r symbol. Fframwaith. Peth. Delweddau'r geiriau sy'n ein symud, o'r naill gymeriad at y llall, nid gosodiad y llwyfan. Fe wyddai Yeats yn iawn fod rhoi rhyddid i'r set yn caethiwo'r dramodydd.[11] Ond heddiw, d'wedir wrthym nad yw'r gair yn beth o bwys yn ein theatr ni.[12] I mi, mae hynny'n ffiloreg beryglus.[13] Dyma waddol Theatr y Di-sens – y troi oddi wrth grefft.[14] Dweud y gwir y mae Miles – i'r absẃrd ein harwain ar gyfeiliorn, braidd.[15]

TH: Ond mi gyfieithoch chi *Wrth Aros Godot*.

Llais: A chanmol Beckett am ddangos inni 'ddyfnder trueni comedi'.[16] 'Freuddwydiais i 'rioed yr esblygai'r Di-sens i ddinistrio'r grefft. Ein siomi a wna wyrion y chwyldro bob tro. A'r fath *démonter* a fu![17]

TH: Ond mi sgwennoch chithau ambell ddrama absẃrd. Mae rhywbeth digon abswrdaidd am *Yn y Trên* a *Cell y Grog*.

Llais: Mae rhywbeth di-sens am fod yn ddyn. Am fod yma o gwbl. Dramâu byrion yw'r ddwy, ar gyfer y teledu a'r radio, a chyfyng eu gwead a'u hapêl. Heb ddigwydd. Heb gymeriadu dwfn. 'Sgrifennwyd y naill o siom grefyddol, a'r llall ym mlinder y corff, a mynnai'r naill a'r llall air o gyflwyniad i'w hesbonio – arwydd eglur nad yw'r gwaith yn llwyr fodlon ag ef ei hun.[18]

TH: Ond mi gafodd cynhyrchiad diweddaraf *Yn y Trên* gryn ganmoliaeth.[19]

Llais: Beth a ddywed hynny am ein theatr heddiw? Siawns na feddai'r adolygydd ar synnwyr theatraidd cryf, a'i fod am gael seibiant o'i swydd. Dim ond un felly a all heddiw werthfawrogi apêl drama ddihareb gyffredin. Boed finimalaidd neu *avant garde*, mae'r gwerthfawrogi'n llwyr ddibynnol ar ymdeimlad o *métier*, o safon, o glasur. Ymryddhau oddi wrth hynny, am ennyd, yw nod dramâu o'r fath.[20] Rhaid ichi beidio â'u cymryd o ddifri'.[21] 'Sgets' yn wir.[22]

TH: Am eu bod nhw'n od? Yn wahanol?

Llais: Na. 'Dd'wedwn i mo hynny chwaith. Mae odrwydd yn bwysig yn y theatr.[23] Peth od yw dyn, wedi'r cyfan. Pwy ohonom ni sy'n normal?[24] 'Cwsmer braidd yn od ydych chithau i'ch gweld.'[25] Gall ambell un garu ei wraig heb dd'wedyd hynny wrthi. Mae hynny'n odiach o lawer nag ambell ferch o flodau. 'Peth mawr, peth od iawn', chwedl Phugas – dyna yw deunydd y theatr.[26] Y Comiwnydd na all ladd ei dad bedydd. Y mab o Gymro sy'n dweud y gwir am boblach ei wlad. Os oes a wnelo'r theatr ddim oll â realiti ein bywyd, amlygu'r hyn sy'n od ynddo y mae.

TH: Ac felly, beth yw achos y broblem?

Llais: Nid yr odrwydd, gyfaill. Ond heb grefft cymeriadu, a heb ddigwydd lond y dialog, peth digon dof ynddo'i hun yw odrwydd distrwythur, di-nod – mor ddiflas â'r eithaf antheatrig arall: realaeth bur.[27] Rhaid i ni gredu yn nhaith y cymeriad. Cyd-deithio ag ef. Cyd-deithio â hi. Dyna'r hyn sydd ar goll yn *Cell y Grog*. O do, mi geisiais ei hachub, tua'r diwedd: cael y Rheolwr i roi stori gefndir y Swyddog inni, i gyfiawnhau ei odrwydd. Ond cyflwyno rhag blaen, nid am yn ôl, yw'r gofyn yn y theatr.

TH: Creu disgwyliad, nid cyfiawnhau ymddygiad?

Llais: 'Fi piau ef,' meddai Iris, ac mae tynged Marc yn eglur ddigon i bawb.[28]

TH: Ac ni allai'r *deus ex machina* achub *Cell y Grog*, felly.

Llais: 'Doedd 'na ddim argoel o bardwn ym meddwl y gynulleidfa. Drama syniad, os bu un erioed. Drama i'r 'Steddfod Genedlaethol!

TH: Ac *Yn y Trên*?

Llais: 'Peth od hefyd ... od iawn ... Teithio mewn trên ... yng Nghymru ... a'r nos o 'mlaen i.'[29] Drama syniad, eto. Drama drosiad, ond un bersonol iawn i mi hefyd.[30]

TH: Ond yn nes at Albee nag at Beckett, 'dd'wedwn i. Yn nes at *The Zoo Story* nag *Wrth Aros Godot*.

Llais: Mae'n nes at Sartre na'r un awdur arall, ond mi welaf fi'ch trywydd. 'Wnaf fi ddim gwarafun i chi fy nghyplu wrth abswrdydd rhan-amser.[31]

TH: Oherwydd mae'r *Trên* yn tramwyo'r ffin rhwng yr od a'r real, rhwng y syniad a'i ddiriaethu, rhwng y symbol o drên a'r cymeriadau real ddigon ar y lein o Gaerfyrddin i Aberystwyth.

Llais: Mi ddywedodd rhyw feirniad hefyd mai dyfais ac nid dyn go iawn yw'r Teithiwr![32]

TH: Dyfais yw'r diweddglo, efallai, ei naid drwy'r ffenestr – *deus ex machina*, fel y d'wedwch. Ond yn wahanol i'r Swyddog yn *Cell y Grog*, mi ddeallwn o'r cychwyn fod y Teithiwr wedi bod yn 'sbyty'r meddwl, a bod y pethau rhyfedd y mae'n eu dweud yn rhan o'n byd ni, ac o fyd y Giard. Mae yntau'n hoffi cwrdd â phobl ryfedd, fel hwn. Ac mae'n amyneddgar.

Llais: Mae'r odrwydd yn gyffredin rhyngddynt.

TH: Ie. Dyna'r peth pwysig. Siawns nad yw'r Giard wedi cwrdd â sawl un tebyg o'r blaen.

Llais: 'Dyw'r ddrama ddim yn fethiant llwyr, felly! Nid llwyr amhosib yr enillai hi'r Fedal a chithau'n beirniadu. Ond ofni'r ydw i eich bod chi'n bodloni ar y tamaid, Tudur, gan na ellwch chi aros mo'r pryd. Rhaid wrth gymeriadu cryfach na honno i godi cynulleidfa ar ei thraed. Mi wn i hynny.

TH: Ac ai dyna sydd ar goll o'r theatr heddiw – cymeriadu cryf? Siwan a Llywelyn, Esther a Haman, Marc ac Iris. Dewi?

Llais: Dim ond act a gafodd Iris, druan. 'Faddeuodd hi erioed imi am hynny. Ond 'styriwch chi, am funud, sylwadau'r beirniaid yng nghystadleuaeth y Fedal Ddrama, yn yr Eisteddfod Genedlaethol. Drwodd a thro – ac yn aml, maen nhw'n atal y wobr – mae'r beirniaid yn cwyno am ddiffyg crefft y dramodwyr: diffyg cymeriadu, diffyg strwythur, diffyg dialog gafaelgar.[33] Ac ambell un craff yn deall mai dyma sy'n dod o 'sgrifennu yn arddull yr abswrd .[34]

TH: Ond mae Theatr yr Absẃrd mor ganolog i'n traddodiad ni heddiw.

Llais: Mae modd ail-greu traddodiad, cofiwch. 'Fyddai hi ddim yn ddrwg o beth i ddramodwyr y 'Steddfod fwrw eu trem tua'r 'Merig, iddyn nhw gael edrych ar Ewrop yn wrthrychol, ac yn enwedig felly ar ei Theatr Ddi-sens.[35] Mi dd'wedodd Lee Blessing mai'r pydew mawr – a dyna'i air, 'the big pitfall'[36] – pan ddechreuodd e' 'sgrifennu ar gyfer y theatr, ydoedd prif ddramodwyr y byd.

TH: Y tu allan i America?

Llais: Ewropeaid yn bennaf, Samuel Beckett, Eugène Ionesco, Jean Genet, Harold Pinter, 'theater-of-the-absurd playwrights' – er bod byd o wahaniaeth rhwng Beckett a Pinter hefyd.[37] A 'doedd a wnelo'r rhain ddim oll â'r traddodiad Americanaidd, ond dyma'r rhai a ddarllenodd Blessing yn gyntaf, a'u darllen yn frwd; yn fwy felly na Shakespeare a Shaw a Sophocles. A 'fedrai e' ddim priodi'r ddau draddodiad ynghyd, 'welwch chi. Y canlyniad anochel oedd iddo golli ei ffordd, yn llwyr. Syrthio i'r pydew. 'Lost.' A'r unig ffordd y gallai grafangu allan o'r twll hwnnw ydoedd drwy ddiosg hualau'r Absẃrd – 'a style that wasn't getting me anywhere'. A hyd y gwelaf fi, yn yr union fan honno – ym mhydew'r arddull nad yw'n arwain i'r unlle – y mae nifer o'n dramodwyr ni heddiw. Fel Blessing, rhaid iddyn nhw ddad-ddysgu'r hyn a roes eu hysgol Gymraeg iddynt, a darllen *Antigone* a *Hamlet*, a gweld pethau da, yn y theatr.[38]

TH: A dyna sy'n gyfrifol am 'dranc' y Theatr Gymraeg?[39] Dylanwad yr absẃrd.

Llais: Y di-grefft yn fwy na'r di-sens. Y di-grefft, a'r ffaith ein bod ni'n gorfod goddef natur syrffedus-gyhoeddus y theatr farw-fyw. Oni chytunech fod treulio dwyawr mewn theatr ddiamcan, ddi-grefft yn brofiad poenus o ddiflas? Y math gwaethaf ar *Huis Clos*, chwedl Sartre.[40] Ac mae'n brofiad sy'n gwirioneddol wylltio beirniaid mewn modd nad yw cyfrol gyffredin o farddoniaeth, neu nofel wael hyd yn oed, yn ei wneud. Y mae'n ddioddefaint,

---

gorff a meddwl. Mae rhywun yn teimlo'i fennydd yn suddo yn ei ben.

TH: Ac mae dedfryd y beirniaid dioddefus yn gywir yn eich tyb chi?

Llais: *Tyner yw'r Lleuad Heno* – dyna'r pryd yr agorodd y llifddorau beirniadol. Nid y hi a oedd yn gyfrifol am derfysg y beirniaid chwaith. Fel y gynulleidfa yn Nulyn, a'i chwant am derfysg, cyn iddi hyd yn oed weld drama Synge, roedd hi'n anochel y byddai *Tyner* yn gwylltio'r beirniaid.[41]

TH: Pam?

Llais: Am mai Meic Povey yw ein prif ddramodydd, ac am mai symptom ac nid achos y cyflwr oedd ei ddrama ef. Cadarnhaodd y cyflwr ugain mlwydd oed nad oedd neb yn barod i'w drafod.[42]

TH: A beth am y feirniadaeth?

Llais: Rhaid ei hwynebu. Dyma'r ddrama naturiolaidd ar ei gwaethaf, heb gwlwm o fath rhwng y cymeriadau a'r gynulleidfa. A mwy, nid llai, o'r cyfryw feirniadaeth onest sydd ei hangen arnom.[43]

TH: Pwy faga ddrama?

Llais: Wfft, ddyn! Un fel Brewys yw Meic.[44] Ond yn hytrach na llwytho'r bai ar gefn un dramodydd dewr a'i fethiant cyhoeddus, onid doethach yw holi pa beth sydd o'i le ar y ffurf hon ar gelfyddyd yng Nghymru? Holi, fel y gwnaeth sawl un o'r beirniaid – pa beth sydd o'i le ar y Theatr Gymraeg heddiw?[45] Ac nid holi'n unig, ond cynnig atebion.

TH: Gwneud rhywbeth yn ei chylch.

Llais: Ie. Oherwydd y mae'r rheswm pam nad oes 'na stwff mentrus, heriol, da yn bur amlwg i bawb.[46] Diffyg dramodwyr.[47] Diffyg cymhelliad. Ac i mi ...

TH: Diffyg crefft?

Llais: Pa syndod ein bod ni'n cael ein denu gan yr amgen a'r cymunedol?[48] Wedi'r cyfan, er chwilio am ffyrdd i droi'r clasuron yn gyfoes, fe fynnwn ni deimlo bod ein byw ni ein hunain o bwys.[49]

TH: Ein bod ni yma, ac nid yma o hyd.

Llais: Ac felly, os nad oes 'na wefr yn y ddrama eiriau – a 'does dim diflasach peth na gwrando ar bobl yn siarad – pa ryfedd fod y cyfarwyddwyr am gynnal eu dramâu yn y coed?

TH: A mynd â ni ar bromenâd.[50]

Llais: Rhaid symud y gynulleidfa rywsut!

TH: Ac os na ellir gwneud hynny yn seddi'r theatr ...

Llais: Cystal inni gerdded i gadw ar ddi-hun. Mi ddadleuais i fy hun, fel Firmin Gémier, dros ddramâu awyr agored.[51] Ac eto, wn i ddim a yw tramp-trampian ein cerdded yn medru cyflymu'r galon chwaith.

TH: Ein symud go iawn?

Llais: Ein symud yn nes at galon Groeg. Mae holl natur y cyfrwng, rywsut, yn deisyfu'r profiad mawr: y profiad hwnnw a oedd mor gyfarwydd i'r Groegiaid di-fws, dibromenâd yn yr awyr agored: y cyffro sy'n fyfyrdod, y gweld yn yr *awdi*toriwm. Cofiwch, Tudur, nad ffilm mo'r theatr, na nofel chwaith, ond trwy weld geiriau'n ffrwydro ar lwyfan, mae'r theatr yn medru dangos inni gyflwr truenus a chwerthinllyd dyn. *Eureka!* Darganfyddiad![52]

TH: Mi gytunwch chi, felly, fod 'na broblem sylfaenol, a bod 'na rywbeth mawr o'i le.

Llais: Oes, wrth gwrs. A nac oes. Onid dyma stori'r theatr ar draws y gwledydd?[53]

TH: Mi dd'wedodd ambell un fod y Theatr Gymraeg yn amlygu'r 'ofn nad oes gennym ni'r Cymry unrhyw beth gwerth ei ddweud'.[54]

Llais: Mae'n dda fod gŵr ifanc yn dweud peth fel hyn.[55]

TH: Ac am hawlio gofod cadarn i'r Gymraeg.

Llais: O! hen ddadl hurt fu'r un honno 'rioed dros gwmni dwyieithog.[56]

TH: Proffwydodd rhai y gwelem ni i'r Theatr Genedlaethol gael ei sefydlu '[i]'n cadw'n fud, i'n getoeiddio, i gael gwared ohonom'.[57]

Llais: Efallai'n wir – os na fynnwn ni mo'n rhan o'r ysbail.

TH: Bodloni ar lai o geiniogau?

Llais: Inni ddrwgdybio'r di-Gymraeg! O! Mi fyddai'r gwleidyddion yn hapus wedyn. Ond mi dd'wedais i 'rioed – pob rhyddid i'r Cymry anghyfiaith droi eu breuddwydion yn gerddi ac yn nofelau ac yn ddramâu.[58]

TH: Ond heb ofod i'n hiaith? Heb fod iddi ei *hensemble* a'i hamser ei hun?

Llais: Lleihau a wna'r cymhelliad dros ddisgwyl dim gan y theatr wedyn. Gair caredicach yw cymuned neu bobl, wrth gwrs, ond grym 'geto' yw bod ganddo ei ofod ei hun …

TH: I gynnal ei wareiddiad; ei safonau.[59]

Llais: Ie! A'r safonau hynny'n codi o'r traddodiad ar wahân, o'r geto, o'r gymuned …

TH: Er lleied 'fyddan nhw …

Llais: Sy'n troi cyfres o ddramâu siomedig yn berlewyg a thanatoffobia theatrig.

TH: A maes o law …

Llais: Yn adfywiad. Yn gyfle o'r newydd. A pheth cwbl normal yw'r broses farw i fyw hon, gyda llaw. 'Does a wnelo hi ddim oll, o reidrwydd, â sefyllfa'r Gymraeg.

TH: Sorri? Ddim oll â'r Gymraeg?

Llais: Dyna'r gwir i chi, Tudur. 'Styriwch chi'r sefyllfa yn Lloegr, o ganol y ganrif dd'wethaf ymlaen. 'Doedd 'na'r un beirniad y pryd hwnnw'n cysylltu diflastod y theatr ag unrhyw wendid yn seici'r Sais. Ac eto, rhyw stori debyg iawn i'n heiddo ninnau a welwyd yno hefyd. Cynyrchiadau siomedig a dadleuon gwyllt. Ac 1956 yn drobwynt yn achos y naill wlad a'r llall. Holwch chi unrhyw un o'r dramodwyr o'r cyfnod hwnnw yn Lloegr. Roedd y theatr yn eithriadol bwysig, chwedl Hare. 'It aroused very strong feelings. We argued over it as if it were life itself.'[60]

TH: Fel ninnau wedi *Tyner*.

Llais: Nawr, nid yn aml y byddaf fi'n cyfeirio'r un Cymro at Sais, ond mi ddylech ddarllen myfyrdodau'r ddau Ddefid, Hare ac Edgar. Mae profiadau'r chwith yn Lloegr yn aml yn bur debyg i eiddo'r Cymry sydd am newid eu gwlad.[61]

TH: A'r un yw'r her i'r theatr yn Lloegr, felly?

Llais: Dod o hyd i ddramodwyr ac i nawdd.[62]

TH: Man gwyn, man draw!

Llais: Ac mae'n fwy na hynny, Tudur. Anodd gen' i feddwl, rywsut, nad stad naturiol y theatr yw argyfwng – am mai'r bobl orau i drin a thrafod y creisis diweddara' yw'r rheini sy' mor gyfarwydd â'i wylied ar lwyfan![63] A pha syndod ein bod ni'n gorfoleddu, felly, wrth ymglywed â drama fawr? Mi all, yn wir, beri inni ddiosg ein dillad duon ar ôl yr iaith Gymraeg.[64] Dyna effaith drama sy'n ein symud, sy'n ein hatgoffa o rinweddau digymharol y ffurf hon ar gelfyddyd. Byw!

TH: *Llwyth* Dafydd James.

Llais: Ac yn Lloegr y pumdegau – *Look Back in Anger*, John Osborne.

TH: Ac yn dilyn y fath brofiad, mae ambell feirniad am ddehongli'r ddrama fawr yn 'drobwynt'.[65]

Llais: Gair ei dymer – dyna'r cyfan. 'Newidiodd ddim oll o bwys.[66]

Mae'r breuder sylfaenol yn aros. Fe'n cyffroir gan ddrama wael. Fe'n cyffroir ymhellach gan un dda. Gorymatebwn bob tro. Felly y mae. Felly y bydd.

TH: Ac yn enwedig felly yn achos y Theatr Genedlaethol?

Llais: Wrth gwrs. Llwyfan cyhoeddus yw un y ddrama, Tudur. Craffu arni hi'n bennaf ar ei ffurf fwyaf mawreddog, fwyaf noddedig, fwyaf cenedlaethol a wnawn, a thybied bod y rhan honno'n cynrychioli'r cyfan.[67] Yn wir, mae holl natur cydgymeriad y theatr – pan fo'r rhan yn amlygu'r cyfan, golygfa'n cynrychioli oes, dyn yn cynrychioli cenedl – yn annog y peth.

TH: Pan fo un gair yn gallu newid popeth.

Llais: Un gair, un cymeriad, un cynhyrchiad. Un dramodydd, un actores newydd. Mae hyn oll yn ein hannog i orymateb.

TH: A newidiech chi ddim mo hynny?

Llais: Pa raid inni ddianc rhag y llwyfan mawr? Y cyfan a ddadleuaf fi yn awr yw bod yn rhaid i'r dramodydd Cymraeg wynebu'r her honno, a'i choncro, ac mai'r arf pennaf i wneuthur hynny ydyw crefft.

TH: Ond nid crefft Beckett a Ionesco?

Llais: Gad lonydd i'th feistri am funud, Tudur. Gwranda. Pan fo'r theatr yn wynebu'r math o her yr ydym ni yn ei hwynebu ar hyn o bryd, cynnwys ac nid diffyg cynnwys, egwyddor ac nid ei thorri, yw'r angen pennaf.[68] Nid aros yn anniddig.[69] Fe'ch swynwyd gan *Llwyth*, do?

TH: Do, a chan *Esther* hefyd, a *Siwan*, ond am ...

Llais: Os felly, os llwyddodd *Llwyth* i'ch cyffroi, os credwch ichi fod ar daith gydag arwr y ddrama honno, os teimlasoch chi'r gwrthdaro ynddo, a rhyngddo a'i ffrindiau, yn enwedig drwy'r dialog a rhythm y ddrama, ac ambell osgo, ac ambell ennyd o dawelwch, a hyn oll yn gafael ynoch ...

TH: Yn fy nhynnu i fewn.

Llais: Rhaid ichi fyned ar unwaith i weld Aristoteles.[70]

TH: Am mai drama glasurol yw *Llwyth*?

Llais: Am fod ynddi'r holl elfennau hynny sy'n nodwedd ar ddrama theatrig, boed glasurol neu beidio. Am i Aristoteles ganfod y gwir! Dyma Archimedes ac Einstein y theatr. A'i ddisgybl diweddaraf yw Dafydd James.

TH: Ond os cofiaf yn iawn, mi dd'wedodd Dafydd James mai prif ysgogiad ei waith ydoedd ei fywyd a'i gyfeillion ei hun – nid Aristoteles?[71]

Llais: Wrth gwrs. Rhaid i bob dramodydd roi ohono'i hun, gant y cant, ym mhob un o'i weithiau. A gall y gwir artist wneud hynny beth bynnag yw'r testun. Dyna'r rheswm pam mai Mozart yw'r patrwm i ni oll.[72]

TH: Pa raid, felly, wrth Aristoteles?[73]

Llais: Gan nad Mozart yw'ch enw canol chi, na Sophocles chwaith. A chan i Aristoteles ddarganfod ei wirioneddau mewn ffordd bur wrthrychol.

TH: Drwy arsylwi?

Llais: A chymharu, a chanfod hanfod y grefft – yn sŵn chwerthin a chyffro miloedd o bobl.[74] Paid ag amau Aristoteles, Tudur.[75]

TH: A'i ddilyn a wnaeth Shakespeare?

Llais: Ei ddilyn a wnaeth Racine a Yeats.

TH: A chithau?

Llais: Dilyn y clasurol, y gwahanol, odrwydd y grefft; ac osgoi'r realaidd, y dof.[76]

TH: Ond onid felly y syniai Brecht hefyd?

Llais: Yr unig un o bwys i herio Aristoteles erioed. Ac fel Beckett, meistr arall heb ddisgyblion o werth yw Brecht. 'Blegid heddiw bydd cyfiawnhau ar bob math ar brofiadau yn ei enw ef – fel pe bai'r episodig ynddo'i hun yn rhinwedd.[77] Os am ddysgu, Tudur, ewch at y clasurol. At Aristoteles.[78] A chewch chi chwarae â Brecht yn y man.[79]

TH: Ond 'sgrifennodd Aristoteles mo'r un ddrama.

Llais: Na Robert Rhys mo'r un gerdd!

TH: Ac eto?

Llais: Saif eu beirniadaeth. Saif d'Aubignac.

TH: A beth am Shakespeare?

Llais: Ar lawer cyfri', prin yw'r cyswllt rhwng Aristoteles a Shakespeare – y dramodydd mwyaf oll.[80] Ond os am fan cychwyn, os am linyn mesur, os am egwyddor i'w chadw a chwarae â hi'n ddirmygus – 'chewch chi ddim gwell athro nag Aristoteles. 'Ddysgodd neb y piano drwy edrych arno, ddyn.

TH: Wn i ddim am hynny. Mae 'na ddyn yn Rhydaman ...

Llais: Fel hyn y mae, Tudur. Os am greu theatr ar gyfer y bobl, ac nid yr anghyfleustra presennol rhwng y cinio cyn y sioe a'r siampaen ar ei hôl;[81] os am greu'r math o theatr a fydd yn symud y bobl – y math o theatr genedlaethol a roes Yeats ar waith yn Iwerddon ...

TH: A'r math o theatr yr oeddech chi am ei chreu?

Llais: Rhaid inni edrych o'r newydd ar hanfod y cyfrwng, er mwyn y bobl.[82] Ni fynnwn ni na *Thyner* na *Salsa*, na Beckett na'r *Valleys*, ond theatr o ddatguddiad trwy iaith ac ystum, a'r gynulleidfa'n rhan o'r digwydd, a chanddi reswm dros fod yno.[83]

TH: Heddiw, mae 'na fwy o fynd ar y Theatr Genedlaethol, onid oes?

Llais: Bysiau di-ri'![84] Digwyddiad yn lle digwydd.[85] Purion. Nid yw hynny'n ddrwg i gyd. Ond mae 'na fath arall ar theatr sy'n taflu o enau'r cymeriadau gwlwm am galon pob aelod o'r gynulleidfa.

TH: Theatr sy'n ei throchi yn y digwydd.

Llais: Heb iddi, o raid, symud o'i sedd.

TH: Efallai mai chi sy'n hen ffasiwn, Dr. Lewis.

Llais: 'Welaf fi'r un rhychyn ar f'wyneb chwaith. Ac mi bregethais innau ddigon yn erbyn 'fixed seats'.[86] Nid eistedd ynghanol y llwyni sy'n fy mlino i, ond poeni bod symud y gynulleidfa'n troi'n rheswm dros ddiystyru crefft, dros ei symud go iawn.

TH: Ond siawns nad yw mynd ar fws yn hwyl! Ac nad ffôl o beth mo'r Punchdrunk Cymraeg?[87]

Llais: Felly y syniais innau cyn imi 'sgrifennu'r un dim. Wedi'r cyfan, peth cythreulig-ddiflas yw'r Theatr Gymraeg, fel rheol. A rhaid imi gyfaddef – i *Tir Sir Gâr* wneud rhyw argraff arnaf hefyd.[88]

TH: Ond mae 'na 'ond', on'd oes? Mi allaf ei glywed yng nghefn eich llwnc.

Llais: Gwn i *Gymru Fydd* beri i rywrai fethu â chysgu'r nos.[89] Trodd ambell Gymraes yn genedlaetholwraig frwd. A hyn, heb i neb fynd ar bromenâd, dim ond ar daith gyda Dewi.[90]

TH: Mi deimlais innau rywbeth tebyg wrth wylio *Esther*. Teithio, fel y d'wedwch. Dyna'r tro cyntaf imi brofi'r fath beth. Teimlo'r awr a hanner yn hedfan heibio, a 'mod i rywsut yn rhan o'r digwydd, yn rhan o'r theatr.[91]

Llais: Cast da a chyfarwyddwr deallus – y pethau pwysicaf oll i ddramodydd.[92]

TH: Ac fe'ch plesiwyd gan eu gwaith?

Llais: Gan eu proffesiynoldeb.[93] Gan gyfanwaith y chwe elfen. Cymeriad. Digwydd. Iaith. Syniad. Sain. Delwedd. Llifodd y ddrama i'r perfformiad, a ches innau fod yn dyst i ddarn o theatr. Ac i ddramäydd, nid oes teimlad gwell na bod dan ddyled drom i gwmni o artistiaid yn eu crefft.[94]

TH: Ac mae'r profiad theatrig, felly, yno, megis, yn y testun?

Llais: Mae'r *potensial* yno, o'i 'sgrifennu ar gyfer y theatr, ar gyfer cynhyrchiad; o roi ynddo gymeriad a digwydd ac iaith i symud cynulleidfa. A phob llwydd i'r cyfarwyddwr wedyn!

TH: A dyna'r tair elfen bwysicaf, 'gredwch chi?

Llais: Ar un olwg, ie. Ond 'fynnwn i ddim diystyru mo'r elfennau eraill. Maen nhw i gyd yn ymwáu i'w gilydd; yn cylchdroi o gylch gwth y ddrama.

TH: Siwrnai'r prif gymeriad?

Llais: A'r gynulleidfa sy'n gwylio. Rhaid ichi gofio mai peth gweledol yw'r cymeriad hefyd, fel popeth arall ar y llwyfan. Delwedd yw'r cyfan.[95] A gweld golygfa y mae'r dramodydd; ei gweld ar ei munud anterth.

TH: Gweld ystum?

Llais: Gweld casgl o bersonau, o gwmpas yr ystum, neu'n ei lunio.[96]

TH: Megis *Esther*?

Llais: Yn union felly. Mae'r ddrama gyfan yn cylchdroi o gwmpas echel un ystum o ddigwydd.

TH: Estyn y deyrnwialen.

Llais: A'r ennyd *cyn* yr estyn! A'r gwaith, felly, oedd ymrafael â'r plot, newid trefn y testunau gwreiddiol a rhoi i Esther reswm deublyg dros ofni mentro. Nid ofni'n unig farw ...[97]

TH: Ond ofni'n hytrach 'fod yn fyw hyd yn oed am eiliad ar ôl iddo fo beidio ag estyn y deyrn-wialen'.[98]

Llais: A dateglu ofnau Ahasferus yr un modd, ymlaen llaw.

TH: Rhaid oedd trefnu'r cyfan ...

Llais: Strwythur y stori, cynnwys y dialog, bywyd mewnol y cymeriadau ...

TH: Eu gwisg a chelfi'r llwyfan.

Llais: Tempo'r olygfa – nes y byddai'r ddelwedd hon, fel y gwelwn i hi yn fy meddwl, yn uchafbwynt theatrig i'r ail act. 'F'Arglwydd Frenin! Y llenni! Y cyntedd! / Mae rhywun yno! Yn y cyntedd! / Iddewon! Iddewon yn torri i mewn. Milwyr! Ar unwaith i'r amddiffyn! ... Iddewon! / Tynnwch y llenni'n ôl!'[99] A dyna lle y mae – y ddelwedd lonydd, lawn cyffro. Esther.

TH: Ac mae'r brenin yn estyn y deyrnwialen.

Llais: Mae'n neidio ati.

TH: Ac mae'r foment drosodd.

Llais: A delwedd arall yn cael ei chreu. 'Tyrd i eistedd gyda mi ar y fainc!'[100]

TH: Mae'r ddelwedd yn darfod mor sydyn, felly.

Llais: Ennyd. Eiliadau'n unig. Dim mwy. Ond mae modd 'sgrifennu drama gyfan o'i chanol, o'i throbwynt, o'i delwedd ganolog.

TH: Cymaint felly ag o'i huchafbwynt a'i diweddglo?

Llais: Yn fwy felly yn fy mhrofiad i – wrth gychwyn 'sgrifennu, hynny yw.[101] Ond peidiwch, da chi, â 'sgrifennu drama o'i chychwyn, a gobeithio rywsut y bydd y sgwrsio'n troi'n ddigwydd ohono'i hun. Beth am blot? A beth am strwythur? Y gwir amdani yw bod yn rhaid 'sgrifennu drama o'i hargyfwng a'i huchafbwynt, o rym ei moment dyngedfennol, a honno'n aml yn ddelwedd.[102]

TH: Fel yn *Esther* ...

Llais: Pan dynnir llen yn ôl a datguddio brenhines goronog, ysblennydd ar lawr, yn estyn ei dwylo tua'r orsedd.

TH: Ac wedyn, mewn ennyd, a'r ddau ar eu pen eu hun, mae hi'n llithro i'w gliniau wrth ei lin ef.

Llais: O'i gwirfodd, heb ofn y tro hwn, er mwyn amlygu'r gwahaniaeth rhyngddynt. 'Brenin ydw i, Esther.' 'Llwch y llawr ydw innau.'[103] Ac eto, mae'r ddelwedd hon hefyd, fel yr holl ddelweddau, i'w darllen yn awr mewn perthynas â'r un ganolog.

TH: A beth am y dawnsio ar ddechrau'r drydedd act?

Llais: 'Sgafnder yw hynny. 'Sgafnder i gychwyn yr act.

TH: Delwedd a cherdd i gyferbynnu â'r dadlau gwyllt sy'n dilyn.

Llais: Hoe o'r tyndra. Hwyl. Hiwmor. Ond, ie, yng nghysgod y ddelwedd fawr a fu – Esther goronog ar ei gliniau – y byddwn ni'n ymateb i'r dawnsio a'r canu ar y llwyfan. A chymaint mwy, felly, pan welwn Esther, wedyn, yn gefnsyth ei barn, yn ogoneddus ddidrugaredd, a Haman ar ei liniau'n erfyn arni am ei fywyd.

TH: Mewn cyferbyniad llwyr â'r ddelwedd ganolog.

Llais: Wrth gwrs. Pa beth arall yw'r theatr, Tudur? Yn wir, ac eithrio'r cysylltair 'neu', ac, o bosib, y ferf orchmynnol, mae'n rhaid mai'r cymal cyferbyniol yw'r uned ramadegol fwyaf theatrig oll. A gall fodoli ar ffurf delwedd, pan fydd statws dyn a'i osgo'n gwrth-ddweud ei gilydd.

TH: Rydych chi'n gwneud imi feddwl am *Brad*. A Linstow a Hofacker a Blumentritt, swyddogion y *Corps*, yn rhoi 'salŵt newydd y fyddin: Heil Hitler'.[104]

Llais: Yn y ddelwedd honno, yn y cyferbyniad rhwng y salŵt a'r cymeriadau sy'n ei rhoi, y gwlewn ni ddarostyngiad y *Corps*.

TH: 'Mi awn i'n crogi bob un dan ganu "Mein Fuehrer, Adolf Hitler! Sieg Heil! Sieg Heil! Sieg Heil!"'

Llais: 'Sieg Heil!' yn wir. Nid llai truenus Linstow na Haman.

TH: Ac felly, fel yn *Brad*, y cyferbyniad hwn rhwng y cymeriad a'i osgo, fel y d'wedwch, yw calon y digwydd yn *Esther*.

Llais: Er ei bod hi'n frenhines, mae Esther yn ei thaflu ei hun ar lawr. Er bod Haman yn brif weinidog, bydd yntau ar ei liniau'n erfyn am ras. Caiff y gynulleidfa weld bod ambell Fordecai, er gwaethaf gwisg y cardotyn, yn medru arwain cenedl Dduw. A phan fydd dilledyn felly'n rhan o gyferbyniad grymus, gall gyfleu nid yn unig ddelwedd, ond hefyd hanfod y digwydd.

TH: Ac felly y mae yn *Siwan* hefyd – a hithau'n diosg ei gwisg. 'Bu'r goron yn flinder ar fy mhen ...' 'A'r wisg arian fawr fel pabell o'm cwmpas.'[105]

Llais: 'Que ces vains ornements, que ces voiles me pèsent!'[106] Ai Pirandello a dd'wedodd, 'dwch, mai peri inni chwerthin y mae cyferbyniad?

TH: Ond onid Ffrangeg oedd hwnna?

Llais: Pan nad yw'r cymeriad a'i wisg yn gweddu i'w gilydd. Racine. A'r unig beth a all ein rhwystro rhag chwerthin yw deall y stori y tu ôl i'r darlun.[107] Dyna pam y mae amlygu poen cymeriad mor bwysig, er mwyn troi'r comig yn drasig. 'Gofiwch chi eiriau Dora? "Dydw i ond dwy a deugain oed, 'machgen i, a mae 'ngwallt i eisoes yn wyn *o'th blegid di*.'[108]

TH: Achos ac effaith.

Llais: Peth mawr yw 'oblegid' Dora. Achos y cyferbyniad.

TH: Achos ein deall.

Llais: Hebddo, mae'r cyfan mor arwynebol.

TH: A heb wrthdaro ...

Llais: Gwrthdaro'r arweinydd a'r sachliain amdano. Dim ond o weld y sach yn arwydd o'i edifeirwch y deallwn ni ddyfnder Mordecai. Dim ond o wrando ar stori Chabert y deuwn i'w garu yntau.[109]

TH: Cardotyn-Arweinydd arall.

Llais: Yn llawn ffydd ac anrhydedd. Pan welwn ni Fordecai, felly, y cymeriad 'ma, wedi ei wisgo'n barchus yn y drydedd act, mae'r cyferbyniad cyntaf eto'n parhau i gyfeiriad arall, yng nghof ei absenoldeb.

TH: Fel Siwan ym moelni'r ail act, a'r carchar yn ategu ei gwir deimladau yn y gyntaf.

Llais: Ie. Dyna chi.

TH: A beth am Esther ei hun yn y drydedd act?

Llais: 'Styriwch, Tudur – y gair 'teigres', neu apêl Haman am 'drugaredd'. Wrth inni glywed y geiriau hyn, mi gofiwn ni'n ôl ...

TH: Cofio mai 'Cychwyn eich cwymp yw trugaredd'.[110]

Llais: A chlymu'r ailadrodd ynghyd. Felly'n union y gall delwedd gyrchu yn ôl at un flaenorol. A phan welwn ni Esther, felly, yn sefyll yn ei barn dros Haman, bydd y meddwl yn cyrchu'n ôl at ganolbwynt yr ail act. At y ddelwedd ohoni'n ymbil ar lawr. A thrwy'r cyrchu digymell hwn, bydd y gynulleidfa'n ymdeimlo â'r boddhad na all ond cyfanwaith ei gynnig yn y theatr.

TH: Ac O! fel y mae'r rhod wedi troi.

Llais: A throi o gylch y ddwy ddelwedd gyferbyniol, cofiwch. Fel salŵt y fyddin a salŵt y Führer; neu fel Marc, druan, yn syllu ar y llaswyr ar ddiwedd yr act gyntaf, ac yna'n syrthio i'w liniau a'i gusanu ar ddiwedd y ddrama. Cyferbynnu drwy ddelwedd, dadlennu'r ystryw rhwng cymeriad a'i osgo, a tharo'r ddelwedd honno wedyn yn erbyn un arall, neu'n erbyn gair – mae hynny'n beth grymus yn y theatr.

TH: A dd'wedech chi mai drama am beidio ag ymgrymu yw *Esther*?

Llais: Ar un olwg, ie. Ac o ddewis actor o faintioli Stewart Jones, mae'n bosib mai'r ddelwedd arhosol ym meddwl y gynulleidfa fydd yr un honno o Fordecai gyson-gefnsyth yn edrych ar Haman o ben y grisiau.

TH: Ac nid Esther yn ymgrymu hyd yn oed.

Llais: Ei osgo ef sy'n gyfrifol am y proclamasiwn. Ei osgo ef sy'n gyfrifol am holl ddigwydd y ddrama.

TH: Y ddelwedd ohono'n sefyll ac yn gwrthod ymgrymu.

Llais. 'Mae o'n fy herio'n fud ym mhorth y palas bob dydd. [...]
Dyna yw'r proclamasiwn a ddarllenaist ti'n awr. Fy nghosb i ar
Mordecai. Fe gaiff grogi gydag Israel gyfan.'[111] 'Welwch chi? Pan
fo tynged dyn, ac nid dyn yn unig, eithr cenedl gyfan yn y fantol,
gall peth mor ddi-nod â sefyll ar lwyfan fod yn weithred gwbl
theatrig; hynny yw, yn weithred sy'n cynhyrfu'r cymeriadau
eraill, a'r gynulleidfa'r un pryd. Gall sefyll fod yn ddigwydd
ynddo'i hun, yn rhywbeth gweithredol sy'n ennyn ymateb. Yn
wir, gall cardotyn yn sefyll fod yn fwy theatrig na deuddyn yn
cleddyfa lond y llwyfan. 'Dyna fo, Harbona, ar y gair. Wyt ti'n ei
weld o? Hwnna! ... Hwnna!'

TH: Ac o gyflwyno wedyn wisg y brenin i'r cardotyn hwn?

Llais: A gorchymyn i neb llai na'i elyn pennaf, chwenychwr y
wisg, ei rhoi amdano, mae'r dilledyn – nad yw'n ddim ynddo'i
hun, cofiwch – yn meddu ar arwyddocâd dwysach nag ysblander
Esther, ac yn rhan o'r digwydd. Nid Mordecai yw ef bellach, ond
'Samuel!'[112] Troes y wisg yn ddelwedd ddramatig o rym.

TH: Ond ar ddechrau'r ddrama, dim ond sefyll y mae Mordecai.
Sefyll ac edrych.

Llais: A rhoi'r ddrama ar waith. Mae'r theatr yn fyw. Pa raid wrth
gleddyfa neu sgrin fawr neu ganhwyllyr enfawr yn disgyn?[113]
Gall y peth lleiaf yn y theatr feddu ar yr arwyddocâd mwyaf, yn
enwedig os yw'r cymeriadau ar lwyfan yn edrych arno ac yn
ymateb iddo. Fel blwch sigareti, fel ffôn yn canu, fel aros i ddrws
agor. Y gyfrinach yw sicrhau bod y ddelwedd yn rhan o'r digwydd
dramatig, a bod y gynulleidfa, felly, wedi ei pharatoi ar ei chyfer.
Mae hynny'n aml yn golygu ei pharatoi drwy ddialog, gan glymu
delwedd, nid yn unig â'r digwydd dramatig neu blot, eithr hefyd
â'r iaith a'r cymeriadu.

TH: Ac mae'r sgyrsio yn fodd o greu tensiwn yn y gynulleidfa,
wrth iddi aros yn ddisgwylgar i'r cymeriad ddelweddu'r gair – fel
y sgwrs rhwng Esther a Mordecai yn yr act gyntaf.

Llais: A defnyddio un o dermau Jung, mi dd'wedwn i mai'r dasg yw creu 'cynddelwedd' yn y meddwl. Rhoi, nid yn unig wybodaeth i'r gynulleidfa – am a ddaw – ond hefyd lun ...

TH: A disgwyliad amdano.

Llais: Ffurf ar ddangosrwydd ydyw'n sicr.

TH: Siarad am yr hyn a welir yn y man.

Llais: A gall hynny greu tyndra yn y cymeriad a'r gynulleidfa.

TH: Nid *surprise* ond *suspense*.[114]

Llais: Bydd hi am wybod, 'welwch chi, am weld, a yw Esther am gyflawni ei nod. Mae'n ffordd o ffocysu'r meddwl. Oherwydd cofiwch, bob amser, fod popeth ar y llwyfan yn ddelwedd, yn rhan o'r *mise-en-scène*: pob cymeriad, pob ystum, pob gwisg, pob prop, pob cefnlen, pob cysgod. Y dasg, felly, yw priodoli arwyddocâd dramatig i ambell ystum ac edrychiad, cyffyrddiad a pheth, gwahaniaethu, rheoli'r gweld, drwy baratoi'r gynulleidfa ar ei gyfer. Heb hynny, mae'r cyfarwyddwr theatr mor ddi-rym â'r cyfarwyddwr ffilm na all na ffocysu na golygu ei luniau.[115] Dyna *Gymerwch Chi Sigarét?*, er enghraifft. O beidio â threfnu'r llwyfan fel y bo'r ffôn yn ganolbwynt i'r drydedd act, mae'n rhwym o fethu. Felly y 'sgrifennais ar gyfer y theatr, â'r llwyfan yn eglur o'm blaen.

TH: A chan hynny, weithiau, pan fydd y llen yn disgyn, nid gair na gweithred sy'n aros yn y meddwl, ond delwedd.

Llais: Ambell dro, mi 'sgrifennais i act gyfan drwy ei symud o ddelwedd i ddelwedd – o ddawns i sgwrs i gusan i ddadl. A symud y cymeriadau o brop i brop: symud Iris a Marc o'r llun ar y mur i'r gramaffon, ac ymlaen at y botel win a'r blwch sigarét a'r pasbort a'r pamffledyn a'r llaswyr a'r llythyr.[116] Gweld yw'r theatr. Gweld pethau. Gweld effaith geiriau.

TH: Ond fel rheol mae pobl yn meddwl mai pethau geiriol yw eich dramâu chi. Nid peth i'r llygad.

Llais: Fel y d'wedais i – gweld *effaith* geiriau, ac mae'r holl elfennau'n ymwau i'w gilydd. Mae'r delweddau'n rhan o'r digwydd, ac felly'r geiriau. A gall effaith gair fod yn beth i'r llygad yn ogystal ag i'r glust. 'Parler, c'est agir', chwedl d'Aubignac.[117] Mi wyddoch yn iawn, debyg, am ddylanwad Racine a Corneille ar fy ngwaith. Wrth geisio efelychu Racine y lluniais *Flodeuwedd*, ond mae *Esther*, er gwaethaf Racine, yn debycach i waith Corneille, ar gyfrif y digwydd sydd ynddi, a heb seicoleg *Siwan*.[118]

TH: Ai dyna pam nad drama farddonol yw hi? Am nad yw Esther yn ei chasáu ei hun ddigon? Am fod ei bywyd yn gyfrwng digwydd er mwyn eraill?[119]

Llais: Efallai. Nid Phèdre mohoni'n sicr.

TH: Rhwng Esther ac eraill y mae grym y ddrama, nid ynddi hi'i hun.

Llais: Roedd y comisiwn hefyd ar gyfer y radio, er imi ei rhoi i Gwmni Drama Môn.

TH: A yw hynny'n arwyddocaol?

Llais: Wn i ddim. Efallai.[120] Mi luniais gomedi o'r math trasig, a chymeriadu, nid barddoni, yw calon drama o'r fath. Rhaid nodi hefyd mai felly y daeth, ac na theimlais i 'rioed fod y gwahaniaeth rhwng 'barddoniaeth' *Siwan* a 'rhyddiaith' *Esther* mor ysgubol â hynny.[121] Yr un yw diben y mynegi mewn mydr a rhyddiaith.[122]

TH: Siarad iaith sy'n naturiol iddyn nhw y mae'r ddwy. Dyna'r awgrym?

Llais: Ie.

TH: Ond ...

Llais: Hwyrach fod Esther ryw ugain mlynedd yn rhy ifanc i ladd arni'i hun â chwip barddoniaeth, a 'mod innau wedi hen ddysgu mai datblygu'r digwydd, ac nid ei atal, oedd fy nghryfder innau.[123] Ond meddwl sôn am Racine yr oeddwn i hefyd, oherwydd teflir yr un baw ato ef yn aml. 'Mae ei ddramâu'n rhy eiriog a 'does dim yn digwydd ynddyn nhw.' Dyma ferdid y beirniad nad yw'n deall fod y digwydd yn y geiriau eu hunain.

TH: Parler, c'est agir?

Llais: Ie. Y dweud yw'r gwneud. Heddiw, oni bai fod dramodydd yn 'sgrifennu mwy o gyfarwyddiadau yn ei lythyren italig nag o ddialog, bernir bod ei waith yn eiriog ac yn antheatraidd![124] Hynny yw, pe bawn i wedi 'sgrifennu peth fel hyn, yn null Gwenlyn ... *Daw Siwan i'r llwyfan mewn gwisg arian hardd. Mae Alis, ei morwyn, yn ei diosg yn araf ac yn ofalus, ond nid yn orbwyllog chwaith, gan ei bod hithau'n wraig o dras. Rhydd y wisg mewn cist fawr. Mae'n dychwelyd at ei meistres, a hithau'n estyn ati ei choron. Y mae'r llwyfan yn bur dywyll, a golau'r lleuad yn dyfod drwy'r ffenestr. Mae'n nos.* Pe bawn i wedi 'sgrifennu peth felly, ni fyddai'r awdurdodau'n amau nad ar y cwrs Safon Uwch Drama y dylid gosod *Siwan*, ond yn lle hynny mae gofyn i efrydwyr y Gymraeg ddihysbyddu perfedd pob trosiad, heb sôn fawr ddim am ddigwydd.[125]

TH: A be' sy'n bod ar hynny?

Llais: Y gwir amdani yw bod arwyddocâd gweithred, yn enwedig un symbolaidd – fel yn achos rhoi'r wisg yn y gist – yn dwysáu'n ddirfawr pan fydd y cymeriad yn cyflawni'r weithred honno ar lafar hefyd.[126]

TH: 'Mi 'steddaf ar y stôl ... Dyna ti.'

Llais: Yn union. Onid felly y dysgwn ni ein plant i siarad? Siarad a disgrifio wrth chwarae.

TH: A chwarae yw'r theatr.

Llais: 'Mi 'steddaf ar y stôl.' 'Wyddoch chi, Tudur, mae'r llinell honno'n enghraifft o egwyddor bwysig yn fy theatr i – egwyddor dangosrwydd – pan yw geiriau'r cymeriadau'n eu clymu wrth eu hamgylchfyd, gan hoelio sylw'r gynulleidfa ar y chwarae, ac ar y gwneud.[127]

TH: Fel *close-up*.

Llais: 'Is this a dagger which I see before me?'[128] Nid digon bod y gynulleidfa'n medru gweld y llwyfan.

TH: Mae hynny bob amser yn help, 'dd'wedwn i!

Llais: Rhaid iddi hefyd weld drwy enau'r cymeriad. Mae'n ffordd o roi'r sylw ar yr actor, ar y perfformiad.[129]

TH: Mae'n ffordd o dynnu'r gynulleidfa i'r llwyfan.

Llais: A gorau oll os gwnawn ni hyn o'r cychwyn cyntaf.

TH: 'Dyna'r wisg arian yn rhydd o'r diwedd, *ma dame.*
    Fe'i dodaf ar unwaith yn y gist.'

Llais: 'A'r goron yma gyda hi, Alis ...
    Pa awr o'r nos yw hi?'[130]

TH: Mae fel pe bai'r geiriau'n gyfalaw i'r gweithredoedd. 'Fe'i dodaf,' meddai, gan ddodi, fel pe na bai'r gwneud yn bosib heb y dweud.

Llais: Ac mae'n fwy na chyfalaw, felly. Nid oes weithred heb air. Y llefaru sy'n esgor ar bopeth. Ac o'r cychwyn, felly, mae'r gynulleidfa'n deall bod gan eiriau rym yn y ddrama hon; eu bod nhw, nid yn unig yn rhan o'r digwydd yn y *mise-en-scène*, eithr yn ei greu. Mae yma yn y geiriau gyfuniad o Iaith, Delwedd, Digwydd a Chymeriad.[131] 'Dodaf', a dodi.

TH: Ac mae'r ferf yn allweddol?

Llais: Y ferf weithredol, yn y presennol – cyfaill pennaf y dramodydd. A gorau oll os yw'n ferf orchmynnol. Gall honno adrodd stori act a holl rythm ei digwydd. 'Gwna hynny, Alis ... Dyro lonydd i Drystan ac Esyllt ... Gad iddyn nhw gysgu ... Cymer dy gannwyll a dos i'th 'stafell a'th wely ... Gwilym? Tyrd i mewn ... Paid â'm dychryn i heno ... Paid â siarad yn ynfyd ... Taw, Gwilym, paid â sôn am bethau anhapus ... Tyrd at y ffenestr gynta' ... Ust! Gwrando! ... Ust! Eto! ... Tyrd ar y gwely i'm breichiau ... Dos i bregethu i Dangwystl yn Nolwyddelan.' A dyna'r act mewn tri ar ddeg o orchmynion – pob un, ac eithrio'r olaf, yn erfyn am dawelwch, sylwer. Mae rhywbeth hudolus am weld rhywun yn gwrando'n astud ar lwyfan, a'r llygaid yn llawn ofn.

TH: Yn gwrando.

Llais: Ie'n gwrando. Fel Calista, a'r gynulleidfa'n teimlo ei distawrwydd.[132]

TH: Ond, os cofiaf i, nid yw Llywelyn yn brin ei orchmynion chwaith. 'Rhwygwch y llenni … Deliwch o. Rhwymwch ei ddwylo a'i freichiau …'[133]

Llais: Ac eto, sylwch fel nad yw'n cyfeirio'r un o'r rhain ati hi, ei wraig.

TH: Dim ond ei tharo!

Llais: Yn hollol. Ennyd o dymer, a difaru'n syth. Er amled y ferf orchmynnol yn ei enau ef, prin ddwy a ddywed wrthi hi drwy'r ddrama gyfan. A daw'r rheini yn yr act olaf. 'Rhaid iti ddychwelyd ata' i o'th ewyllys dy hun.' 'Dywed d'ewyllys.'[134] Hi piau'r grym yn y drydedd act. 'Fyn Llywelyn, ddim mwy nag Ahasferus, orchymyn caru.

TH: Hi'n hytrach sy'n gorchymyn.

> 'Ust, paid â deud y gwir.
> Nid cyffesgell sydd yma na thad enaid,
> Ond gwraig ddrwg yn ysu am oruchafiaeth.'[135]

Llais: 'Welwch chi, Tudur? Nid llefaru y maen nhw yn *Siwan*, ond brwydro â geiriau.

TH: Siarad i frifo.

Llais: Siarad i amddiffyn. Geiriau sy'n lladd pobl yn fy nramâu i.

TH: Dyna pam y mae Siwan yn gorchymyn 'ust', gan fod cyffes ei gŵr wedi troi'r ddadl o'i blaid.

Llais: Ac eto, ni fyn hi mo'i weld yn erfyn arni ddim mwy,

rhag iddi ei droi'n druan o beth. Pa ryfedd eu bod nhw'n chwerthin?

TH: Ond mae ei gyffes yn ei gorchfygu hithau, i raddau.

Llais: Mae'n ergyd drom, heb os. Dyna rym cyffes. Gall gyfiawnhau'r ymddygiad eithaf ...

TH: Boed serch llanc neu gynddaredd gŵr![136]

Llais: A gall ennyn cydymdeimlad drwy'r llwyfan a'r llawr. Meddyliwch chi am araith Dewi ar ddiwedd yr act gyntaf – y *narratio* am y llanc yn tynnu ei 'lafn rasal o'i boced a tharo ei aeliau a'i lygaid nes eu bod nhw'n sboncio ar y platiau ...'

TH: '... darn o'i lygaid ar fy mhlât i, a'r gwaed yn pistyllu ar y bwrdd.'[137]

Llais: 'Dyw'r stori'n ddim mymryn llai o gyffes nag araith Gwilym neu Lywelyn. Yn wir, gyda'r Beibl yn ei law a'r dagrau'n llifo'n ddilywodraeth, onid y stori hon sy'n cadw Dora rhag galw'r heddlu?

TH: Sy'n gorfodi John hefyd ...

Llais: I wneud yn ôl ei alwedigaeth. Rhaid iddo wrando'r gyffes, a maddau iddo, a datblygu'r berthynas rhyngddynt.[138]

TH: Am fod yn y gyffes loes ac anwyldeb?[139]

Llais: Am fod John yn un o stiwardiaid Pantycelyn, yn nhraddodiad Rhufain. 'Os stiward society fydd yn glebrog ... pwy a ymddiried ei bethau dirgel iddo?'[140]

TH: Mae'r gyffes yn arwydd o wendid, felly, yn mynnu trugaredd.

Llais: Ydi'n aml – yn Racine. Mae'n ffurf ar artaith.[141] Ond yn fy theatr i gall cyffeswr hefyd orchfygu trwy iselhau. Dyna gamp Dewi. A phan ddigwydd hynny, bydd y gwrando'n drydanol, a'r gyffes yn gwlwm rhwng y cymeriadau a'r gynulleidfa.[142] Am ennyd fer, mae'r gwylwyr yn y gynulleidfa'n dystion ac yn fechnïwyr i faddeuant pechodau.

TH: Ai dyna rodd y theatr i ni heddiw?

Llais: Troi'r Cymro cyffredin yn offeiriad. Rhoi i'r di-gred yr hawl i drugarhau.[143]

TH: Hawdd credu mai'r theatr yw'r unig gyfle i ni heddiw 'muno â'r seiat – ein hunig gyfle i glywed rhywbeth mwy na chlecs.

Llais: I glywed cyffes! Dwyn cymeriad 'yn neilltuol ar ei ben ei hun ... o flaen yr holl *society*'.[144]

TH: Ac wrth wrando'r gyffes ...

Llais: Gall y gynulleidfa 'holi, chwilio a mynnu adnabod'; ymroi i wrando ar 'ddirgel ffyrdd temtasiynau y byd a'r cnawd a holl droeon natur'.[145] Yn y Seiat gynt, d'wedwyd y gwir am gnawdolrwydd dyn.[146] Gan hynny, gall cyffesion gael 'yr un effaith ar eraill ag oedd ar ysbryd y dyn ag oedd yn eu hadrodd'. Mae'n 'ennyn tân ragor, ac yn magu ysfa'. Pa ryfedd i'r Hen Bant fod yn greulon iawn wrth gariadon?[147]

> Cyn pen dim, heb fawr o waith
> mi gredi di fy ngweniaith,
> dy ddagrau'n llifo'n ystwyth
> dros bethau deimlaist di fyth.[148]

O! gall. Gall y theatr ein cyffroi lawn cymaint â'r ffair, a naw wfft i bob ymdrech i'w pharchuso, felly.[149]

TH: Ac mi rydym ni'n cyffroi gyda Dora – wrth i Dewi sôn am y 'bocsiwr deg ar hugain oed o Stepney ...'

Llais: 'Wedi'n cloi gyda'n gilydd mewn cell fach gul ac uchel o chwech bob p'nawn hyd at chwech bob bore, deuddeg awr gyda'n gilydd, fel Adda ac Efa ... *marriage of convenience*.'

TH: Nes bod Dora'n erfyn arno ...

Llais: 'Dewi! Beth wyt ti'n ei ddweud?'

TH: 'Tipyn o 'mhrofiad noson seiat ...'[150]

Llais: 'Welwch chi? Dyna ddiben y *narratio* erchyll – peri i'r adroddwr a'r gwrandawr deimlo rhyw gymaint o arswyd y profiad gwreiddiol.[151] Yn wir, nid yn annhebyg i gyffes, mae stori o'r fath yn rhan o'r ymrafael meddwl rhwng y cymeriadau. Rhaid ichi gofio mai ceisio perswadio ei fam i newid meddwl ei dad y mae Dewi fan hyn. Dyna'r rheswm dros fod mor ffiaidd ei dafod.

TH: 'Rwyt ti'n llwyddo yn dy fwriad i 'nychryn i.'[152]

Llais: Cofiwch ddychryn pobl, Tudur. Soniwch am ferched 'â'u pastynau rhwber yn curo gwraig feichiog, ar ei chroth', ac am beilot yn cael ei gipio gan yr heddlu cudd ...

TH: Ac am ei feistres a'i phlentyn trais – yn *Sigarét?*

Llais: Neu'r stori wedyn am Stuelpnagel yn ei saethu ei hun yn *Brad*, neu ddisgrifiad Albrecht o'r rhai a arteithir gan Himmler.

TH: A'r proclamasiwn yn *Esther* ...

Llais: A'r geiriau'n darlunio, nid yn unig dywallt gwaed yr Hen Destament, ond hefyd Hiroshima ac Auschwitz.[153]

TH: 'Styriais i erioed fod cymaint o drais yn eich dramâu chi.

Llais: Racine a Phantycelyn – fy meistri'n ddi-os.[154] Ond a derbyn bod y gymhariaeth rhwng y theatr a'r seiat yn un ddilys, rhaid inni beidio â bodloni ar gyffroi drwy eiriau'n unig. Nid digon yw 'magu ysfa'. Rhaid inni'n hytrach ddwyn pwysau ar y meddwl. Dyna nod yr adroddiad erchyll bob tro. Newid meddwl. Gorchfygu. Dwyn Marc at y llaswyr. Dwyn yr Iarlles at Albrecht. Dwyn Esther at Ahasferus. Cofiwch eiriau Theophilus yn *y Society Profiad*: 'Arferol fod y cownsils yn y sesiwnau a'r achosion pwysfawr, amrywiol ohonynt yn holi, ac yn croesholi, tuag at gael allan y gwir.'[155] Mae'r seiat yn rheithgor, cofiwch.[156] A hyd y gwelaf fi, diben cyffes, diben y ddrama theatr yn wir, yw 'rhoi goleuni trwyadl i'r holl gymdeithas'.[157]

TH: A hynny ar sail y cymeriad a'r digwydd ar y llwyfan.

Llais: Tynnu'r gwir 'o gyflwr y cyfryw ag fyddir yn ei holi, fel gallo pawb ei weled ef trwyddo; i ddeall ei ysbryd; adnabod pa le y mae yn sefyll'.[158] Dyna'r theatr i mi: *society* profiad.

TH: Ac o wrando ar gymeriad yn dinoethi ei enaid ...

Llais: 'Caiff yr holl gymdeithas dosturio wrtho, cydymdeimlo ag ef ... ac fe fydd fel gwrthrych ynddynt.'[159]

TH: A chymryd, hynny yw, nad yw'r seiat yn ei fwrw ef allan!

Llais: Go dda. Ond go brin, Tudur. Mae 'na wahaniaeth pwysig rhwng y ddau sefydliad. Yn wahanol i'r seiat, gall cynulleidfa theatr garu dihiryn diedifar – y dihiryn sy'n ei hatgoffa o ryw elfen dywyll ynddi'i hun.[160] Gall cynulleidfa barchus garu Dewi – a gall dramodydd boeri ar werthoedd ei gynulleidfa er mwyn ei hysgwyd.[161] Ac yn wir, mi dd'wedwn i fod yr apêl theatrig yn cryfhau po fwya'r bwlch rhwng normalrwydd yr actor ac odrwydd ei gymeriad – nid yn unig odrwydd brenhinol a seicolegol Siwan, eithr hefyd odrwydd hunanddinistriol a dengar Dewi. A gorffwylledd ac atgasedd Hitler hyd yn oed.[162]

TH: Bydd camp y perfformiad yn amlycach, felly.

Llais: A diffuantrwydd yr actio'n creu argraff ddofn ar y gynulleidfa. Dyna fy ngobaith ar gyfer Dewi – Dewi 'y rhois i 'mywyd i euro'i deyrnas'.[163] Beth yw'r unig beth na ddylid mo'i oddef yn y theatr, Tudur?

TH: Y cyffredin? Diflastod?

Llais: Dyna sut y mae cyffes yn troi'r theatr yn seiat drydanol. Ac fel erioed, rhaid i'r dramodydd wneud mwy na chyffroi'r gynulleidfa. Rhaid treiddio i'w dyfnderoedd. Dwyn pobl at eu galar, at eu hofnau, eu breuddwydion a'u chwant: 'the deep dark of despair that haunts our dreams.'[164]

TH: Artaud?[165]

Llais: Tennessee Williams. A Blodeuwedd.

TH: Ond dyna a fynnai Artaud, a Theatr yr Absẃrd hefyd.

Llais: Dyna a fynnai Yeats. Dyna oedd dawn John Osborne.[166] Dyna yw rhodd Aled Jones Williams i ni heddiw. Treiddio i'r dyfnder. Datgelu'r gwir, fel Pantycelyn.[167] Shakespeare a

Sophocles oedd meistri Freud, wedi'r cyfan – nid Artaud.[168] Heb
hynny ...

> 'Wêl neb dan y chwerthin llon
> Boen y brath yn y galon.'[169]

TH: Rhaid bod cyffes Llywelyn gyda'r peth gorau i chi ei
'sgrifennu erioed. 'Gwleidyddiaeth oedd ein priodas ni,
arglwyddes ...'

Llais: Ac eto, ar ei phen ei hun, megis ffôn neu wisg neu
ddilledyn, nid yw'n ddim oll. Ei heffaith ar Siwan sy'n bwysig, ei
rhan yn y digwydd dramatig. Fel arall, nid yw'n ddim ond
geiriau.

TH: Y parler, ce n'est pas agir.

Llais: Fel y sgwrs yng *Nghell y Grog*, neu areithio *Buchedd
Garmon*, neu *Flodeuwedd Y Llenor*. Ond fe baratois y gynulleidfa
ar gyfer hon. Yn y sgwrs rhwng Llywelyn ac Alis, ar ddechrau'r
act, mae'r tywysog yn codi cwr y llen ar ei wir deimladau tuag at
Siwan, a'r forwyn yn ei gymell i lefaru'r gwir wrth ei wraig.[170]

> 'Onid dyn yw tywysog, ferch?'

TH: 'Dd'wedwch chi hynny wrth y dywysoges, syr?'

Llais: 'Ydi hi'n amau hynny?'

TH: 'Byddai'n help iddi gael clywed.'[171]

Llais: Ond cyn hynny, plannwyd yr hedyn yn gynnar yn yr act
gyntaf, yn y llinellau o eironi rhwng Siwan a Gwilym.
Cyferbyniad arall. 'Gall tywysog a gwladweinydd deimlo fel
dyn.'[172]

TH: Roedd y gwir yn amlwg iddi, er nas gwelsai.

Llais: Dyna sy'n drasig o hurt. Chwaer Oidipos yw hi.[173]

TH: A mater o gynllunio yw peth fel hyn, felly.

Llais: Mater o beidio â meddwl bod rhoi dau gymeriad ynghyd yn ddigon i greu'r digwydd.[174] Rhaid ichi wastad wrth *scenario*, cyn ichi 'sgrifennu fawr ddim o'ch drama: rhestr o'r cymeriadau, disgrifiad ohonynt, amlinelliad o bob act, a syniad clir o ergyd y chwarae.[175] Dim ond felly, wrth ichi 'sgrifennu, y bydd eich sgwrs yn canoli ar y digwydd hwnnw y bydd y gynulleidfa'n dyst iddo yn y man. Yr un yw'r dechneg yn *Siwan* ac *Esther*, 'welwch chi.

TH: *Suspense*. A Llywelyn yn siŵr o ymddangos!

Llais: Ond pa waeth am hynny?

TH: Mae bron fel gwylio un o ffilmiau Hitchcock!

Llais: Debyg iawn. Heb os. Mi ofynnodd eich gwraig ichi wneud potel iddi, do?

TH: A dyna 'wnes. Ond beth yw hynny i ni nawr? 'Does a wnelo hynny ddim oll â'r ddrama Gymraeg.

Llais: Nac oes, mi wn. Ond pe bai modd i'r botel honno newid ei bywyd hi – ei llosgi'n fyw, dyweder.

TH: Sut? Pam?

Llais: Am fod gennych chi obsesiwn i ofalu amdani.

TH: A minnau wedi hen gynllwynio'r peth ...

Llais: Byddai gennych, wedyn, efallai, ddrama, a byddai gennych gyfeiriad i'r sgwrs, cyn golygfa'r llosgi. A byddai'r sgwrs yn gymaint rhan o'r digwydd â'r llosgi ei hun.

TH: Drama ddwy act, efallai – fel *The Eve of Saint John*. Y disgwyl yn yr act gyntaf, a'r llosgi yn yr ail.

Llais: Mor syml â hynny!

TH: Na, 'doeddwn i ddim yn beirniadu. Meddwl yn unig rydw i fod yn eich drama gynnar gryn ddefnydd o ddangosrwydd, a disgwyliad.

Llais: 'Dwyf fi ddim yn amau hynny. Chi sy'n fy nghamddeall. Nid ffromi'r oeddwn i, ond nodi ffaith. Symlrwydd yw'r nod, bob tro – a'r dramodydd yn 'sgrifennu yn ei iaith ei hun, o'i wraidd dyfnaf, trwy'r cymeriad, er mwyn i'r siarad fod yn gymeriadaeth fyw. Fi sy'n beirniadu. 'Dyw strwythur syml, heb iaith gref, fyth yn ddigon i gynnal y digwydd. O glywed un sillaf chwithig, bydd y gynulleidfa'n bur amheus o bopeth. 'Studiwch chi iaith *Siwan* ac *Esther* a gadael *Saint John* ar y silff.

TH: Imi weld iaith sy'n llifo o'r cymeriad, ie? A siarad sy' gymaint rhan o'r digwydd â'r digwydd ei hun.[176]

Llais: A chofiwch leoli'r areithiau'n ddethol, mor ofalus â'r delweddau dramatig, oherwydd pethau ydynt i orchfygu eraill – yr ergyd sy'n glanio ar yr ên.

TH: Y *killer blow.* Ai dyna'r rheswm dros araith Siwan hithau – iddi wrthbwyso effaith y gyffes yn y drydedd act?

Llais: Iddi dalu'r pwyth yn ôl. Arf ydyw – peth – iddi ymladd ag ef, yn ei hysfa am oruchafiaeth. Pe rhoddid gwaywffon yn ei llaw, iddi ei gwthio'n raddol i'w frest, ni fyddai'r effaith gryfed. Cyllyll i frifo, cofiwch.[177] Dyna yw geiriau.

TH: Parler, c'est agir.

Llais: 'Parler, c'est faire.'[178] Byddwch ddigon gwirion i gredu bod geiriau'n medru newid pethau.[179]

TH: Nid dweud yw'r dweud yn eich dramâu chi, Dr. Lewis.

Llais: Nid yn *Siwan*, yn sicr. Dyna pam na raid i neb Cymro boeni am ei chyfieithu.[180] A glywsoch chi erioed *The Royal Bed*?[181] Troes Siwan yn Saesnes ronc o deulu'r *Queen*, ac Alis yn groten fach ddwl o'r cymoedd! Ond o feddu ar gast o safon, gall *effaith* y Gymraeg fod yn ddealladwy i Sais yn fy theatr i. Cofiwch, da chi, nad gwrando ar eiriau yw gwaith y gynulleidfa, ond tystio i'r modd y maen nhw'n newid y cymeriadau: y llefarwr a'r gwrandawr.[182]

TH: Nid adrodd stori mo'r nod.

Llais: Dduw mawr, nage! Nid nofel mo'r theatr! 'Droddwch chi

stori fonolog wrth gynulleidfa, a bydd y rhelyw yn meddwl –
'Dyna drueni na ches i ddarllen y peth fy hun'.[183] Na. Rhaid i'r
theatr fod yn debycach i ornest baffio.[184] Peth prin yw'r ergyd
sy'n llorio dyn, ond mae'r dorf ar flaenau'r seddi yn disgwyl
amdani. Os ymson, gwewyr enaid amdani, a hollt bob tro.

TH: Ond beth am y feirniadaeth ar *Siwan*? Mi awgrymodd
ambell un nad oes ynddi ddigon o ddigwydd i'r theatr – yn
enwedig felly'r ail act.[185]

Llais: Wn i ddim, wir. Beth yw'r 'digwydd' y mae'r beirniaid yn
chwilio amdano – y digwydd bondigrybwyll nad yw'r llefaru'n
rhan ohono? Ai chwilio am gleddyfa neu ddawnsio neu
gyfarth neu goginio y maen nhw?[186] 'Les actions sont l'âme
de la tragédie, où l'on ne doit parler qu'en agissant et pour
agir.'[187]

TH: Digon clapiog yw fy Ffrangeg i, sorri.

Llais: Rhaid i'r llefaru fod yn un â'r gweithredu, *er mwyn y
digwydd*. Nid adrodd stori nad oes a wnelo hi ddim oll â'r
digwydd y mae Alis, ond arteithio Siwan â'i geiriau, i'r fath
raddau fel na all hi ond melltithio ei gŵr ar ddiwedd yr act. A
gweithred lafar yw'r felltith honno, wedi ei thaflu ato, i'w frifo, a
chreu disgwyliad pellach yn y gynulleidfa.

TH: Danfonwyd Alis ati, iddi esmwytho'i byd.

Llais: Ond fe'i harteithir gan ei geiriau.

TH: Ac mae tystio i'r newid yn Siwan, ac Alis, yn rhwym o
effeithio ar gynulleidfa.

Llais: Yn siŵr o greu ynddi awydd mawr i weld pa beth a ddaw o
berthynas Siwan a Llywelyn yn yr act olaf. Pa fodd y gwnân nhw
gymodi? Pa fodd y gall y ddau yma gyffwrdd â'i gilydd yn awr?

TH: Ond 'does 'na fawr o symud ar y llwyfan drwy gydol yr ail
act.

Llais: Er bod ynddi lewygu a gweiddi a rhuthro milwr hefyd! Ond nid mater o symud, neu beidio â symud yw digwydd. Rhaid ichi ddeall hyn.

TH: Do, mi dd'wedoch y gall sefyll yn llonydd fod ynddo'i hun yn weithred ddramatig.

Llais: Ac felly hefyd y gall llefaru gair, neu beidio â'i lefaru, greu cynnwrf yn y theatr, pan fo'r llefaru hwnnw'n artaith, nid yn unig i'r llefarydd ei hun, eithr i un arall ar y llwyfan sy'n gwrando.

TH: Sy'n gwingo.

Llais: Sy'n ennyn cydymdeimlad. Mi ddylech ddarllen clasur Le Bidois, Tudur, *De l'action dans la tragédie de Racine*, neu waith May a Scherer, neu'n fwy diweddar Barthes, Hawcroft a Reilly. Yr Abbé d'Aubignac a'u rhoes oll ar waith, ac, wrth gwrs, Aristoteles.[188] Rhyfedd fel y collwyd golwg ar y ffaith fod y geiriau'n rhan o'r digwydd.

TH: Ond nid 'y digwydd' yw'r symud, meddech chi. 'Does dim rhaid i ddim oll ddigwydd, fel y cyfryw, iddo fod yn ddigwydd.

Llais: Y digwydd yw'r chwennych. Yr hyn sy'n gyrru'r cymeriadau i lefaru, i ddistewi, i ymateb yn y modd y gwnânt. Gwth eu bod.[189] Eu hangen. Eu chwant. Yr hyn sy'n eu symud, o'u canol eithaf, o'u hisymwybod.

TH: Nid y symud, felly, ond yr hyn sy'n peri iddynt symud.

Llais: A pheidio â symud. Y digwydd yw'r chwennych. D'wedwch – pam na ddeallwn ni mo hyn mwyach? Mae'n bur elfennol.

TH: Ai am ein bod ni efallai'n darllen y dramâu, yn y dosbarth Cymraeg?[190]

Llais: Ond o weld *Siwan* ar lwyfan, fe welwn ni'n bur gynnar fod y geiriau o enau Alis yn gyllell drwy galon Siwan.

TH: Fod siarad yn *weithred* lafar.

Llais: Dyna chi. Yn union. 'Styriwch Alis druan, yn canu'n dawel eiriau Marie de France wrth iddi gribo gwallt ei meistres. Bu'r ymddiddan yn gynnes rhwng y ddwy – fel y dylai fod mewn perthynas anghyfartal.[191] Ond yn sydyn, wedi'r rhybuddion mwyaf cynnil, dyma'i meistres yn ei tharo, a gŵyr Alis yn reddfol nad ar y cribo gwallt y mae'r bai.

TH: *'Ma dame* ... Be' *dd'wedais* i oedd o le?'

Llais: Nid – be' *wnes* i, ond 'be' *dd'wedais* i'.[192] Mae sefyllfa annwyl y cribo gwallt wedi troi'n fonclust ac yn waed. Pam? A hithau'n sefyll y tu ôl i Siwan, 'wêl Alis ddim mo'r hyn a welwn ni.

TH: Gwallt ei meistres yn disgyn a'i gwedd yn graddol newid wrth iddi wrando ar eiriau'r gân.

Llais: I Siwan, mae'r geiriau fel cyllell yn ei meddwl. Maen nhw'n *weithred* lafar. A chyda gweithred, felly, y mae'n rhoi taw ar y forwyn y tro hwn. Fe anwybyddodd, nid yn unig sylw – 'Dda gen' i mo'th gân di heno' – eithr hefyd orchymyn: 'Rho lonydd i Drystan ac Esyllt.' Roedd hi'n haeddu'r cerydd, debyg iawn.

TH: A gwyddom fod rhywbeth o'i le. Mae naws yr olygfa'n newid. Mae rhywbeth, neu rywun, ar droed.

Llais: Ac yn fwy na hynny, gwyddom fod llefaru yn y ddrama hon yn weithred ddirfodol.

TH: Fod llefaru'n hapchwarae ...

Llais: A chan hynny'n beryglus. Dyma galon y theatr i mi. Beth arall sy'n peri inni wrando ar gymeriadau'n siarad? Ac mae 'na bob amser gymeriadau, sy'n siarad.

TH: Sy'n sefyll a llefaru.

Llais: Anodd iawn inni osgoi'r peth yn y theatr!

TH: Er gwaetha'r bws a'r promenâd?

Llais: *Oblegid* hynny! Os oes peryg' yn perthyn i'r naill weithred a'r llall – sefyll a llefaru – bydd yn y theatr fom o fath. Dyna sut y mae iaith yn dod yn rhan o'r digwydd, pan fydd ambell gymeriad yn ofni dweud yr un gair, yn ofni symud, ac eraill yn ei berswadio neu'n ei orchymyn i lefaru, neu ddynesu atynt. Mae 'na drydan yn hynny.

TH: Harbona – onid yw e'n ofni siarad y tu cefn i'r Brenin? A'r holl gyfrinachedd yn *Gymerwch Chi Sigarét?* a *Brad* a *Cymru Fydd*. Yr heddlu cudd ym mhob man.

Llais: A siarad, felly, yn act o frad.

TH: Yn weithred beryglus.

Llais: 'On avoue ou on est forcé d'avouer.'[193] 'Gall poenydio ac artaith agor gwefusau dynion', lawn cymaint â chogio bod yn ffrindiau.[194]

TH: A beth am dynerwch Siwan at Alis yn yr ail act – yn cymell y forwyn i siarad?

    'O peidiwch, *ma dame*, peidiwch â gofyn eto.
    Ar fy ngliniau 'rwy'n erfyn. Rhowch gennad imi i fynd o'ma.'

Llais: 'Druan fach, be' sy arnat ti? Paid â chrynu a chrio.
    Dywed yn dawel be' maen nhw'n ei wneud ar y lawnt.'

TH: 'Crocbren, *ma dame*, crocbren.'[195]

Llais: Rhedeg i'r 'stafell ac adrodd ei stori erchyll ar unwaith i'w meistres. Oni fyddai'n hwylus pe bai Alis yn gwneud hynny ar gychwyn yr act?

TH: Mi welai'r beirniaid fod ynddi 'ddigwydd' wedyn!

Llais: Ond drwy oedi'r newydd, drwy drafod, a rhoi'r ffocws yn hytrach ar y gadwyn haearn, ar y gwin, ar furiau'r gell, ar stad feddyliol Siwan ei hun ...

TH: Ac, wrth gwrs, ar amharodrwydd Alis i symud at y ffenestr a llefaru.

Llais: Mae'r olygfa'n araf gynhyrfu'r gynulleidfa ...

TH: Nes iddi gyrraedd yr uchafbwynt cyntaf, a Siwan yn llewygu.

Llais: Effaith y *weithred* lafar. 'Crocbren i Gwilym Brewys.' Fe'i lloriwyd yn llwyr.

TH: A daw'r mudan i'w helpu.

Llais: Ac i'n hatgoffa beth yw gwerth tafod – allwedd y meddwl.

TH: Didafod a difeddwl yw hwn.

Llais: Cymeriad marwaidd. Peth. Pa ryfedd fod Alis yn taflu ato res o ferfau gorchmynnol, ac at ei meistres hyd yn oed?

TH: Hi yw'r unig un a all reoli'r sefyllfa.

Llais: Ac mae'r berfau'n newid, nid yn unig dempo'r olygfa'n llwyr, eithr ei chymeriad hithau. Ei hangen. Ei gwth. Ei digwydd.

TH: 'Styriais i 'rioed o'r blaen fod yngan rhes o ferfau'n medru newid person.

Llais: Berfau gorchmynnol, cofiwch. Ac o hyn allan, mae'r forwyn yn ddiflewyn ar dafod. Mae'n adrodd hanes y ddedfryd yn llawn, sut y bu iddi glywed y Barwn yn canu geiriau Marie de France yn ei gell, ac mae'n darlunio'n bur fanwl erchylltra crogi.

TH: A bydd y gynulleidfa wrth ei bodd, oni fydd? Yn tystio i'w thrawsnewidiad.

Llais: Peth theatrig iawn yw gweld rhywun yn newid o flaen ein llygaid – rhywun a oedd gynt yn gwbl ddi-rym, ond sy'n llanw'r llwyfan ar ddiwedd yr olyfga neu'r act.

TH: Ac yn llwyr reoli.

Llais: Ie.

TH: Ond …

Llais: Ie?

TH: Dim ond holi'r wyf. A oes 'na beryg' i'r holl wybodaeth am y dedfrydu a'r carcharu lesteirio'r digwydd?

Llais: Pe na bai 'na grogi ar droed! A phe na bai'r disgrifio'n cynhyrfu Siwan. A phe na bai'r gynulleidfa eisoes wedi'i rhwydo yn nigwydd y ddau gymeriad.

TH: Unwaith eto, mi welaf fi'r un patrwm. Mae 'na siarad am grogi, a disgwyl am grogi. Mae 'na siarad am naid ...

Llais: Yn hebrwng y gynulleidfa tuag ati – uchafbwynt yr act.

TH: O'r fan honno y sgwennoch chi'r act?

Llais: Yn rhan gynta'r act, mi wnes ddefnydd pur helaeth o ddangosrwydd – troi'r sgwrs o gylch pethau a chymeriadau'r llwyfan. 'Dydw i ddim wedi arfer â 'chadwyn haearn am fy ffêr / Yn fy rhwymo â hual wrth fur a gwely.' 'Mi alla' i esmwytho'ch byd. Mae gen' i win yma.' 'Nid fy nistawrwydd fy hun sy'n faich yma, / Ond y muriau mud ...'

TH: 'Alis fach, paid â chrio am hynny.'

Llais: 'Nid i ti, *ma dame*, nid i ti –' 'Welwch chi – sut y bu imi hoelio sylw'r gynulleidfa ar y digwydd o'i blaen?[196] Mi ddylai'r sawl sy'n amau nad oes dim digwydd yn yr act hon 'styried ei 'sgrifennu ar ffurf berfau gweithredol.[197]

TH: Be' – ar ffurf rhestr o ferfau?

Llais: Mae Siwan yn teimlo'r gadwyn. Mae Alis yn dyfod i'r ystafell. Mae'n edrych ar ei meistres. Mae hithau wedi ei 'rhwymo â hual wrth fur a gwely'. Mae'r forwyn yn dechrau siarad. Siwan hithau'n 'llusgo'r gadwyn ar hyd y llawr', ac yn gorchymyn, 'Teimlwch hi, clywch ei phwysau, pwysau digofaint tywysog'. Alis hithau'n cadw'r ffocws ar y ddelwedd hon – yn nodi arwyddocâd y gadwyn, os cofiwch:

TH: 'Pwysau ei siom, *ma dame*.
    Mae ei siom ef yn ddwysach na'i ddig.
    Ydy hi'n brifo'n arw?'[198]

Llais: Ac ymhellach, mae Alis yn sôn am y sgwrs a fu rhyngddi a'r Tywysog. Mae'n cynnig y gwin. Mae'n cyfeirio at y porthor mud. Yna'n osgoi ei meistres. Tywallt wedyn y gwin i gwpan.

A Siwan yn ei yfed. Ac Alis yn syllu arni. Mae'n ateb ei chwestiynau: 'Ai'r trydydd o Fai yw hi heddiw?' 'Gysgaist ti 'rioed yn unig mewn 'stafell, Alis?' Hynny yw, fel Phèdre, mae Siwan yn 'styried ei chyflwr, rhwng ei muriau.[199] Mae'n ymddwyn yn rhyfedd. Mae'n cwyno am y sŵn morthwylio.

TH: Y sŵn a fu'n rhan o'r olygfa ers ei chychwyn.

Llais: Mae'n drwgdybio'r sefyllfa. Yn holi – pam y danfonwyd ei morwyn ati? Mae'n cyfeirio eto at 'y gwaith coed diddiwedd yna ar y lawnt'. Mae am wybod beth yw'r sŵn.

TH: Ond mae Alis yn osgoi ateb.

Llais: A'i meistres yn gwylltio. 'Celwydd ferch.' Yn gorchymyn: 'Ateb, beth sydd ar droed.' Mae hithau'n erfyn arni i dewi.

TH: Yn 'crynu a chrio'.

Llais: A Siwan yn cymell y forwyn, yn addfwyn y tro hwn: 'Dywed yn dawel be' maen nhw'n ei wneud ar lawnt y llys.' Mae'n ei hateb, a Siwan yn chwerthin, wedi camgymryd mai hyhi sydd i'w chrogi ...

TH: Nes i Alis ddatgelu'r gwir.

Llais: 'Mae Siwan yn syrthio i'r llawr mewn llewyg a llusgo'r gadwyn yn ei chwymp.'

TH: A hyn oll cyn i'r 'digwydd' go iawn gychwyn – digwydd y beirniad, hynny yw, nid eich digwydd chi. Hynny yw ...

Llais: Hyn oll cyn i Alis redeg at y drws, ei guro'n wyllt, gweiddi ar y porthor – 'Brysia, agor y drws' – a hwnnw'n dod i godi Siwan o'r llawr a'i chario at y gwely, a mofyn iddi ddysgl o ddŵr.

TH: Mae Alis yn rhoi'r cadach ar dalcen Siwan.

Llais: Yn gorchymyn iddi agor ei genau; cymryd llymaid o'r gwin.

TH: Hithau'n dadebru, ac yn amneidio ar i'r porthor fynd allan. A hwnnw'n mynd.

Llais: A'r sŵn gwaith yn peidio. A'r olygfa nesaf yn cychwyn.

TH: Golygfa?

Llais: Wedi i'r porthor adael. Yn ôl rheolau Ffrainc, mae mynd a dyfod unrhyw gymeriad yn esgor ar olygfa newydd. Mae'n ffordd hwylus o greu curiadau. Ond na phoenwch am hynny yn awr. Am ddangos ichi'r oeddwn i fod aralleirio golygfa fel hyn yn ffordd i'r dramodydd wirio bod ynddi ddigon o ddigwydd.

TH: Nad diflastod mo'r siarad.

Llais: Be maen nhw'n ei *wneud* â'u geiriau? Holwch hynny. Gwnewch yn siŵr fod y dialog yn llawn digwydd – symud neu beidio.

TH: Symud yw symud.

Llais: Parler, c'est agir. Ac felly, wedi i dempo'r olygfa newid, ynghyd â chymeriad y forwyn, 'doedd y fath ddangosrwydd ddim mor angenrheidiol mwyach. A dyma'n hytrach lunio marw Gwilym, megis Hippolytus gynt, yng ngeiriau ac ar wyneb Alis.[200]

TH: Ac mae'n rhythu ar y dorf, ar lawnt y llys – ar y gynulleidfa ei hun.

Llais: A hithau'n rhan o'r digwydd – a phob un yn y gynulleidfa yn rhan o'r dorf y mae Alis yn poeri ei geiriau tuag ati. A dyma'r actor a'i wyliwr cyn nesed ag y gallant fod yn fy theatr i.

TH: Mi soniodd rhyw adolygydd iddi gael 'ei llyncu gan y digwydd'.[201]

Llais: Ei llyncu gan ei bod yn rhan ohono.[202] Gelyn pennaf y dramodydd yw amser – ei arafwch a'i anesmwythder lond yr awditoriwm. Yr eiliadau gorau, felly, yw'r rheini sy'n rhewi amser; yn digwydd hebddo. Fel arall, go brin fod drama'n wahanol i unrhyw achlysur arall yn ein bywyd ilwyd.[203]

TH: Ond beth os nad yw'r ddrama'n caniatáu i'r actor edrych ar y gynulleidfa? Beth os nad yw hi'n rhan o fyd y cymeriadau?

Llais: 'Does dim rhaid i actor edrych ar y gynulleidfa er mwyn iddi deimlo'i rym.[204] A sylwch nad yw Alis yn cyfarch y gynulleidfa o gwbl. Ond oes, mae 'na ffyrdd eraill o geisio tynnu'r gynulleidfa i fyd diamser y ddrama. Yn *Gymerwch Chi Sigarét?*, er enghraifft, mae amser yn beth real – yn rhywbeth sy'n rhan o dynged y cymeriadau. Maen nhw'n ei deimlo. Maen nhw'n siarad amdano'n barhaus, a Marc 'yn disgwyl mewn gwewyr am gloch y teleffôn yma'.

TH: Ac yn dweud hynny dro ar ôl tro, os cofiaf fi'n iawn.

Llais: Nid llai na phum gwaith, fel alaw ailadroddus *crescendo* tawel.[205]

TH: Ac yn *Brad*, maen nhw'n disgwyl am y newydd am Hitler, drwy ffôn, drwy bapur, drwy fwletin radio.

Llais: 'Rhaid inni gael y gwir: ydy Hitler yn fyw neu farw? Ar hynny y mae'r cyfan yn troi. 'Does dim arall o bwys yn awr.' Peth hynod ddefnyddiol yw'r ffôn, 'welwch chi. Mae cystal bom ag un i gyflymu amser.[206]

TH: Mae 'na dyndra hefyd yn *Cymru Fydd*, a'r cymeriadau'n aros i'r heddlu eu canfod.

Llais: Dewi'n llamu drwy'r ffenestr, ac ar unwaith, mae'r amser yn brin.

TH: 'Mae'r munudau ola' gerllaw.'[207]

Llais: Felly'n union. Dyna un ffordd o rewi amser: ei brinhau a'i gyflymu. Peri i amser y llwyfan gydredeg ag amser yr awditoriwm, a pheri i'r cymeriadau a'r gynulleidfa gydredeg at drychineb sy'n digwydd ...

TH: NAWR.[208]

Llais: Ie. A threfnwch fod rhai o'r cymeriadau'n syllu ar y prif gymeriad, fel y gynulleidfa hithau.

TH: Syllu, fel Calista 'dd'wedoch chi.

Llais: Ie, fel hi. Ac fel y swyddogion o gylch Kluge, yn erfyn â'u llygaid iddo ildio i resymu taer Hofacker. 'Mae hi'n awr o dynged i'r Almaen heno yn y 'stafell hon. Maen' hwythau o'ch cwmpas chi, syr, Marsialiaid yr Almaen gynt a greodd fawredd ein gwlad. Maen nhw'n galw fel Beck drwy'r teleffôn am eich cymorth chi heno.'[209]

TH: Mae'r 'heno' 'na mor bresennol, onid yw? Er mwyn cyflymu'r amser, ie? Mae yno yn *Siwan* ac *Esther* a *Brad*, a *Cymru Fydd*.

Llais: 'Y gyfres anochel.'[210] Dyna ferdid un beirniad – a rhyw dinc ddigon amheus yn ei lais!

TH: Rych chi'n anghytuno, wrth gwrs.

Llais: Gan na fernir mai gwendid ym Mozart yw iddo ddefnyddio'r un nodau fwy nag unwaith! Nid cerdd mo drama, 'welwch chi. Mae'n nes at symffoni, ac mae 'na ambell alaw sy'n tueddu i redeg drwy waith dyn.[211] A rhaid i mi wrth fy 'heno'. Mae'n cyfannu'r digwydd. Mae'n rhewi'r amser, a'r gynulleidfa'n gwybod bod y foment dyngedfennol ar droed.

TH: *Crescendo* tawel.

Llais: Arwain llygaid y llwyfan a'r llawr i'r un man – dyna'r nod. At un gair, neu at un ddelwedd a'i chanlyniadau. A gorau oll os yw dyfodol Ewrop gyfan yn y fantol, a'i bod hi'n fater o ddiwedd byd, a'n gwareiddiad ni yn wynebu ei dranc.[212] Cofiwch hynny. Rhowch chi'r cwbl oll yn y fantol. Bywyd ei hun. Gwareiddiad dyn. Ac ond iddi dystio i'r argyfwng diamser, 'fydd y gynulleidfa ddim yn gwarafun ichi dd'wedyd 'heno'.

TH: Ond, o feddwl am *Brad* yn awr – yr argyfwng, fel y d'wedwch chi – a Hofacker yn pwyso'n daer ar Kluge …

Llais: Ie?

TH: 'Dyw Kluge ddim yn ildio i'r alwad, ond yn codi'r ffôn i ryddhau'r Gestapo yn Fresnes.

Llais: Ac mae gennym act arall i ddelio â'r canlyniadau!

'Dd'wedais i ddim fod angen i'r un heno ddiweddu'n hapus. Yn wir, fel arall. Dod yn agos at lwyddo a methu mae 'nghymeriadau i – Blodeuwedd, Siwan, Iris, Hofacker, Haman, Chabert, ac wrth gwrs, Dewi.[213]

TH: Ac ambell un yn methu yn ei lwyddiant, fel Crismas Jones, 'yn troi i'r canol oed'.[214]

Llais: A llwyddo wrth fethu – fel Llywelyn, ac fel Bet, i raddau. Fel Iris eto.

TH: Ac fel Marc?

Llais: Yr unig un a rois i ar lwyfan a'i achub yn ei ddagrau.[215] Ond o safbwynt theatrig, am sôn am y swyddogion yn syllu ar y ffôn, ac ar Kluge yr oeddwn i, a sut y mae hynny'n cyflymu'r amser i'r gynulleidfa, ac fel pe bai'n ei thynnu'n nes at y digwydd. Mi welwch chi'r un egwyddor ar waith yn *Gymerwch Chi Sigarét?* Calon y llwyfan yw'r ffôn nad yw'n canu. Ac ar ei ganiad, felly, mae'r pedwar yn syllu arno. A'r gynulleidfa hithau.[216] Mae'n ffordd o glymu pawb yn y digwydd.

TH: Ond beth am y trafod cyn i'r ffôn ganu? Onid yw'r act yn llawn o ryw drafodaethau am Dduw? Mi 'styriais i 'rioed y byddai gryn dipyn yn arafach ar lwyfan na'r un gyntaf – yr orau ichi ei 'sgrifennu erioed, i'm meddwl i.

Llais: Diolch, i Iris. 'Welwch chi? Mae amser yn hedeg mor gyflym pan fydd dau'n ymrafael â'i gilydd. Anelwch at hynny, Tudur. Sefyllfa dyngedfennol o ddewis, a dau yn dweud mwy nag a dd'wedsant wrth ei gilydd o'r blaen. Dyna galon drama. Llawenydd a chaswir dau gariad, yn eu dewis, mewn sefyllfa o argyfwng, a'r cleisiau'n dod i'r golwg.

TH: Hyd yn oed wrth i Iris gelu'r gwir rhag ei gŵr?

Llais: Oblegid hynny. Ond am yr ail act – y trafodaethau 'ma am Dduw sy'n eich blino chi – cofiwch chi hyn, mai Marc, a hynny o angen dwfn, personol, sy'n holi Phugas, 'sut y gellwch chi gredu fod Duw?'

TH: Hynny yw, yn sefyllfa'r cymeriad, mae'n gwestiwn credadwy.

Llais: Ffydd Iris, cariad Iris – dyna sy'n creu'r cwestiwn ym meddwl Marc. Ac mae'n angen mor ddwfn â'r chwant dyfnaf un. Calista sy'n ei ddeall orau. 'Nage, nid dadlau y mae Marc, ond erfyn am help.' Nid diwinyddiaeth mo hyn, Tudur, ond dyn yn gwingo mewn gwewyr enaid, am nad yw'n deall ei wraig.

TH: A derbyn hynny, oes siawns mai chi a rwystrodd y Cymry rhag gweld hyn? Peri iddynt farnu'n hytrach fod gormod o ôl eich llaw Gatholig ar Calista a Phugas ac Iris, yn gorfodi tröedigaeth Marc.[217]

Llais: O bosib. Debyg iawn. Ond Iris a'i troes, nid y fi. Siawns na allai'r Cymry heddiw ymateb iddi'n well, a minnau 'mhell – 'a meagre ghost the sort you are'.[218] Siawns na welem heddiw fod modd i ddyn a gollodd ei yrfa, a gollodd ei gyfle, a chyda hynny ei wraig a'i blentyn, syrthio ar y peth hwnnw a oedd mor dyner ganddi hi, ei llaswyr, ac erfyn arni, 'Iris, Iris, gweddïa drosof fi'. 'Does gan na Chomiwnyddiaeth na Christnogaeth ddim oll i'w wneud â hynny yn y theatr. 'Mae Iris yn galw arnat, Marc.'[219] Mae'r meirw bob amser yn galw arnom.

TH: Ac mae Marc yn derbyn ei alwad, onid yw?

Llais: Mi wyddoch ei fod. Ac mi wyddech y gwnâi hynny'n gynnar iawn yn y ddrama. Iris a'i chwaeth a'i hiwmor a'i ffydd …

TH: A'i chelwydd?

Llais: A'i chelwydd hefyd, wrth gwrs, o'i chariad pur. Hi piau'r llaw uchaf o'r cychwyn yn deg. Hi a'i geiriau sy'n dinoethi Marc.

TH: Fel na all yn ei ragrith ond ei thaflu hi i'r llawr.

Llais: Ac wedyn, mae hi'n dawnsio o'i gwmpas.[220] Delwedd yr act. Purdeb ei chymeriad. Theatr bur. Y corff yn symud yn ei lawenydd.

TH: A'r gwrthwyneb llwyr i Dewi, eich dihiryn.

Llais: Ond ei chwaer theatrig hefyd. Cofiwch chi, fel Dewi, mae hi'n pryfocio ac yn hawlio Marc iddi hi ei hun. Mae'r naill mor ddigyfaddawd â'r llall.

TH: Yn gwybod yn nyfnder eu bod, 'Fi fyddaf fi'.[221]

Llais: A boed dda neu ddrwg, mae'r fath burdeb bob amser yn ddeniadol yn y theatr. Mae'n llosgi pawb, yn gwrthdaro â phawb; yn taflu olew ar dyndra'r cymeriadau eraill. Yn wir, gall hyd yn oed ddinoethi gweinidog parchus.[222] Mae'n chwalu geiriau, ac yn peri inni amau a all yr un gair gyfleu'r meddwl yn iawn. Boed dda neu ddrwg, Iris neu Dewi, mae 'na rywbeth anghyffwrdd am ambell gymeriad, sy'n ein denu ni ato, ar ein gwaethaf; sy'n ein cyffroi wrth i'w eiriau, gwir a gau, drechu eraill.[223]

TH: Ac felly, mae Iris mor onest a chelwyddog â Dewi?

Llais: Trefnu y mae. Cynllwynio o'i chariad. Achub ei gŵr. Aros ei chyfle i ddatgelu'r gwir, i'w rwydo.[224] Nid darnio ac ymbellhau o'r byd fel Dewi.

TH: Ac mae'n gwybod bod yn ei gŵr ddeunydd Cristion.

Llais: Unwaith, dwywaith, teirgwaith, pedair a phumgwaith drosodd.[225] Mae'n galw arno, drwy gydol yr act gyntaf, dro ar ôl tro. Cofiwch hynny, Tudur. Dro ar ôl tro. Hau a hau a hau. Fel Mozart. Rhaid i bopeth dyfu allan o'r sefyllfa yn yr act gyntaf, i weithio allan dynged naturiol y cymeriadau.[226]

TH: I gyfarwyddo'r gynulleidfa?

Llais: I greu disgwyliad ynddi, tuag at yr anochel, trwy'r rhwystrau. Iddi gydymdeimlo â'r cymeriad. Mae modd i'r rhinweddol osgoi ei alwad, ond nid am byth.[227]

TH: Fel Siwan. 'Fedr hi ddim osgoi mo'r 'egni nwydwyllt', ddim mwy na Llywelyn a'i gyffes o gariad tuag ati. Felly'r *Corps* swyddogion, a'u cyfrifoldeb at yr Almaen. A Marc, druan – 'fedr e' ddim dianc am byth rhag gweddïau ei wraig.

Llais: Mae'r rhinweddol yn ildio i'r alwad. Osgoi yw peidio â bod: hunllef Llywelyn, llyfrdra Kluge, gyrfa lwyddiannus Crismas Jones.

TH: A beth am natur yr alwad? Onid yw hynny'n bwysig?

Llais: Ar Marc y mae eich annel, mi dybiaf, Tudur. Wel, mi dd'wedaf fi hyn. Fe'i dywedais o'r blaen. Cyfrwng sâl i bropaganda yw drama. Nid diben *Sigarét?* oedd cyrchu'r un Cymro i Rufain. Mi 'droddais i stori, wedi ei seilio ar ffaith hanesyddol. Bernais fod ynddi ias a chynnwrf. Cydymdeimlais, do, ag Iris, a 'fedr rhai ddim maddau hynny i mi fyth.[228] Iddyn nhw, mae gweld dyn yn cusanu llaswyr ar lwyfan mor chwithig â phe cusanai ddynes neu ddyn arall; ac maen nhw'n dychryn cymaint â Dora ei hun.

TH: Ond beth am yr holl ddadlau crefyddol yn yr act olaf?

Llais: Yr *holl* ddadlau crefyddol. Mi wnaech chi sensor hyfryd, ddyn! Mae 'na rywrai, mi wyddoch, sydd am siarad am Dduw. Un felly yw Marc. Mae ei wraig yn Gristion, yn y ddalfa, ac wedi newid cwrs ei fyd. 'Dyw e'n deall dim ar ei ffydd na'i Duw, na'r hyn a wnaeth. Ac mae'r Marc hwn, felly, am wybod – 'ai gwallgofrwydd oedd ei dewis hi, ai gwallgofrwydd oedd ei ffydd hi, ai gwallgofrwydd a'm taflodd i yma yn Vienna'.[229] Ac mi ddaliaf fod modd i ddadl grefyddol gyflawni'r un cyffro theatrig ag un gyfreithiol, neu un ddomestig wyllt. Dwyn cymaint o bwysau ar feddwl cymeriad nes ei fod yn ffrwydro.

TH: 'Fel taran.'[230]

Llais: Effaith y berfau gorchmynnol, 'welwch chi. 'Mentrwch eich bywyd ... Teflwch eich bywyd ... Ystyriwch.' Mae Phugas yn gweld ei gyfle. 'Celwydd! Celwydd!' meddai Marc. Ac mae'r ffôn yn canu.[231]

TH: Galwad arall.

Llais: Galwad Iris.

TH: Ben draw'r ffôn – ac yna ar y llwyfan.

Llais: Mae'n syniad mawr yn fy nramâu i – fod modd i rywun ein galw ar unrhyw adeg. Y ffôn yw ein Zeus ni. Ac mae aros iddo

ganu lawn cymaint rhan o'r digwydd â'r newid a ddaw yn ei sgil.
Yn *Sigarét?* mae'n cyflymu'r digwydd.

TH: Ac felly yn *Brad*, a *Cymru Fydd?*

Llais: Aros am yr alwad – dyna ddilema'r naill. A ddylem ni
ffonio? Dyna wth y llall. Roedd gan y Groegiaid eu duwiau. Mae
gennym ninnau'r alwad sy'n newid ein byd, a phawb bellach yn
cario'i Zeus yn ei boced.

TH: Ac yn y theatr, mae sŵn ffôn yn canu mor fyw, on'd yw?

Llais: Os byw'r sain, ac nid recordiad – mor fyw â chorn hela, neu
gi'n cyfarth yn y pellter – ydi, mae'n fyw.[232]

TH: Ac nid yw bywyd Blodeuwedd na Siwan fyth yr un fath
wedyn.

Llais: Cofiwch chi hefyd fod y theatr yn awditoriwm. Nid braint
y radio'n unig mo apelio i'r glust. Rhowch y radio ar y llwyfan, a
phob math o wahanol synau. Sŵn sgyrsio, sŵn canu, sŵn
bonclust, sŵn cnoc ar y drws, sŵn siarad cwrtais, a'r milwyr yn
galw 'Popeth yn dda, popeth yn dda'; sŵn meirch yn y pellter, sŵn
ci'n cyfarth, sŵn pobl yn symud, sŵn drws yn agor a dynion yn
rhedeg yn eu harfau pres, a'r utgorn mawr yn cyhoeddi'r
Tywysog. Sŵn y theatr, mi gofiwch, yw hyn oll. Sŵn
cymeriadau'n gwrando, yn gweiddi 'Ust!' ar ei gilydd. Sŵn y
ddrama'n galw yng nghlust y gynulleidfa.

TH: Y gadwyn haearn yn llusgo ar hyd y llawr. Mae hynny wedi
aros yn fy nghof.

Llais: Mi all ambell sain fod yn symbol o'r ddrama gyfan
hefyd.[233]

TH: Ac rwy'n cofio sŵn y gwaith coed, sŵn y dorf, sŵn côr a
chanonwyr Bangor, sŵn y tabwrdd a sain yr utgorn, a llais Alis
yn darlunio'r cyfan mor fyw.

Llais: A Gwilym Brewys yn neidio i'w dranc gan floeddio 'Siwan'.
Yn galw arni, 'Siwan', iddi gofio mai dyna'r unig alwad o bwys –

ar iddi fod yr hyn ydyw. Nid Cymraes mohoni. Nid Comiwnydd mo Marc.[234] Mae'r naill a'r llall yn ymrwygo rhwng dwy alwad – rhwng eu swydd a'u serch, rhwng y wlad a'r cariad sy'n ddychryn iddynt ac sy'n eu galw o'u gwaith, rhagddyn nhw'u hunain, atyn nhw'u hunain.

TH: Rhaid i bawb wrth swydd newydd neu garwr newydd i wneud synnwyr o'r byd!

Llais: Hynny, neu onestrwydd, Tudur. 'Styriwch chi hyn. Y geiriau hyn. 'Siwan! ... Siwan! ... Mae arna' i d'eisiau di, Siwan ... fi, Llywelyn. Mae arna' i d'eisiau di, Siwan.'[235] O ddifri' calon! A dd'wedsoch chi beth felly erioed wrth eich gwraig? A glywsoch chi hithau'n d'wedyd, 'Ben son, ben son Beatrice'?[236] Dyna gredo sicr fy theatr i; fod modd inni alw ar ein gilydd, a bod modd inni beidio.

TH: Trasiedi Llywelyn, wrth gwrs, yw iddo fyw yn ymyl ei wraig am chwarter canrif a pheidio 'rioed â galw arni fel hyn o'r blaen.

Llais: Ac nid yw hi'n ei 'nabod.[237] 'Ben son, ben son Beatrice.'

TH: Ac a dd'wedech chi mai'r cymeriad sy'n galw bob tro, nid y dramodydd?[238]

Llais: Un alaw gyson yw'r galw. Llinyn syniadol drwy'r dramâu. Fy thema amlycaf. Ond y cymeriad sy'n galw, bob tro, ac o reidrwydd.[239] Y cymeriad yn ei ddigwydd. Fe piau'i lais, a thrwy ei lais y bydd yn mynegi ei syniadau.[240] Fel arall, o roi syniad ar lwyfan, bydd y ddrama'n haniaeth a'r gynulleidfa'n diflasu'n bur gyflym.

TH: Aiff neb i'r theatr i wrando ar syniad.

Llais: Rhwydd hynt i'r cymeriad gredu bod ei genedl yn llwfr, bod ei genedl yn wych, bod bywyd yn ddiystyr, mai traddodiad sy'n bwysig, nad oes y fath beth â gwir gariad, a gorau oll os oes gan ddau gymeriad syniadau gwahanol iawn am ystyr eu byw a'u bod.

TH: Gwilym a Llywelyn, Iris a Marc, Hofacker a Kluge, Haman ac Esther, Dewi a Bet.

Llais: Pob rhyddid hefyd i'r cymeriad bendroni rhwng gwahanol syniadau. Ond yn ddi-ffael, rhaid i'r syniad fod yn rhan o angen y cymeriad.

TH: Yn rhan o'r digwydd.

Llais: Yn rhan o'r chwant. 'Styriwch chi hyn. Heb fod eu perthynas a'u teyrnas yn y fantol, a heb fod ymgais i gymodi ar waith, ymgais i berswadio, 'does i wirebau dirfodol Llywelyn ddim gwerth theatrig: 'Beth ond hapchwarae yw byw?'[241] Mi allech ddweud yr un peth am grefydda a gwleidydda Hofacker a Phugas, Mordecai a Dewi. Yn y theatr, 'dyw syniad neu wireb ddim o werth onid yw'n dwyn perswâd ar eraill, a'u cymell i weithredu. Rhan o chwant a gwth ac angen yw. Dyna yw'r theatr i mi – cartre'r cymeriad; llwyfan yr actor. A diben dangosrwydd yw rhoi'r sylw arno ef, ar yr actor a'r perfformiad.

TH: Ac o roi syniad ar lwyfan ...

Llais: Hyd yn oed ar ffurf trosiad a delwedd, bydd yn anodd i'r gynulleidfa gydymdeimlo â'r cymeriadau o'u blaen. Bydd ei meddwl yn anesmwytho yn ei sedd. Plant Euripides ac nid Aeschylus yw'r gynulleidfa heddiw.[242]

TH: Mae 'na ambell ddrama syniad fel pe bai'n gweithio o hyd.[243]

Llais: Ffoli ar syniadau a wnaeth yr abswrd, ond mewn dim o dro, roedd y beirniaid yn dechrau ffromi a chwyno am ddiffyg crefft.[244]

TH: Am fod y syniadau'n tin-droi?

Llais: Am ei bod hi'n anodd cydymdeimlo â syniad. Fel Euripides, fel Racine, fy mhleser i erioed fu rhoi'r naill gymeriad wyneb yn wyneb â'r llall: dangos eu breuddwydion a'u poen yn eu hargyfwng; eu cryfder, eu gwendid. Nid diwinydda. Sophocles – fe'n unig a fedrai wneud y naill beth a'r llall yr un pryd.[245]

TH: Drama syniad oedd *Yn y Trên*.

Llais: Eich dewis chi, os cofiaf. Ymserchu yn Siwan ac Iris a Dewi a wnes i.

TH: A beth am lais y cymeriad? Sut mae'r dramodydd yn dod o hyd i hwnnw?

Llais: Lluniwch chi'r cymeriad, Tudur – y cymeriad lond ei ddigwydd yn ei argyfwng – ac mi gewch chi ei lais ganddo ef, neu ganddi hi, fel rheol tua'r trydydd drafft.

TH: Ond sut?

Llais: 'Does 'na ddim fformiwla, ddyn. Nid peth peiriannol yw celfyddyd. Nid peth i'w ddysgu fel triciau siwglaeth.[246] Rhaid ichi drin pob cymeriad yn ei sefyllfa, yn ôl ei dymer a'i nod. 'Nid da yw glynu wrth un ffurf neu drefn yn ormod.'[247]

TH: Pantycelyn?

Llais: A chyngor stiward profiadol. Wedi'r cyfan, mae Dewi mor wahanol i Siwan, mor wahanol i Marc.

TH: Mor wahanol i Bet.

Llais: Yn wir, mae Dewi ar un olwg yn torri'r rheol aur, sef y dylai'r prif gymeriad fod yn abl i newid; y dylid ei arwain at foment ei ddarganfyddiad. Dewi – mae'n 'bygro' pawb ynglŷn â'r ddrama. Dyna air D. J.[248] 'Does ynddo'r un awgrym o wrthdaro mewnol, 'welwch chi. Mae'n cyrraedd y llwyfan, yn gwbl sicr ei argyhoeddiadau, a'i ddiwedd yn eglur o'i flaen. Ei unig foment o wendid yw'r gyffes ar ddiwedd yr act gyntaf.

TH: Ac onid ystryw yw honno hyd yn oed?[249]

Llais: Mor wag â'r addewid serchus i Bet.

TH: Ond mae 'na wrthdaro hefyd.

Llais: Oes, wrth gwrs, rhyngddo a'i geraint – y rhai na allant ond credu ei gelwyddau: John a Dora a Bet. Ac, wrth gwrs, mae'r heddlu ar ei ôl – y byd mawr sy'n gwasgu ar 'stafell y llwyfan, ei Hugh de Burgh, ei Krechlin ef.

TH: Y byd sy'n troi'n gnoc ar y drws, ac yn Gwnstabl Jones. Ac i ni, pleser y ddrama yw'r ymgodymu rhwng Dewi a'r rhain.

Llais: Gwrthdaro'r gair. Y modd y gwelwn ni Dewi'n newid pawb yn ei gylch, yn enwedig ei dad, John.

TH: 'Does 'na'r un gronyn o wrthdaro yn Dewi ei hun.

Llais: Ond mae'r tri arall wedi eu dal yng ngharchar eu cydwybod, rhwng eu dyletswydd sifil a'u cariad tuag ato, y mab afradlon. 'Wnei di?' 'Ffonio?'[250]

TH: Dyna'r dewis. Dyna'r argyfwng.

Llais: A dyna yw cymeriad – dewis mewn argyfwng. Heb hynny, person yw. Saethu Phugas neu beidio? Herio Hitler neu beidio? Mentro myned at Ahasferus?

TH: Ac mae'r dewis yn hollti'r cymeriadau.

Llais: Ac weithiau'n hollt yn y cymeriad ei hun. A phan fo hynny'n digwydd, bydd y cyferbyniad yn ei rwygo'n ddau. 'Onid dyn yw tywysog, ferch?'[251] Onid darpar Gristion y Comiwnydd hwn?

TH: Onid Almaenwyr y Natsïaid hyn? Onid teigres Esther? Onid tad yw gweinidog?

Llais: Iawn. Dyna ni.

TH: A gorau, felly, os yw'r ddeubeth ar waith, y gwrthdaro mewnol a'r allanol ynghyd?

Llais: Fel y d'wedais, mae Dewi'n eithriad i'r rheol, a Haman yr un modd, a Gwilym Brewys, ac Iris hithau, a Blodeuwedd ac Albrecht i raddau.

TH: Am reol!

Llais: Unplygrwydd meddwl yw eu hapêl. Yn eu gwrthdaro ag eraill y teimlwn ni eu grym theatraidd.

TH: Wrth gwrs, gall ysbryd yr unplyg dorri hefyd, fel Haman.

Llais: Neu aros yn gadarn, fel Dewi ac Iris a Gwilym. Ond am y lleill, 'styriwch chi hyn. 'Styriwch ramadeg eu bod. Er bod Siwan yn dywysoges, mae am fod yn ferch, ac mae'n trefnu cwrdd â Gwilym Brewys, iddi fod yr hyn nad ydyw yng ngolwg y gymdeithas, sef yn gariadferch, ond mae'r fenter yn methu a Llywelyn yn crogi Gwilym, er iddi arwain at ddealltwriaeth ddyfnach rhyngddi hi a'i gŵr. Neu, beth am *Gymru Fydd*? Er bod John yn weinidog, mae am fod yn dad, ac mae'n penderfynu peidio â ffonio'r heddlu, er mwyn iddo fod yr hyn nad ydyw yng ngolwg y gymdeithas, sef yn dad da, ond, er iddi arwain at ddealltwriaeth ddyfnach ohono ef ei hun, ac at fywyd newydd, efallai, mae'r fenter yn methu a'r heddlu'n cyrraedd a Dewi yn ei ladd ei hun.

TH: Y cymal cyferbyniol.

Llais: Dau, yn wir, a'r naill a'r llall o gylch yr 'ond', sydd ynddo'i hun yn gyferbyniad arall. Mae'n frawddeg lân: isgymal cyferbyniol, prif gymal, cymal cydradd (ac), isgymal adferfol pwrpas, cymal cydradd (ond), cymal cyferbyniol. Y berfau yw'r digwydd, a'r cymal adferfol yw'r nod. Wrth reswm, nid yw'n crynhoi holl ddigwydd y ddrama. Mi dd'wedais eisoes y dylech gyfieithu'r dialog yn rhes o ferfau gweithredol.

TH: Maen nhw'n gwneud hyn a hyn a hyn.

Llais: Maen nhw'n hyn a hyn a hyn, yn hytrach. Nid gwrthrych y 'gwneud' yw'r 'hyn', ond y ferf ei hun. O ddifri', rhaid ichi gofio hynny. Ond o ran saernïo'r prif ddigwydd, mae'r frawddeg yn declyn da wrth lunio cymeriad. Hyd yn oed yn achos y cymeriadau unplyg, dyma ramadeg eu bod. Eu digwydd. Eu gwth. Eu cyferbyniad.

TH: Mae Dewi ar ffo, er ei fod e' gartre'. Mae'n fab i weinidog, er ei fod yn ddi-ffydd.[252] Mae'n cysgu gyda Bet, er nad yw'n ei charu. 'Dd'wedech chi mai ffordd o wisgo masg ydyw hyn, felly?

Llais: Gall fod yn hynny, wrth gwrs. *Masquerade* yw actio, a rhodd dramodydd i actor yw cymeriad sy'n celu'r chwant sy'n ei yrru.

TH: Neu sydd am dynnu'r masg oddi ar eraill.

Llais: Iris. Mae'n cytuno i 'sgrifennu'r llythyr, ond mae'n amlwg i ni ei bod hi'n cynllwynio yn erbyn Marc. A pham? Er bod hwnnw wedi cytuno i saethu Phugas, 'dyw masg y llofrudd ddim yn gweddu iddo.

TH: A daw 'na bwynt, felly, fel yn achos Kluge, pan fydd y cymeriad yn diosg y masg? Er iddo ddadlau ar sail egwyddor, mae ganddo yntau gymhelliad arall dros fod yn deyrngar i Hitler.

Llais: Weithiau. Nid bob tro. Ei weld yn gwisgo'r masg a wnawn yn achos Crismas Jones. Ei weld yn graddol golli ei ddiffuantrwydd. Ond heb os, mae 'na gynnwrf yn y theatr pan fydd 'na dreiddio o dan yr wyneb; pan fydd y pethau hynny na dd'wedodd dau gymeriad wrth ei gilydd o'r blaen yn dod i'r amlwg.

TH: Fel cyffes Llywelyn.

Llais: A chyffesion Iris. 'Fy nghariad i, mae rhai pethau na hoffet ti sy'n ŵr priod imi ddim i mi eu dweud wrth swyddog diogelwch.'[253] Glynwch wrth hynny, Tudur – y celwydd rhwng gŵr a gwraig sy'n caru ei gilydd.

TH: Ond sy'n ddall i'w cariad, efallai. Dau a fu'n byw celwydd am gyhyd.

Llais: 'Noethi fy mron i saethau crechwen.'[254] Dewch â'r gynulleidfa at y foment honno.

TH: Ac at siom y rhieni na allant ond caru eu mab.[255]

Llais: Tynnu'r masg. 'Madael â'r seremoni. Yr un yw awydd Llywelyn ac Ahasferus. Ac felly hefyd Marc a John.

TH: Dyna yw rhodd Iris a Dora – eu cymell i dynnu'r masg.

Llais: Seremoni yw llofruddio'n oer ar ran y wladwriaeth. Seremoni yw cynnal seiat gwbl ddi-fudd.

TH: Gwneud a ddylai gweinidog.

Llais: Marc a John. Maen nhw am fywyd mwy gonest, am lai o wrthdaro.

TH: Am lai o gyferbyniad dan eu bron – fel bywyd Dewi, fel bywyd Iris – hyd yn oed os mai'r pris yw gwrthdaro â'r awdurdodau, a charchar.

Llais: Dora sy'n dweud – "Rydyn ni wedi peidio â bod yn barchus. Mae siawns inni fod yn ddynol."[256]

TH: Am linell!

Llais: Cyferbyniad eto. Nod. Dinoethi. Y drasiedi, a'r gomedi ar dro, yw nad yw rhywrai ond yn gweld un elfen o'r cyferbyniad, y parchusrwydd yn unig, a chan hynny'n peidio â 'nabod y cyfan. 'Bernaist yn dy ddirmyg ohonof mai polisi piau fy enaid.'[257]

TH: 'Welodd Siwan ond rhan yn unig o'i gŵr.

Llais: Rhan y Tywysog. Fel Dewi'n gweld y gweinidog parchus yn ei dad.

TH: A 'dyw Marc ddim yn gweld ond rhan ohono'i hun ...

Llais: Er bod Iris yn gweld y cyfan.[258] A Dora hithau.[259]

TH: Ond mae'n siŵr mai dallineb Siwan sydd waethaf. Ynddi hi y mae'r cymal cyferbyniol ar ei gryfaf. 'Dd'wedech chi hynny – mai drama o gyferbyniadau yw? Rhwng Siwan ac Alis, rhwng Llywelyn a Gwilym; rhwng y ddau a hi, ac, wrth gwrs, rhwng y ddwy Siwan ynddi hi ei hun.[260]

Llais: Rhwng y llusernau'n darfod a'r lantern fawr, seremoni'r wledd a diosg y wisg, y llywyddu o'r gadair a'r eistedd ar y stôl i gribio'i gwallt, rhwng siarad â'r forwyn a'i tharo; a rhwng ei bywyd hi, Alis, a'r feistres na fu erioed dan y fedwen, na chysgodd erioed yn un o nifer ar lawr, na welodd grogi erioed.

TH: Drama o gyferbyniadau.

Llais: Ac ar y llwyfan, mae'r cyferbyniad rhwng yr act gyntaf a'r ail, y moethusrwydd a'r moelni, yn aros ym meddwl y gynulleidfa.

TH: Ac mi rydw i'n cofio'r *clash* rhwng bonllefau'r Cymry a gweddïau'r canonwyr; yn symbol o'r rhwyg yn Siwan, rhwng ei Phrydydd y Moch a'i Marie de France, rhwng y neuadd a'i 'stafell.

Llais: Y Dywysoges Gymreig o Ffrances, y groth o wleidyddiaeth.

TH: Ac mae'r ddrama'n cychwyn lle y mae *Gymerwch Chi Sigarét?* yn diweddu, gyda Siwan ar ymroi i'r elfen gyferbyniol a esgeulusodd gyhyd – y 'pleser', yr 'egni nwydwyllt'.

Llais: Gan na welodd hi 'rioed mo'r elfen gyferbyniol yn ei gŵr!

TH: Ond ei weld mewn un arall.

Llais: Y carwr syml, llachar.

TH: Llai cymysgliw.

Llais: Sy'n galw arni â'r nwyd a guddiodd Llywelyn o'i golwg. Dyna galon y ddrama.

TH: 'Dechrau 'nabod ei gilydd mae pob gŵr a gwraig.'[261]

Llais: Gwireb y ddrama. Ond mae'r digwydd – y ddrama, os mynnwch – yn dod o'r cymeriad, o'r hyn y mae'n ei chwennych, boed hynny'n ennyd o bleser yng nghwmni barwn Ffrengig, neu'n awydd i'w weld, o genfigen, yn crogi'n gyhoeddus.

TH: A phan nad yw hynny'n ddigon iddo ef?

Llais: Rhaid i Lywelyn gael ei wraig yn ôl wrth ei ochr. Mae'n wynebu rhyfel. Mae hithau'n chwennych yr un peth, er mwyn ei mab.

TH: A'r chwennych yw'r digwydd?

Llais: Y chwennych yw'r digwydd. Ar gyfer y chwennych y 'sgrifennir dramâu – i'r actor dreiddio i'r bywyd mewnol, a'i gyflwyno wedyn yn reddfol fyw, a'r gynulleidfa'n ymgolli ym mhortread y llwyfan.[262]

TH: A hebddo?

Llais: 'Dyw drama'n ddim mwy na chyfres o olygfeydd y gellir yn hawdd newid eu trefn. Nid dyna yw plot. Nid dyna yw digwydd theatraidd, yn arwain at benllanw'r daith. Dyna pam y mae rhoi i gymeriad uwch-amcan clir yn rhodd i'r actor – llinyn y gall dynnu arno drwy'r ddrama gyfan, tuag at ei therfyn.[263]

TH: Ond sut? Sut y mae sgwennu chwant?

Llais: 'Sgrifennwch ohono, a gadael i'r chwant lywio'r sgwrs.

TH: 'Sgrifennu o'r angen?

Llais: 'Sgrifennu fesul chwant ac is-chwant. Rhowch i bob cymeriad angen ym mhob un rhan o bob golygfa. Rhowch ddiben i bob un gair, yn tarddu o angen y cymeriad bob tro y mae'n siarad. 'Styriwch chi Gwilym Brewys, er enghraifft. Mae'n dyfod i ystafell y dywysoges.

TH: A'i angen yn amlwg. Noson o bleser yng ngwely'r dywysoges – 'gwasgu grawnwin bywyd'. Dyna'r uwch-amcan, onid e?

Llais: A'r llinyn y bydd yr actor yn tynnu arno drwy'r perfformiad.[264]

TH: Y gwth ...

Llais: O ddyfnderoedd ei fod. Ond beth am y tro cyntaf y mae'n llefaru – 'Arglwyddes?'[265] A oes yma gellwair yn y llais – rhyw gogio seremoni'n goeglyd? Pam 'Arglwyddes' ac nid 'Siwan'? A'r frawddeg nesaf – 'Fe gedwaist dy forwyn yn hir a minnau'n disgwyl.' Mae'r profóc yn amlwg, a'r 'minnau' mor awgrymog, yn amlygu is-angen pendant – cwestiynu'r oedi, canoli'r sylw ar y caru, ar y carwr, efallai o ansicrwydd, efallai o hyder. Daw hynny'n amlwg yn y man.

TH: Ond mae Siwan yn sydyn yn newid cyfeiriad y sgwrs.

Llais: Ac mae rhan gyntaf yr olygfa, ei churiad cyntaf, felly, ar ben. Ac yn wyneb y sylw – 'Heddiw, pan ddaw golau dydd, bydd fy mrawd yn hwylio i Ffrainc' – mae is-angen newydd yn gafael yn sgwrs Gwilym. 'Henri? Brenin Lloegr? / Wel, beth yw hynny i mi?' Mae'r brafado'n aros, ond mae yma ansicrwydd hefyd. Myn ddadansoddi'r sefyllfa, deall trywydd ei meddwl.

TH: Amddiffyn ei hawl i fod yno'n garwr o gwbl.

Llais: Dyma daflu, felly, gwestiwn ar ôl cwestiwn at Siwan.

TH: Mewn ymgais i ddeall ei hanghenion hithau.

Llais: Ac wedi iddo ddeall iddi gadw'r forwyn yn hir rhag llygaid y llys ...

TH: A bod ynddi ofn ...

Llais: Ac amheuaeth. Mi welwn is-angen newydd yn cyfeirio'i sgwrs. Myn reoli'r sefyllfa, tawelu Siwan, a'i chyfeirio'n ôl at drywydd ei uwch-amcan ef.

TH: Wrth gwrs, myn Siwan lywio'r sgwrs yn ôl ei hangen hithau. Mae'n trafod y briodas a'r etifeddiaeth.

Llais: A rhaid i Gwilym, felly, wrth dacteg newydd, os yw am ddiosg masg y gwleidydd ar ei ffordd i'r gwely.

TH: Ai gormod, d'wedwch, ei ddisgrifio'n fath ar chwant hefyd? Yn sicr, mae 'na angen newydd ynddo. Mae am gyflawni rhywbeth newydd, pendant. Ei chael hi i sylweddoli mor arbennig ydyw yn ei olwg ef.

Llais: Heb hynny, wedi'r cyfan, 'fydd 'na ddim caru. Ac felly, os oes yn rhaid siarad am y briodas a'r Tywysog, cystal troi'r sgwrs yn gerdd o fawl i Siwan.

TH: Ond mae'n ei dychryn ...

Llais: A hithau'n glynu yn ei sgwrs wleidyddol.

TH: A rhaid iddo wrth dacteg arall, felly.

Llais: Gan gychwyn curiad newydd i'r olygfa.

TH: 'Rwyt ti'n fy syfrdanu i, Siwan.'

Llais: Brawddeg foel, ddiwastraff – mor wahanol i'r sôn am gerdded 'fel Helen o Droea'.

TH: Mae 'na is-amcan newydd ar waith?

Llais: Herio'r dywysoges, rhoi taw ar y gwleidydda …

TH: A symud gam yn nes at y gwir, ac at y gwely.

Llais: Dyna nod y curiad nesaf, felly, a'r is-angen newydd sy'n llywio'r sgwrs. Cofiwch hynny. Fesul is-amcan, fesul curiad y mae 'sgrifennu'r olygfa.[266] Ac mae'r negyddu syml yn newid y cyfeiriad. ''Dyw hynny'n ddim gennyf fi.'

TH: 'Nid i siarad am wleidyddiaeth y des i i'th 'stafell heno.'

Llais: Mae'n llwyddo o'r diwedd i dynnu cyfran o'r gwir oddi wrth Siwan.

TH: 'Gyda thi, mae siarad am wleidyddiaeth yn amddiffynfa i mi.'

Llais: Ac felly, mae'r angen i'w deall – yn hytrach na'i herio – yn cryfhau, a'r carwr yn newid ei dacteg unwaith yn rhagor. Mae 'na chwant arall ar waith, chwant dyfnach na'r ysfa rywiol hyd yn oed.

TH: ''Dwyf i ddim yn ddychryn iti, Siwan?' Nid deall Siwan mo'r angen mwyach, ond sicrhau ei bod hi'n ei ddeall ef.

Llais: Da. A'r is-amcan hwn sy'n arwain Gwilym at *narratio* ei araith fawr.

TH: 'Deg oed oeddwn i ym mhriodas fy nhad yn Henffordd …'

Llais: Hi'r stori-gyffes honno yw'r ymosodiad cyntaf o bwys ar amddiffynfeydd Siwan.

TH: Am ennyd, mae'n meddalu. Mae hithau'n cofio'n ôl.

Llais: Ac eto, ni all gredu'r hyn y mae'n ei glywed.

TH: 'Mi rown fy nheyrnas i gyd am y noson hon gyda thi.'

Llais: Rhaid i'r carwr, felly, wrth dacteg arall. Mae Siwan, bellach, yn rhyw ddeall ei amcan; yn rhyw ddeall ei angen – 'fel Ffransis y Brawd Llwyd'.

TH: Rhaid iddo, felly, wthio'r maen i'r wal. Rhaid cynyddu'r pwysau, troi'r sgwrs at 'heno', a rhoi taw ar yr holl siarad am Lywelyn.

Llais: 'Gad lonydd iddo. Fe roddaist heno i mi.'

TH: Mae am glywed ei bod hithau yma i garu.

Llais: A pham? Er mwyn ei ego?

TH: Er mwyn iddi hithau fod yn onest â hi ei hun. A yw ef, Gwilym, efallai yn ei charu, wedi'r cyfan?

Llais: Ac uchafbwynt y cariad, a'r curiad, yw cyffes Siwan, yn cyfaddef fod ynddi hithau'r un math o chwant ag sydd ynddo ef. Cofiwch mai dyna'r nod i'r dramodydd – peri i'r naill gymeriad dynnu o'r llall ddirgelion ei galon.

TH: Ac yna mae'r gwylwyr yn galw – 'Dau ar gloch. Dau ar gloch. Popeth yn dda.'

Llais: A Siwan, felly, yn ymryddhau o'r foment. Yn oedi eto.

TH: Ond nid o ddychryn y tro hwn ...

Llais: ''Rwy'n rhoi i'm pum synnwyr heno ryddid i fod wrth eu bodd.' Mae'n newid llif y sgwrs, ac mae curiad arall yn cychwyn.

TH: Bydd yn rhaid i Gwilym ymaddasu.

Llais: Fe dynnodd ohoni ei chyffes ...

TH: Heb ragweld y canlyniad – troi at y ffenestr yn hytrach na'r gwely.

Llais: Ond hwyrach fod rhyw gymaint o'i hangen hithau'n effeithio arno ef yn awr, ac mae'n pwyllo. Efallai nad drwg o beth fyddai sgyrsio a chlosio wedi'r cyfan, cyn neidio i'r gwely.

TH: Is-amcan arall, felly.

Llais: Ond mae 'na newid ar droed ...

TH: A'r gyfres o synau'n cau am eu byd. Yn newid ei feddwl. Yn newid ei angen. Yn newid ei sgwrs.

Llais: Pa ryfedd ei fod e'n ei chymell tua'r gwely?

TH: Mae'n gwrthod credu'r argoelion.

Llais: Yr uwch-amcan sy'n rheoli o hyd.

TH: Ond, yna, a swn yr arfau pres yn ei argyhoeddi, mae'n deall be' sy' ar droed.

Llais: A'i angen pennaf yw dianc.

TH: Tan i Lywelyn a'i filwyr eu dal yn y fan a'r lle. Ac un angen sydd ynddo wedyn – achub ei fywyd.

Llais: Wn i ddim a ddaw hynny i'w feddwl chwaith – ar unwaith. "Does dim rhaid. Paid â gwylltio. 'Does gen' i na dagr nac arf.' Seremoni yw hyn oll iddo ef, cofiwch. 'Dyw'n deall dim eto ar feddwl y Tywysog. Nid yw'n edifar ganddo.

TH: Ond mi ddaw i ddeall.

Llais: O! daw. Ac ni all ond chwerthin. Dyna effaith y naid abswrd, pan nad oes modd i ddyn ragweld pen draw'r hapchwarae. Ac mae'n angen pur, greddfol – fel dawnsio Iris, fel rhedeg Dewi. Gofiwch chi? "Does 'na ddim malais yn ei chwerthin.'

TH: Ac mae rhan Gwilym yn yr olygfa ar ben, a churiad newydd ar gychwyn.

Llais: Ond mae yno tan y diwedd, yn gwrando ar yr olygfa, yn rhyfeddu at y ddau. Ac yn bennaf oll, mae'r angen i weiddi 'Siwan' yn dechrau ymgorddi ynddo. Dyna'r dasg i'r actor yn awr. Meistroli'r angen, y chwant, ar gyfer yr un waedd honno yn yr act nesaf. Cyfleu hynny yn ei wedd a'i osgo.

TH: Heb eiriau?

Llais: Fesul is-angen, fesul chwant y mae llunio golygfeydd a'u curiadau. 'Does 'na ddim adeg pan nad oes chwant ym mhob un cymeriad. Mae'r geiriau a'r gwrando'n deillio o hynny.

TH: A'r uwch-amcan?

Llais: Ie. Ond cofiwch fod modd i'r un cymeriad chwennych dau beth yn gyfamserol, fel Siwan yn yr act gyntaf. Mae'r cymeriadau hynny, fel Antony neu Harpagon, sy'n gyfnewidiol ac yn anghyson, bob amser yn fyw.[267] Mae Siwan am ei rhoi ei hun i Gwilym, yng ngwely ei gŵr, ac eto, mae'n oedi'r digwydd.

TH: Sydd ynddo'i hun yn ddigwydd.

Llais: Am fod Gwilym yn ddychryn iddi.

TH: A chan na all hi gredu ei fod yn ei charu.

Llais: Ac am ei bod am fwynhau'r noson gyfan. 'Dyw hi ddim yn hawdd i'r gwleidydd fod yn ferch. Mae'r un hollt ynddi ar ddiwedd y ddrama hefyd. Mae'n cymodi, ond ar amod.[268]

TH: Yn rhoi ei bywyd i Lywelyn – amodau'r briodas – ac ysgariad y bedd i'r un a'i galwodd wrth iddo neidio i'w grogi. Cyferbyniad, hyd at y diwedd.

Llais: Deubeth yn un. Mae'r peth yn ddwfn yn Siwan. Mae'n rhan ohoni, yn fwy na'r un cymeriad arall o'm heiddo.[269] A'r gwrthdaro fel cŷn yn treiddio i hollt ei chymeriad, yn drysu pawb.

TH: Gwrthdaro'n bwydo gwrthdaro.

Llais: Tyndra'n dwysáu ac yn ymgymhlethu. Mi ŵyr pawb mai gwrthdaro yw hanfod drama.

TH: Debyg iawn.

Llais: Gosod y cymeriadau gyferbyn â'i gilydd, a gwneud yn siŵr fod ym mhob un ohonynt ryw angen clir sy'n gyrru'r digwydd ym mhob un curiad. Ond gorau oll os oes 'na un cymeriad, o leiaf un, yn ymrafael ag ef ei hun – 'mewn poen meddwl yn ceisio dy berswadio dy hun, yn ceisio dy argyhoeddi dy hun'.[270] A'r chwennych yn erbyn chwennych yn llawn digwydd. Heb hynny, gall gwrthdaro fod yn ddiflas iawn i'r gynulleidfa.

TH: Rhaid i'r gynulleidfa deimlo'r gwewyr yn corddi yn y cymeriadau.

Llais: Yn union. Mi awn mor bell â dweud ei fod yn rhan o strwythur ambell ddrama. Daw'r digwydd o'r cymeriad, o'r chwant a'r gwrthchwant, tua'r pen draw. Hynny sy'n trefnu'r stori'n olygfeydd dethol, teimladwy.

TH: Maddeuwch imi am ddweud hyn, ond mi rowch chi'r argraff mai'r cymeriad sy'n sgwennu'r ddrama. Y cymeriad yw'r digwydd. Y cymeriad yw'r syniadau. Fe piau'i lais. A hefyd y strwythur? Braidd fod y dramodydd yn gorfod torchi ei lewys, felly.

Llais: 'Fynnwn i ddim awgrymu am funud nad yw 'sgrifennu drama'n waith eithriadol galed. Rhoes ambell act boen enbyd imi.[271] Mi *weithiais* yn galed iawn.[272] 'Trwy chwys dy wyneb.'[273] Dyna'r gwir plaen ichi, Tudur. Haws o lawer gen i 'sgrifennu ysgrif lenyddol neu athronyddol nag esgor ar gymeriad.[274] Gall mai'r plot, fel yn *Brad*, yw sylfaen yr adeiladwaith, neu gall mai'r cymeriad ei hun yw'r gwth cychwynnol. Ond 'dyw'r dasg ddim mymryn yn haws.[275] A'r profiad gwaethaf yn y byd yw darllen proflenni drama, a'r gwaith yn fy siomi i ac yn fy nadrithio i'n llwyr.[276] Yr unig gysur yw fod strwythur parod y tair act yn rhyw fath o ganllaw i ddramäydd hen ffasiwn fel fi. Er bod Siwan a Gwilym yn trefnu oed cyfrinachol yn 'stafell y Dywysoges, mae Llywelyn yn crogi Gwilym yn gyhoeddus, ond ymhen blwyddyn mae'n cymodi â'i wraig.

TH: Y cymal cyferbyniol unwaith yn rhagor.

Llais: Cymal cyferbyniol, prif gymal a chymal cydradd. Felly y syniais i yn ei chylch, o leiaf. Er bod Iris yn cytuno i helpu Marc, mae hwnnw'n methu â llofruddio Phugas, ac yn rhoi cusan i'r llaswyr. Er bod Haman yn trefnu proclamasiwn i ladd yr Iddewon, mae Esther yn mentro i ystafell y Brenin, ac yn dinistrio Haman. Er bod Dewi wedi ffoi o'r carchar, mae John a Dora yn gadael iddo gysgu yn eu cartre, ond mae Bet yn ffonio'r heddlu a Dewi yn ei ladd ei hun.

TH: Mi welaf fi. A chymal cydradd 'ond' yw un *Siwan* a *Cymru Fydd*, nid 'ac'. Eich dwy ddrama orau? Mae'r cyferbynnu felly'n ddwysach.

Llais: Efallai. D'wedwch chi.

TH: A chymal cydradd 'ac' yw un *Brad* hefyd. Er i'r swyddogion geisio llofruddio Hitler, nid yw Kluge yn eu cefnogi, *ac* mae Albrecht yn dinistrio Else a Hofacker.

Llais: Oni dd'wedem, wrth gwrs, nad yw Kluge yn eu cefnogi, *ond* yn rhyddhau Albrecht; fod Esther yn mentro at y Brenin, *ond* yn datgelu mai Iddewes yw hi, fod Marc yn methu â chyflawni'r gorchymyn, *ond* yn troi'n hytrach at ffydd Iris. Y naill ffordd neu'r llall, mae'r drydedd act yn ddatrysiad ac yn glo, a bydd, fel y ddwy arall, yn cynnwys ynddi res o ferfau gweithredol, nid un yn unig.

TH: A bydd y chwarae yn y drydedd act wedi ei leoli yn yr un man â'r act gyntaf, fel yn *Siwan* a *Brad*?

Llais: Gall hynny fod, er cymhariaeth ac eironi, ond nid o reidrwydd. Mae 'na dri lleoliad yn *Esther*, dau yn *Sigarét?*, un yng *Nghymru Fydd*. Gofynion y plot sy'n penderfynu peth felly, nid unrhyw egwyddor.

TH: Ond *Cymru Fydd* yw'r ddrama fwyaf Aristotelaidd, o ran undod amser a lleoliad.

Llais: Gwir hynny. Da.

TH: Ond nid yr orau?

Llais: Nid y fi piau d'wedyd peth felly. Stori Dewi a bennodd fod i'r ddrama un lleoliad o fewn pedair awr ar hugain. Ond mi gredais i 'rioed fod gadael i'r gynulleidfa lanw'r bwlch rhwng dau ofod, a dau gyfnod gwahanol, yn ffordd effeithiol o gynnal ei diddordeb yn y digwydd. Fel y d'wedais, anodd iawn yw deddfu'n bendant ynghylch y pethau hyn. Creu drama sy'n bwysig, nid cadw at dair neu bedair o actau.[277] 'Dyw'r cynllun tair act ddim at ddant pawb chwaith, yn enwedig heddiw.[278]

TH: Ond i chi?

Llais: I mi, os nad i'r rhelyw ohonom, mae 'na ramant glasurol yn

rhythm y tair act: dechrau a chanol a diwedd.[279] A mantais y
ffurf dros ddrama ddwyran yw bod 'na amrywiaeth estynedig.
Mae 'na gyfanwaith, nid cyferbyniad yn unig. Gall yr ail act o
dair feddu ar rythm a lliw gwahanol i'r un gyntaf, a gall y
drydedd fynd y naill ffordd neu'r llall.

TH: Ac mae'r ail yn lleoliad newydd, fel yn *Siwan*, neu'n
gymeriad newydd, fel yn *Cymru Fydd*.

Llais: Yn ôl y plot. 'Does 'na ddim rheol bendant.

TH: A beth am ddilyniant? Y berthynas rhwng y tair?

Llais: Unwaith eto, rydych yn chwilio am fformiwla, Tudur, a
minnau ar sgaffald y tair act. Mi dd'wedaf fi hyn. Yn yr act
gyntaf, mae byd y cymeriadau'n newid ger ein bron. Gall hynny
ddigwydd ar unwaith, ond gall gymryd hyd at ryw chwarter awr,
wrth i'r gynulleidfa ymgyfarwyddo â'r sefyllfa a'r cymeriadau,
gan wybod hefyd fod rhyw newid ar droed. Ac wrth 'sgrifennu,
wrth ichi ganfod eich syniad yn hytrach, daw'r peth hwn ichi'n
sydyn – y newid, yr argyfwng, a sut y bydd act neu ddwy'n codi
o'r sefyllfa rhwng y cymeriadau.[280] Dyna wth y ddrama a'r
cyfansoddi – yr argyfwng a'i effaith.

TH: Ac fel rheol, daw'r newid wrth i gymeriad ymddangos ar y
llwyfan, a llefaru. Efallai na ddylwn i ddweud hyn, Dr Lewis ...

Llais: Ie?

TH: Ond mi 'styriais i 'rioed y dylai *Blodeuwedd* gychwyn yn nes
at ganol yr act gyntaf, wedi i'w gŵr ei gadael, a hithau wedi
trefnu'r oed â Gronw ymlaen llaw, fel yn *Siwan*.

Llais: Braint beirniad, ysywaeth. Yn sicr, mae dyfod cymeriad i'r
llwyfan yn gallu newid popeth.

TH: Fel Dewi'n dringo drwy'r ffenestr.

Llais: Yn rhoi'r ddrama ar waith – Dewi a'i 'Ust, Mam, ust'.[281]

TH: Harbona'n cyhoeddi'r proclamasiwn. Mordecai'n ymddangos
ar ben y grisiau. Y swyddogion yn aros i glywed a yw Hitler yn

farw, a Linstow'n dod â'r newydd iddynt. Iris yn disgwyl Marc, a'r ddau'n rhannu eu newyddion.

Llais: Digon o hynna yn awr, Tudur.

TH: Dim ond nodi mai galwad bob amser yw eich act gyntaf – galwad ar i'r cymeriadau ymateb i sefyllfa newydd.

Llais: Mae hynny'n ddigon gwir. Ac mae'r trafod wedyn yn cynyddu'r tyndra yn y cymeriadau, a'r gynulleidfa, wrth iddyn nhw 'styried eu hymateb i'r alwad.

TH: Mordecai'n pwyso ar Esther. Dora'n pwyso ar John ...

Llais: Iawn. Ni raid ichi ymhelaethu. Mae'r act yn arwain at ddisgwyliad pellach. Y tyndra'n cynyddu. Mi welaf fi!

TH: Ac yn *Siwan*, mae 'na wrthdaro ac uchafbwynt i'r act gyntaf, sy'n ein paratoi ni, nid yn unig ar gyfer yr ail act, ond ar gyfer y drydedd hefyd. Mae Llywelyn yn dychwelyd ac yn newid popeth, ac mae 'na ryw gyffro'n perthyn i'r digwydd. Gyda sŵn y meirch a chyfarthiad Gelert yn y pellter, mae natur yr alwad yn newid, cyn diwedd yr act gyntaf hyd yn oed.

Llais: Mae hynny'n ddigon gwir, Tudur. Felly hefyd yn *Esther*. Mae'n amlwg mai strwythur yw eich peth! Mae 'na ddwy alwad mewn ambell act gyntaf, oes. Galwad Haman a galwad Mordecai. Ac fel yn Siwan, mae'r tempo'n amrywio rhwng y golygfeydd, rhwng y gwahanol gymeriadau. Ond cofiwch fod peth felly'n bosib pan na cheir ond dau gymeriad hefyd – fel y disgwyl yn act gyntaf *Sigarét?* Y peth pwysig yw amlygu dyfnder y cymeriad, dwysáu'r gwrthdaro ynddo, a rhyngddo ac eraill. Cynyddu'r disgwyl ar gyfer yr ail act.

TH: Ac yn honno wedyn, bydd yr ymateb i'r alwad yn dod i'r amlwg. Y gweithredu yn ei sgil. Bet yn ymgodymu â Dewi, yn ceisio ei berswadio. Esther yn mentro i ystafell y Brenin ac yntau'n ei derbyn yn llawen. Troi at Kluge ac yntau'n gwrthod y 'bwnglerwch'.[282] Ceisio lladd Phugas ...

Llais: Gwir. Ond dyna ddigon, Tudur. Diolch.

TH: Crogi Gwilym, ond yntau'n galw 'Siwan', a'r casineb …

Llais: Mi dd'wedais iawn. Diolch.

TH: Ac mae'r ail act, felly, yn gwrthdaro â galwad y gyntaf. Siwan yn deisyf ei charwr, ond fe'i crogir. Marc yn derbyn gorchymyn politicaidd, ond mae'r llaswyr yn ei rwystro. Y swyddogion yn ceisio …

Llais: Er mwyn dyn! Iawn. 'Rof fi ddim rhybudd arall ichi, ddyn. Mi drof fi. Mi af.

TH: Ond …

Llais: Cyferbyniad. Dryswch. Trefn. Rwy'n credu ein bod ni'n deall y pwynt! Ond am sôn am *Esther* yr oeddwn i. Rhoes Haman dynged ar yr Iddewon, yn enw'r Brenin, ond mae Esther yn amlygu cariad y Brenin tuag ati, a Mordecai yn cael ei anrhydeddu. Mae'r llwyfan yn barod, felly, ar gyfer y drydedd act – datrysiad y ddwy gyntaf.

TH: Yr argyfwng yn ei anterth, a'r uchafbwynt eithaf?

Llais: Ar un olwg, ie. Ond cofiwch y gall uchafbwynt fod yn fater o drafod tawel, dwys, fel yn *Siwan*. Ac wrth ichi 'sgrifennu, mae'n ddigon posib y bydd y diweddglo'n newid. Mi fyddwn i bob amser yn gweld yn fras gychwyn, canol a diwedd, ond wedyn, wrth 'sgrifennu, mae'r cyfan yn datblygu'n fwy nag y mae'r dramodydd wedi ei fwriadu.[283] A 'dyw uchafbwynt ddim o reidrwydd yn golygu mwy o symud a sŵn, cofiwch. Ac yn sicr nid mater o weiddi ydyw.

TH: Ond beth am *Cymru Fydd*? Mi dd'wedwn i fod yr ail a'r drydedd yn torri ar eich patrwm arferol.

Llais: Sut felly?

TH: Yn yr act gyntaf, mae Dewi'n galw ar ei rieni, ond maen nhw'n rhoi lloches iddo …

Llais: Na. Anghywir. Rydych chi wedi anghofio am un peth pwysig. Mae'r ffôn yn canu yn y Mans cyn i Dewi ddringo drwy'r ffenestr. Hi yw'r alwad gyntaf. Galwad yr heddlu. A chofiwch fod y Cwnstabl Jones yn galw yn Nhan-y-fron, a'u rhybuddio 'i ringio'r inspector'.[284] Gweld yr wrthalwad a wnawn ni yn yr ail act felly. Nid galw'r heddlu a bradychu Dewi, ond Dewi ei hun yn galw: 'Fo alwodd ... Be wna' i, Mr Rhys? Be wna' i? ... Petai o'n galw o Uffern, mi awn.'[285]

TH: A chyffes Bet sy'n cadw John rhag galw'r heddlu.

Llais: O roi unrhyw fath o bwys ar eich fformiwla, felly, mi ellwch weld bod fy *Nghymru Fydd* i'n rhyw gadw'n ddigon taclus at eich patrwm, pe bai waeth am hynny. Galwad yr heddlu yw'r un gyntaf, a gwrthalwad Dewi'n ei rhwystro yw'r ail, a'r ddwy'n cydredeg megis.

TH: Ac mae'r wrthalwad yn arwain at y drydedd act, fel yn y dramâu eraill:

Llais: At alwad newydd, at y datrysiad. At Lywelyn yn galw ar Siwan, a'r ddau'n cymodi. At Iris yn galw ar Marc o swyddfa'r heddlu.

TH: A Marc yn galw arni hithau, 'Iris, Iris, gweddïa drosof fi'.[286]

Llais: Ac rwy'n siŵr y gallwch chi restru'r gweddill. Ond ichi gael y strwythur a dwy enghraifft o'ch blaen, 'does dim stop arnoch wedyn, Tudur.

TH: Albrecht yn galw ar Else. Haman yn galw am drugaredd. Bet yn galw'r heddlu. A Dewi'n gweiddi ...

Llais: Iawn. Iawn. Ac mae'r cwbl ar ben. A hynny, fel rheol, yn ôl y disgwyl, mor hen ffasiwn ag *Aias*.[287]

TH: Ond onid oes 'na beryg' i hynny ddiflasu'r gynulleidfa? Onid oes peryg' i'r rhagfynegi eironig leddfu ei chwilfrydedd hi?

Llais: Ddim yn fy mhrofiad i, Tudur. Rhaid ichi gofio mai perfformiad yw drama, nid stori. Y wefr fwyaf yw cydymdeimlo â'r actor-gymeriad o'n blaen. Pa raid, felly, gelu'r nod o gwbl? Yn wir, gwell o lawer yw ei osod yn eglur o flaen y gynulleidfa, iddi fwynhau artistwaith yr actor, iddi fyw yn ennyd y digwydd, yn yr hyn y mae'n ei chwennych.[288] Rhaid sicrhau bod ganddi hithau ran i'w chwarae yn y theatr, ei bod yn gwerthfawrogi'r eironi – yn ôl ac ymlaen[289] – yn casglu'r hadau ynghyd, yn disgwyl am yr hyn sy'n sicr o ddigwydd.[290] A'i phrif waith yw cydymdeimlo ac edmygu a chwerthin ac arswydo. Cofiwch mai ar gydymdeimlad y bydd drama fyw.[291]

TH: Wrth iddi dystio, fel yn y seiat?

Llais: Tystio i'r perfformiad – i'r hyn a ddywedir, ac i'r hyn a wêl ger ei bron. Wrth iddi gyd-deithio â'r cymeriadau. Eu pwyso a'u mesur. Wrth iddi boeni amdanynt. Ymserchu ynddynt.

TH: Ac mi dd'wedech, felly, mai'r cymeriad yw'r elfen bwysicaf?

Llais: Na, 'dd'wedais i mo hynny. Y cymeriad yn ei ddigwydd, yn ei argyfwng – dyna'r hyn sy'n bwysig i mi.[292] 'Fydd 'na'r un aelod o'r gynulleidfa'n rhyfeddu at y strwythur, nac yn ei gofio. Ffrâm yw'r strwythur.[293] A symlrwydd yw'r nod, ichi fedru gweithio'n raddol ar lun cymhlethdod y cymeriadau yn y dialog.

TH: Ond mae 'na feirniaid sydd wedi canmol strwythur *Siwan*.

Llais: A deall hefyd mai cofio'r cymeriad y bydd y gynulleidfa – ei chofio yn ei gwrthdaro ag eraill, a'r rhyfel ynddi ei hun.[294] Mae 'na dair act – caru, crogi, cymodi – a thair golygfa ym mhob un ohonynt, yn datblygu'r berthynas rhwng y cymeriadau. Ac eto, cymeriad Siwan yw ffocws y digwydd bob tro, hyd yn oed pan nad yw hi am ennyd yn bresennol. Hi, ac nid y strwythur, sy'n aros yn y cof.

TH: Hi, ac nid Gwen na Harri na Sara na Syr Gamaliel ...

Llais: Na Paul na Ffioretta na Sam.[295] Ie, hyhi, Tudur. Ond wn i ddim a yw eich cymhariaeth yn un deg, chwaith. Comedi yw *Problemau Prifysgol*, a'r chwerthin yn codi o'r camddeall rhwng y cymeriadau. Mae'n beth cwbl wahanol.

TH: Ond heb brif gymeriad. Mae fel pe bai tapestri'r plotwaith yn gweithio'n galed i'n cadw ni rhag unrhyw ddyfnder. Ac yn *Siwan*, 'does 'na'r un is-blot – dim ond drychau. Mae'r sylw yn llwyr arni hi. A boed gomedi neu drasiedi, mae'n rhaid ei bod yn haws i gynulleidfa gydymdeimlo ag un prif gymeriad, ac ymateb i'r ffordd y mae'r dramodydd yn achub ei enaid yn ei argyfwng.[296]

Llais: Rhaid ichi beidio â chredu na all is-blot roi min ar ddrama, Tudur.[297] 'Styriwch chi stori Mordecai a'r Brenin yn *Esther*, a'r modd y mae'r stori gefndirol honno'n dod yn rhan o'r ddrama, o'r ail act ymlaen. 'Dyw hi ddim yn dilyn o reidrwydd fod drama ac ynddi un prif gymeriad, ac un plot, yn well nag un fwy amrywiol.

TH: Ond yn gyffredinol, oni chytunech mai tuedd is-blot yw aros yn is-blot, fel y stori garu rhwng Else a Hofacker? Mae'r berthynas rhwng Siwan a Gwilym a Llywelyn ar ganol y llwyfan drwy'r tair act, ond mae Else a Hofacker yn gorfod cystadlu â'r holl gymeriadau eraill, ac mae'r berthynas, felly, yn aros yn is-blot mewn gwirionedd, heb inni fedru cydymdeimlo â'r cymeriadau'n iawn. Cawsoch wared ohoni ar gyfer *1938*, ac aros yn unig â'r gwrthdaro rhwng y *Corps* a Hitler.

Llais: D'wedwch chi. Efallai. Mi wn i'n iawn nad oes neb wedi llwyfannu *Brad* ers tro byd.

TH: Er i S4C a Hollywood droi'r stori'n ffilm. Efallai nad y theatr yw'r cyfrwng gorau ar gyfer y stori.

Llais: Er hynny, Tudur.

TH: Ac yn *Gymerwch Chi Sigarét?* mae rhywun yn tueddu i deimlo bod stori colli'r peilot yn ormod o gyd-ddigwyddiad, i'r graddau ei bod yn tynnu oddi ar y prif ddigwydd, sef awydd mawr Iris i weld ei gŵr yn troi'n Gristion. Pam na all Marc gusanu'r llaswyr heb fynd yn beilot i Phugas?[298]

Llais: Duw a ŵyr!

TH: Lle yn *Siwan* a *Cymru Fydd*, mae'n anodd meddwl y gallai'r digwydd fod fel arall. Mae'r cyfan yn codi o ddymuniadau'r cymeriadau. Mae un peth yn arwain at y llall, a'r cyfan mor dynn. 'Fedrai pethau ddim bod fel arall.

Llais: Sylw tra Aristotelaidd, Tudur. Mae rheidrwydd yn egwyddor bwysig. A nawr, rhaid i minnau ddechrau meddwl am dewi. 'Wyddoch chi, peth anodd i mi yw trafod fy ngwaith fy hun. Ac mae'n hwyr. A'r holl drafod ar strwythur wedi fy llethu i braidd. A chithau am 'sgrifennu eich drama, wrth gwrs.

TH: Fe'i gwelsoch, mi anghofiais.

Llais: Fy ngweld fy hun ynddi, yn fwy na neb arall. Rhaid ichi ganfod eich llais eich hun, Tudur. Canfod rhywbeth nad oes a wnelo ddim oll â fi.[299]

TH: Ond beth am iaith? 'Dd'wedsoch chi'r un gair eto am iaith.

Llais: Mi dd'wedais ddigon wrth sôn am ddigwydd a chymeriad. Nid cerdd mo drama. A beth bynnag, 'dwyf fi ddim, wir, yn cofio ichi ofyn imi drafod iaith, ac mae dialog yn fater o ddawn, yn y bôn.[300]

TH: 'Rwy'n gofyn nawr. Yn erfyn.

Llais: A minnau ar adael.

TH: Am imi feirniadu *Brad*? Mae'n gampwaith, Dr Lewis.

Llais: Nage, Tudur.

TH: Pam 'te? Oherwydd y peilot? Peth bach yw hynny. Ac o'm rhan i fy hun, credais erioed y byddai gweld Iris ar ben arall y ffôn yn dra effeithiol yn yr act olaf – i'r gynulleidfa fedru cydymdeimlo â cholled Marc. Ac mae'n ddelwedd sy'n cyferbynnu mor rymus â dawnswraig yr act gyntaf. Chi 'dd'wedodd fod hynny'n bwysig. 'Chredais i 'rioed y peryglai uniongyrchedd yr alwad ffôn.[301]

Llais: Iawn. Diolch. Felly y syniais innau, debyg iawn. Ond rhaid imi fynd.

TH: Ond pam?

Llais: Am fod yn rhaid ichi ddysgu, Tudur.

TH: Mi wn i hynny, ond …

Llais: Dysgu sut i'm cael i i aros. Rydych chi'n mynnu hynny, yn chwenychu hynny. Dyma'r digwydd sy'n llifo ohonoch. Dyma eich angen – fy nghael i i aros. Ond sut? Rwyf fi eisoes ar fynd, a'm llais yn pellhau.

TH: Drwy ymddiheuro?

Llais: Pe bawn i'n groendenau, efallai.

TH: Drwy weniaith?

Llais: Go brin. Ond drwy gyfaddef hynny, efallai. Drwy gyfaddef eich twyll. Eich tuedd i ymgreinio. Eich ffug-Saundersrwydd. Eich dinoethi ffals. Wn i ddim. Rydw i'n dal yma, am y tro, o leiaf, a chithau …

TH: Yn siarad.

Llais: Yn perswadio, Tudur. Yn cyffesu. Yn *gwneud* i mi aros. Yn newid fy meddwl. Yn newid fy nigwydd. Chi a'ch rhestri strwythurol! Ond mae 'na ddiben i'n sgyrsio ni bellach.[302] Parler, c'est agir. Gorau'r theatr yw cymeriadau'n perswadio ei gilydd, yn ceisio newid meddyliau ei gilydd.[303]

TH: Llywelyn yn newid Siwan. Iris yn newid Marc. Hofacker yn erfyn ar Kluge. Dora a John …

Llais: Dewch nawr, ddyn! Fe af fi mewn sill, cofiwch.

TH: 'Mond tynnu'ch coes.

Llais: Pa goes, ddiawl?

TH: 'Mond …

Llais: Ust! Yn y theatr, 'dyw hi fawr o bwys a yw'r iaith yn cyfleu'r gwir neu'r gau. Rheoli eraill – dyna fawredd Shakespeare. Cymeriadau'n defnyddio iaith i'w gweddnewid eu hunain, ac eraill.[304] Yr un yw'r effaith ar y gwrandawr a'r gynulleidfa, boed gyffes ddiffuant, neu stori erchyll, gelwyddog. Effaith y *narratio* ar y gwrandawr sy'n bwysig. Dyna'r rheswm dros bob delwedd a throsiad – creu argraff ar feddwl y gwrandawr.[305]

TH: A 'dyw hi ddim o bwys a yw'r llefarwr yn dda neu'n ddrwg?

Llais: Yn y theatr, hawdd gen' i glosio at y Soffyddion, a chredu Dewi yn ei anwiredd.[306]

> 'Fedr athroniaeth
> Ddim rhoi cyfrif am Arberth.
> Yma mae ofergoel yn wir.'[307]

TH: A byddwn ni'n cydymdeimlo â Dora am wneud yr un fath.

Llais: Yn union. A bydd ansicrwydd – y ffaith na wyddom p'un ai'r gwir neu gelwydd yw'r stori ddiweddaraf – yn creu ynom ni ddisgwyliad pellach. A fydd Dora yn ei gredu? A all hi, a hithau'n ei amau, berswadio ei dad i adael iddo gysgu'r nos?

TH: Oni chredai'r dyneiddwyr mai 'doethineb ... yn ei glendid' yw rhethreg?

Llais: Henri Perri. Ond mi all dihiryn hefyd 'dywallt nwydau'r galon'.[308]

TH: A chyflyru eraill?

Llais: A'u twyllo. Y peth pwysig yn y theatr yw ein bod ni'n gwreiddio'r iaith ym mywyd y cymeriad; nad yw'n beth ar wahân iddo.[309]

TH: Mi glywais ambell un yn dweud bod Racine yn well heb ei odlau, mewn iaith arall.[310]

Llais: 'Styriwch chi'r gwahaniaeth rhwng *Blodeuwedd* 1948 a *Blodeuwedd* 1961. Torrodd y dyn theatr ddegau o drosiadau a llinellau cywrain y llenor.[311]

TH: Am fod yr iaith yn rhy farddonol?

Llais: Am ei bod hi'n wisg – lle yn *Siwan*, mae pob trosiad a delwedd yn tarddu o fyd y cymeriadau; yn rhan o'u bod. Mae'r berthynas yn debycach i'r un honno rhwng corff ac enaid na'r un rhwng corff a gwisg.[312] Fel arall, os digwydd i'r dramodydd ddewis y trosiad, mi fydd yr actor yn ymbalfalu am ei wraidd, yn hytrach na llefaru ohono.[313]

TH: Ai dyna'r hyn sydd ar goll o'r theatr heddiw – delweddu'r gair?[314]

Llais: Rhaid i eiriau a'u lluniau godi o'r hyn y mae'r cymeriadau yn ei wneud. Y wisg arian, y gist, y goron, a'r weithred syml o'u dodi i gadw. Y milwyr ar y muriau, yr awrwydr, y tywod yn y cafn. Dyma'u byd, a geiriau eu byd. Ac yna y mae Alis yn disgrifio'r noson a fu. 'On'd oedd y dawnsio'n hyfryd ar y lawnt?'[315] A'r manylder, eto, yn dod â'r llun yn fyw i ni.

TH: "Roedd marchogion y Ffrainc wrth eu bodd.
   Mi glywais un ohonynt yn synnu cael
   Dawnsiau Aquitaine ar faes yn Arfon.
   'Dydyn nhw ddim yn 'nabod eich llys chi, *ma dame.*'

Llais: 'Mae'r miwsig yn darfod. Mae'r llusernau ola'n diflannu.'

TH: Mae'r cyfan mor gynnil ...

Llais: Dangosrwydd – fel rhaff am wddw'r gynulleidfa, yn ei chlymu wrth yr hyn a wêl ac a glyw Siwan ei hun. Ac wrth ei theimladau.

TH: Ac yn symlrwydd moel y brawddegau, mae rhywun yn synhwyro'r cymhlethdod a'r ymatal ynddi hi. Mae'r cyfan mor gryno. 'Mae'r lantern fawr yn aros.'

Llais: 'Y lleuad? Ydy.
   Mae ei golau hi'n treiddio drwy'r ffenestri yma.
   Prin fod angen canhwyllau.'

TH: Symlrwydd y sgwrs a'i throsiadau tawel – dyna sy'n taro dyn. Ei rheidrwydd. Y brawddegau byrion. A'r modd yr ydym ni'n dysgu am Siwan yn rhythm ei sgwrs.

Llais: A'r ddelweddaeth yn tarddu o'r cymeriadau, sylwch.
"Roedd y galiard yng ngolau'r lleuad a'r llusernau
Fel dawnsio hud a lledrith tylwyth teg.'

TH: Mi allaf fi gredu y dywedai Alis hynny; y credai hi yn y tylwyth teg, megis ffaith. Ac oni dd'wedai Siwan fod y wisg arian 'fel pabell' o'i chwmpas? Ac mae 'na ddelwedd yn fy meddwl, sy'n dweud cymaint am ei theimladau.

Llais: Mae cyffelybiaeth a throsiad yn bethau grymus, 'welwch chi. Y peth pwysicaf o ddigon.[316] Mae'n troi'r iaith gyffredin yn arf perswadiol.[317] A sylwoch chi 'rioed mai cyffelybiaeth Alis sy'n gwylltio Siwan – 'Ail Trystan y gwela' i ef'. A chyda throsiad y mae'n rhoi taw arni – 'Bydd ei flas yn ffrwyn i'th dafod'. Ac eto, rhaid ichi beidio â gorlwytho'r sgwrs â throsiadau chwaith, rhag i'r iaith ymddangos yn annaturiol. Cadwch nhw at ferw'r sgwrs.

TH: Ond onid dyna'r nod? Onid yw'r iaith yn *Siwan* yn annaturiol?

Llais: Mae'n gwbl naturiol iddyn nhw, yn eu byd, yn y theatr. Dyna sy'n bwysig.[318] Ac i ni, mae'r eirfa'n gyfarwydd, a'r ychydig eiriau dieithr yn awgrymu naws y llys canoloesol, Ffrengig-Gymreig. Mae'r iaith yn llenyddol, ond yn llafar ...

TH: Yn llai dieithr na'r dramâu cynnar ...

Llais: Ac mae'n llifo'n un â'r digwydd. 'Raid iti ddim pryderu ...', chwedl Gwilym. Wedi'r cyfan, o ran geirfa a chystrawen, 'dyw'r iaith ddim mor wahanol â hynny i'n sgwrs ni yn awr.

TH: Mae'n fwy celfydd!

Llais: Ydi, debyg. Ac ar un olwg yn llai 'naturiol' – yn llai tebyg i'n sgwrs naturiol lafar ni ein dau. Ond mi hyderaf nad yw'n *ymddangos* yn fwy annaturiol chwaith.

TH: A beth am dafodiaith?

Llais: Yr un yw'r rheol ar gyfer pawb.[319] Rhaid i'r ddrama, boed mewn tafodiaith neu'r iaith lenyddol, fod yn gelfyddyd. A pheth annaturiol – ond yn naturiol i'r gwaith – yw celfyddyd bob tro.[320] Mi gofiaf i John Gwilym Jones ddweud un tro nad yw *Gymerwch Chi Sigarét?* yn llai barddonol na *Blodeuwedd*.[321] Mi ddeallaf fi'r ergyd yn iawn. Ond ar un olwg, y mae *Blodeuwedd* yn rhy farddonol, a'r iaith fel cot fawr amdani. Yn 1961, fe'i rhwygais ymaith.

TH: Dinoethi.

Llais: Rhowch i gymeriadau eiriau, iddyn nhw guddio eu cyfrinachau. Dyna yw sgwrsio – ymgais i wisgo masg a chuddio noethni.[322] Heb hynny, 'chawn ni fyth mo'r un gyffes. Ac eto, rhaid inni gredu mai nhw a osododd y minlliw a'r colur ar eu gwedd hefyd. Fel arall, bydd ôl llaw'r dramodydd ar bob ystum a gair.

TH: Minlliw ar fasg?

Llais: Fel y d'wedais i – rhaid ichi roi ffrwyn ar y trosiadau.

TH: A sut y mae rhywun yn dysgu, felly, i beidio â sgwennu'n ffals?

Llais: Fel sawl peth yn y byd 'ma, mae dyn yn dysgu drwy wneud, a thrwy weld eraill yn ymateb i'w waith. Er c'leted y bo, rhaid i'r 'sgrifennu fod yn broses greadigol, sy'n llifo o'r dramodydd – ffrwyth yr hyn ydyw ar y pryd, ei brofiadau, ei bersonoliaeth, ei ddysg, ei ddawn, ei grefft, ei fagwraeth, ei fethiannau.[323] Mae hynny, efallai, yn bur ramantaidd, mi wn. Mi awgrymodd rhywun mai cymhlethdod teulu sy'n gwneud dramodydd da.[324]

TH: Ond mi all rhywun, wrth gwrs, ddysgu crefft. Onid dyna yw holl ddiben ein sgwrs ni heno? Dante a Fyrsil a *Crefft y Gynghanedd*.

Llais: Heb os. Ond cadwch gwmni difyr, ddyn. Ewch â'ch Aristoteles i'r dafarn ac i lefydd cecrus. 'Drychwch ar bobl. A meddwl be' mae'r iaith yn ei wneud, ym mhob golygfa, ym mhob un curiad, a rhoi'r gorau i'r busnes 'ma o chwilio am eiriau. 'Styried y digwydd, y nod, y newid ym mhob un cymeriad, ym mhob curiad.[325] Rhaid ichi gofio mai rhan o'r symud ar y llwyfan yw pob un gair, yn dibynnu ar lif yr actio a'r dweud, ar chwerwder neu angerdd neu goegni neu brofóc y sgwrs.[326] Canolbwyntiwch ar hynny – ar brofóc y sgwrs. Swyddogaeth iaith.[327] Rhethreg.

TH: Ond sut?

Llais: 'Styriwn ni'r act gyntaf yng *Nghymru Fydd*, ei churiad olaf. Mae holl arddull yr iaith ynghlwm wrth y cymeriadau. Nid recordiad mohoni, ond mi ddaliaf innau nad yw hi'n annaturiol i'r cymeriadau chwaith. Hynny yw, mae'n weddus, i Dora a John a'u mab, ac eto'n gelfydd.

TH: Ac mae 'na ambell air tafodieithol yn yr iaith …

Llais: Sy'n gweddu i'r sefyllfa, i'r cymeriadau, ac mor gelfydd â phob un gair arall. Ond yn fwy na sylwi ar ambell air tafodieithol neu Saesneg, 'styriwch rythm y peth, diben y sgwrs. Beth mae'r cymeriadau yn ei wneud? Beth yw eu hangen? Oherwydd pan fo'r iaith yn gweddu i'r sefyllfa, 'fyddwch chi ddim yn sylwi arni. Bydd yn rhan o'r cymeriad, o'r digwydd. Gwrandewch chi ar Dewi a John yn siarad.

'Wel, ydych chi wedi setlo fy nhynged i?'
'Setlo dy dynged di? Dewi, Dewi, paid â chablu.'
'Go dda, Dad. Ateb hollol Galfinaidd. A minnau'n ofni y byddai'n cyfarfod ni braidd yn anodd.'
'Ti o'r jêl, minnau o'r seiat, dianc wnaethon ni'n dau. Mae dy fam yn f'annog innau hefyd i fynd yn ôl.'

Beth sy' 'ma ar waith, Tudur? Dewch nawr. Beth?

TH: Wel, mae 'na rywbeth hoffus, chwareus, ond yn ymylu ar fod yn nawddoglyd, ac felly'n feirniadol o hyd, yn y 'Dewi, Dewi', fel pe bai John yn dwrdio plentyn yn yr ysgol Sul. Ac mae'r 'Setlo dy dynged di?' eto'n ymgais i chwarae â geiriau Dewi, i'w bychanu, i'w dirymu – drwy goegni. Mae yma'n sicr dinc o wawd.

Llais: Ac nid dyma'r ymateb yr oedd Dewi'n ei ddisgwyl. Ac mae'n symud i ffwrdd, dan chwerthin.

TH: I guddio'i ansicrwydd, efallai, ond gan bryfocio ei dad. Hynny yw, mae yntau'n paratoi at ornest. Ond mae ffraethineb ei dad – yr anwyldeb annisgwyl yn yr hiwmor du – wedi rhoi iddo'r llaw uchaf. Fe sy'n holi'r cwestiynau. 'Glywaist ti be' dd'wedodd o?' 'Sut y doist ti yma, Dewi?' Un ergyd ar ôl y llall. A Dewi'n amddiffyn, ac yn dechrau arni.

Llais: Ac os sylwch chi, prin ichi ddweud 'run gair am yr un gair, ond trafod yn hytrach rythm y sgwrs a'r symud. Ei phrofóc. Sylwi ar sut y mae Dewi'n adennill y fantais, drwy herio ei dad, drwy wawdio ei fam, drwy siarad mwy ac yn fwy ciaidd na'r ddau arall ynghyd. Mae ei dad am wybod – *beth* sydd ar dy raglen di?' Hynny yw, mae am wybod ei feddwl.

TH: Mae am newid ei feddwl; am iddo ffonio'r heddlu.

Llais: A'i unig arf yw'r geiriau o'i ben.

TH: 'Gwrandewch,' meddai Dewi.

Llais: 'Gwrando,' meddai ei dad.

TH: Y ferf orchmynnol.

Llais: Y naill yn poeri ar gariad ei rieni, a'r llall yn tynnu'n ddarnau gynlluniau ei fab.

TH: Ac yna, mae gwawd a dirmyg Dewi ...

Llais: Yr hyn sydd dan yr wyneb, o dan y geiriau, sylwch – y chwant, yr angen ...

TH: Yn ergydio'n ddidrugaredd.

Llais: Yn ymgyrraedd at uchafbwynt yr act. Yr *amplificatio*.[328] Dyna'r iaith sy' ar waith 'ma, Tudur. Dewi a'i raglen, yn esbonio'i gynlluniau mawr: y *confirmatio*.

TH: Ei dad, wedyn, yn tynnu'r cynllun hwnnw'n ddarnau.

Llais: Y *refutatio*.

TH: A Dewi'n ymateb â'i stori gyffes. Ei stori ddagrau.

Llais: Y *peroratio* – ei gyfle olaf i chwarae â theimladau ei rieni a'r gynulleidfa.

TH: Ac mae'n stori erchyll. Ac yna, ar ei liniau, mae fel pe bai'n ennill yr ornest.

Llais: Yn wylo'n ddilywodraeth, fel plentyn. Ac mae'r ddelwedd honno, wedi'r frwydr eiriau, yn ennyn yn y gynulleidfa gydymdeimlad at ddihiryn diedifar. A'r tawelwch yn taro'n ddwysach na'r holl ddadlau a fu.

TH: A'r gynulleidfa'n ymateb i'r nwydau a gynhyrfwyd ynddi.

Llais: Effaith yr *affectus*, 'mosiwn yr araith.

TH: Ac mae Dora'n mynd at Dewi a'i anwylo.

Llais: Delwedd i gloi. Ac mae'r gynulleidfa'n barod am yr ail act, a'r drydedd.

TH: Rych chi'n disgrifio iaith fel petai'n ddrwm, Dr Lewis, a'r geiriau'n taro ar gnawd y cymeriadau.

Llais: A'r tawelwch wedyn yn fyddarol.[329] Ond cofiwch chi – fod modd i eiriau fod yn sŵn ac yn ddim mwy na hynny. 'Chaf fi ddim pleser heddiw wrth ddarllen f'areithiau prentis.[330] 'Dyw'r gair ond yn ergydio pan yw'n *weithred* lafar.

TH: Ac ambell gyffes yn *K.O.*

Llais: Pan fo gan air nod, pan yw'n rhan o'r digwydd, pan yw'n codi o'r chwant, o'r angen, a phan fo'r dweud yn *gwneud* rhywbeth, bydd y gynulleidfa ar flaen ei sedd. Rhowch chi angen cryf i gymeriad, angen sy'n llywio ei holl ymwneud ag eraill, a bydd hwnnw'n cyfeirio'i holl sgwrs a'i holl dawelwch. 'Styriwch Iris, Tudur. O'r cychwyn cyntaf, mae ei holl sgwrs yn tarddu o'r llawenydd sydd ynddi.

'Marc! O dyma braf, dyma braf ... Tyrd, dawnsia gyda mi, ar unwaith ... dawnsia waltz. Dyma beth yw nefoedd ... [...] Druan ohonot ti y milwr bach chwyslyd! Tyn dy got a'th het a dyro nhw i mi. [...] 'Doedd gen' i mo'r help. 'Roedd yn rhaid i mi gael dweud fy ngorfoledd. [...] 'Roeddwn i'n ysu am dy gwmni.'331

TH: Y ferf orchmynnol.

Llais: A'r ferf ddangosol. 'Dyma braf ... Dyma beth yw nefoedd ... Dyna ti ... Dyna'r ... icon ar y mur a'i wyneb allan ... Dyna'r ordd a'r cryman yn awr.'332 Dyma'r llwyfan. Dyma'r perfformiad, Tudur. Fan hyn. Fan hyn! Ac mae'r gynulleidfa'n cael ei dal gan swyn Iris. Gan ei rheidrwydd. Gan ei llawenydd. Gan orfoledd y bywyd sy' ynddi, a'r dawnsio'n ffrydio ohoni.

TH: Ac felly, pan yw'n dweud wrth Marc, 'Na, fe gawn siarad hefyd', mae rhywun am glywed yr hyn sydd ganddi i'w ddweud.

Llais: Rhaid rhoi rheswm i'r gynulleidfa dros fod yno – iddi hithau feddwl fel Iris, 'Beth yw'r boen yn dy lygad di, was?' Dyna sy'n cadw'i diddordeb. Beth yw chwant hwn? Ac fel Iris, mae am ddeall ei feddwl.

TH: Mi gofiaf fi un peth yn sicr – mai'r chwennych yw'r digwydd.

Llais: Cofiwch ragor na hynny! Cyhyd ag y bo'r digwydd yn ei le – chwantau'r cymeriadau, eu nod, y gwrthdaro mewnol a'r gwrthdaro rhyngddynt, eu holl wneud yn eu hargyfwng – bydd modd i'r dramodydd 'sgrifennu ac ailsgrifennu'r ddrama fesul act, fesul curiad, a'i gwneud hi'n dynn ac yn dynnach. Clymu ynghyd themâu'r gwahanol guriadau. 'Sgrifennu'r eironi ymlaen ac yn ôl. Ailweithio popeth. Ond mae holl rythm y peth, hyd y brawddegau, cyflymder y sgyrsio – mae hynny'n tarddu o'r cymeriadau yn eu digwydd. Rhaid cael hynny yn ei le, er mwyn 'sgrifennu ohono. Y tyndra ynddynt. Yr ymrafael rhyngddynt. Dyna'r gwth. Wedi'r cyfan, pa sawl un ohonom sy'n dewis geiriau ei sgwrs cyn eu dweud? Os trowch chi bob golygfa'n gyfres o guriadau a rhoi angen penodol – chwant, os mynnwch – i bob un cymeriad, a thynnu'r gwrthdaro a'r closio a'r newid o'r chwantau hynny, bydd 'sgrifennu'r dialog yn llawer llai problemus, i chi – a chymryd, hynny yw, fod ynoch awydd 'sgrifennu drama. Eich bod chi o ddifri'.

TH: Mi wyddoch fy mod i. Mi welsoch chi fi'n sgwennu.

Llais: Am ennyd, do. Ac eto ...

TH: Be?

Llais: Mi ddof fi'n f'ôl pan fyddwch wedi cwblhau'r ail ddrafft, ac yn cychwyn ar y trydydd, a'r cymeriadau y pryd hwnnw'n 'sgrifennu'r holl beth eu hunain. Mi'ch credaf y pryd hwnnw – nid ar ôl ichi sôn am eich syniad diweddaraf wrth Arwel Gruffydd. Mae 'na fil o syniadau'n pydru ym 'mennydd pob un ohonom. A'r ffordd orau o'u lladd yw eu rhannu ag eraill.

TH: Rhag ofn iddyn nhw sgwennu'r dramâu eu hunain?

Llais: Rhag ofn ichi'n hytrach beidio â 'sgrifennu dim. 'Wel, am syniad da.' 'Ewadd! Am ddiddorol!' 'Argoledig!' Ac mi ewch chi adre o'ch *café latte* yn fodlon ym monllefau'r cyfeillion, cyn gryfed â brafô'r theatr lond eich pen. 'Ddaw 'na ddim drama ohonoch wedyn.[333] Dim ond syniad arall, a sgwrs. Ymddiddan.

TH: Ond cyn ichi ddod 'ma heno, mi roeddwn i wrthi, yn sgwennu.

Llais: Yn dynwared, efallai. Fel rhywbeth llai nag ysbryd. A'r cyfan yn agos at beidio â bod. Teithiwr yn sedd y peilot.

TH: Ond mi all teithiwr ddysgu. Mi all gymhwyso.

Llais: Go dda! Ond ar amod yn unig – ei fod yn codi o'r sedd. Ac ymroi. Credu mai dyma'r unig alwad iddo fe.

TH: Ac mae 'na alw heddiw?

Llais: Tri neu bedwar dramodydd o bwys, ac mi fyddai'r Theatr Genedlaethol yn rym yn y wlad, a'r Theatr Gymraeg yn destun trafod yn fyd-eang. Pe credech hynny, mi aech ati o ddifri', a rhoi'r gorau i'ch ymddiddan.

TH: Mi rydw i weithiau'n meddwl ...

Llais: ... y gallech fod yn rhan o ddadeni'r ddrama Gymraeg? Dyna'r math o beth a 'sgrifennir mewn llythyr cariad.[334] Ffansi'r

ego. Breuddwyd llanc. A chithau'n nes at y deugain oed!
'Studiwch. 'Sgrifennwch! Fel pe bai'ch bywyd yn y fantol, fel pe
bai arnoch eisiau'r iaith.

TH: A bod yn onest – cyffes, os mynnwch – mi 'styriais i 'rioed,
rhyw feddwl, fy mod i'n rhyw aros i fi fy hun aeddfedu; nad wyf
fi eto'n barod; nad wyf fi wedi profi bywyd ddigon, ac na allwn ar
hyn o bryd ond cynhyrchu prentiswaith, beth bynnag. Dim ond
rhyw ddeng mlynedd o 'sgrifennu da a ddaw o grombil y rhelyw
o ddramodwyr, ac roech chithau tros eich trigain yn sgwennu
Siwan.[335]

Llais: Ar f'enaid! Dim ond drwy 'sgrifennu y gwnewch chi
ddysgu, ddyn. Dyna'r nod. 'Sgrifennu a methu. Nid methu
'sgrifennu! Beth pe bai Strindberg wedi aros iddo gwrdd â'i Feistr
Wloff yn ei henaint?[336] Mi wyt ti'n ddeugain, Tudur, yn nos y
canol oed, a heb gychwyn cropian ar dy bedwar yn y gwyll. O
ddifri', ddyn! Rhaid mai dyna'r esgus gorau a glywais i 'rioed gan
academydd diddan. A thi yw'r un, maes o law – pan fyddi wrth
erchwyn y bedd – i roi inni gyffesion t'wyllach nag eiddo Dewi!

TH: 'Dd'wedais i 'rioed mo hynny.

Llais: Ond yn dy feddwl! Ac mae e' yn dy lygaid di nawr! Ond i
be'? O! Mi rwyt ti'n fwy na pharod i arsyllu ar y Theatr Gymraeg,
i restru ei ffaeleddau, i feirniadu'r byd a'r betws, ac eto'n gwbl
analluog i wneud dim yn ei chylch – am nad wyt ti'n ddigon hen!

TH: Nawr, go brin fod hynny'n deg. Chi eich hunan a dd'wedodd …

Llais: 'Mod i'n hidio'r un iot am dy degwch di; na'r hyn a
dd'wedais. Ti a dd'wedodd dy fod am 'sgrifennu drama. Ti a
dd'wedodd dy fod am *wneud*. Parler, c'est faire.

TH: Ac mi wnaf.

Llais: Pryd? Pa bryd? Fory? Gaeaf nesaf? Dwed di, Tudur. Dwy fil
a deugain? Pan ei di i'r jêl am achub yr iaith? Mae'r peth yn ddi-
chwaeth, ddyn – tymer yr artist heb ddawn i ganu.[337] A minnau'n
dechrau meddwl na ddylwn i fod wedi dod yma o gwbl heno.

TH: Ond mi ddysgais. Ac mi ddysgaf. Mi sgwennaf. Mi af fi ati heno, os mynnwch chi. I feddwl. I 'studio. Mae'n rhaid imi 'studio'n gyntaf. Mi 'dd'wedoch chi hynny.

Llais: A wedyn 'sgrifennu! Ac ar dy lw.

TH: Fy llw?

Llais: Ar fywyd dy blant. Addo i mi ar fywyd dy blant y gwnei di 'sgrifennu drama cyn pen y flwyddyn. Addo i mi na ddes i yma'n ofer heno i ymddiddan drwy grac y monitor 'ma. Addo na wnei di aros ddim mwy, am dy henaint, am dy lais; na oddefi mo'th esgusodion na'th syniadau gwych, ond yr ei di ati o ddifri' i 'sgrifennu drama.

TH: I 'sgrifennu prentiswaith ...

Llais: Ie, prentiswaith, a methiant gogoneddus – gam yn nes at dy *Siwan* dy hun. Dyna'r freuddwyd, onid e? Dyna dy feddwl – y bydd hi yno, ym mhen draw'r aros amdanat ti dy hun. Addo hynny i mi, ac mi gei di gadw'n hymddiddan yn addewid o rywbeth mwy.

TH: Mi wnaf fy ngorau.

Llais: A dim yn y fantol? Go brin, Tudur. Tynga lw. Mae'n rhaid iti addo. Mae'n rhaid iti dyngu. Mi glywa' i'r ferch yn anadlu fan hyn. Addo i mi. Addo nawr. Yn sŵn ei 'nadlu, i mewn ac allan. I mewn a ma's, fel y d'wedet. Addo i mi. Ar fywyd dy blant.

TH: Mi wnaf fy ngorau. Rwy'n rhoi fy ngair ...

Llais: Nad yw'n ddim i mi, nac i ti. Tynga lw. Yma. Nawr. Wyt ti i fewn neu wyt ti 'ma's? Dwed! 'Mewn neu 'ma's? Oni ddysgaist ti ddim oll? Parler, c'est agir. Nawr addo i mi.

TH: Mi dd'wedais y *gwnaf* fy ngorau.

Llais: Gwneud eu gorau y mae pawb yn y Theatr Gymraeg. 'Does neb yn methu o fwriad! Nid mater o ymdrech mo hyn, ond mater o raid, mater o boeni, o ddeall, o fynnu'r gorau'n unig. Mater o fod i fewn – gorff, meddwl ac enaid. Damnedigaeth theatr yw'r bobl sy'n *gwneud* eu gorau; yn siarad â'i gilydd, heb lawenydd, heb ofn, heb ddim yn y fantol, heb grefft a heb glem – dim ond gwraig a phlant a syniadau di-ri'. Wel bendith ar dy ben di, Tudur. Ti sy' i mewn ac i ma's. I mewn ac i ma's. Sŵn y 'nadlu, y drwm nad yw'n f'ergydio nac yn fy symud yn fy sedd. A be' wna' i felly â drama fel hon? Codi o'm sedd? Gadael y neuadd? Cloi'r drws! Yn glep. Ac allan â fi. I mi gael ei thrafod â'm *cappuccino*. Ac mi wn i pa ddiawl dysgedig a fydd yno'n eistedd yn f'ymyl â'i syniad diweddaraf. Dwed y gwir, ddyn! A gedwi di dy chwant?[338] Neu ai dyma'r cyfan rwyt ti'n ei chwennych? Rhyw sgwrs fach dawel, sidêt am ein drama affwysol, ddiweddaraf.

TH: 'Dd'wedwn i ddim mo hynny.

Llais: Na. Digon gwir, gyfaill. Ac felly, ar f'enaid, nos da.

NODIADAU

1 Dafydd Glyn Jones, 'Golygu dramâu S.L.', 102–3.
2 William Shakespeare, *Hamlet*, act 1, golygfa 1, llinell 46.
3 Gw. T. Robin Chapman, *Un Bywyd o Blith Nifer: Cofiant Saunders Lewis*, 384–5. '[A]r lefel ddyfnach, isymwybodol bron, mae ôl ei law ar Gymru o hyd ... Aeth yn estyniad o'n hymwybyddiaeth, fel baner neu fel bwgan. Bydd byw bellach yn ateg i'n rhagfarnau, yn llais dirprwyol, yn rhywbeth mwy nag ef ei hun.' Cymh. Tudur Hallam, *Canon ein Llên*, 156. 'Yn wir, hyd yn oed wedi i ambell un gau drws y capel ar ei ôl, daw i raddol sylweddoli na all wadu'r diwygio a fu, gan mor fyw ydoedd gair y diwygiwr a chryfed yr argraff ar ei ôl.' Cymh. Harold Bloom, *Shakespeare: the Invention of the Human*, 716. 'We all of us might be gambolling about, but without mature Shakespeare we would be very different, because we would think and feel and speak differently. Our ideas would be different, particularly our ideas of the human, since they were, more often than not, Shakepeare's ideas before they were ours.'
4 Daniel 5: 25. 'A dyma yr ysgrifen a ysgrifennwyd: Mene, Mene, Tecel, Uffarsin.' Gw. y dehongliad, adnodau 26–8.
5 Gw. Saunders Lewis (11 Ionawr 1929), *Annwyl Kate, Annwyl Saunders*, 53. 'Y gwahaniaeth rhyngom yw bod greddf a natur artist yn eich arwain chi'n syth i'r un pen ag a gyrhaeddaf innau ar ffordd droellog ymchwil a "swotio", chwedl fy efrydwyr. Felly peidiwch â dweud "ei bod hi'n braf arnaf" fod gennyf gymaint gwybodaeth, gwybodaeth llyfrau ydyw a gwagedd o wagedd. Mi rown y cwbl i fedru 'sgrifennu.'
6 Gw. Emyr Edwards, *Sut i Greu Drama Fer*. Dau gyfeiriad yn unig sydd at Saunders Lewis yn y llyfr. Go brin y byddai Saunders Lewis ei hun yn gwarafun hynny i'r awdur. Cofier hefyd am y sylw yn y cyfweliad ag Aneirin Talfan Davies: 'Mae John Gwilym Jones yn peri imi newid fy meddwl.' Gw. Saunders Lewis, 'Dylanwadau: Saunders Lewis mewn ymgom ag Aneirin Talfan Davies', 16.
7 Gw. Saunders Lewis (11 Ionawr 1929), *Annwyl Kate, Annwyl Saunders*, 53.

8 Rhybuddiodd Molière na ddylai darllenwyr *L'Amour médecin* – y
ddrama, ymhlith eraill gan Molière, y bu i Saunders Lewis droi ati
wrth baratoi ar gyfer llunio ei gomedi fydryddol, *Serch yw'r Doctor* –
ddarllen y testun oni bai eu bod yn meddu ar lygaid a welai'r
perfformiad. Gw. Molière, o'r rhagair i *L'Amour médecin*, yn *Oeuvres
complètes*, Cyfrol 2, 95.
9 Gw. e.e. Annes Gruffydd (gol.), 'Rhagair', yn *Dramâu Gwenlyn Parry*,
x–xi.
10 Saunders Lewis, 'Rhagair', yn Gwenlyn Parry, *Y Tŵr*, 11.
11 Gw. W. B. Yeats (1901), *The Variorum Edition of the Plays of W. B.
Yeats*, 1289: 'for there is no freedom in a house that has been made
with hands.'
12 Gw. Iola Ynyr, yn Non Tudur, 'Grym y gair "ar goll"?', *Golwg* (10 Mai
2012), 11. 'Nid y geiriau sy'n tra-arglwyddiaethu ond y briodas
rhwng y gerddoriaeth, set, gwisgoedd, coreograffi, delweddau ar
lwyfan.' Cymh. Ioan M. Williams, *DSL: 2*, 424. 'Ers yr 1960au
daethom i ddisgwyl na fydd dramodydd yn ceisio cyfleu ystyr drwy
gyfrwng deialog ystyrlon ond yn hytrach trwy'r ystumiau, yr
ebychiadau a'r symudiadau anymwybodol sy'n datgelu gwirionedd
nad yw'r cymeriadau eu hunain yn ymwybodol ohono.' Fel y gwelir
o'r pwyslais isod ar y chwe elfen Aristotelaidd, ni ddadleuir yma fod
angen i'r iaith dra-arglwyddiaethu. Y digwydd sydd bwysicaf. Diflas
iawn yw gweld cymeriadau'n llefaru'n ddiddigwydd ar lwyfan, boed
yr iaith yn farddoniaeth aruchel neu'n fratiaith. Yn yr un modd, nid
theatrig chwaith mo'r un ddelwedd ynddi'i hun.
13 John Gwilym Jones, 'Drama hir: beirniadaeth John Gwilym Jones'
(1981), 150. 'Mae rhyw ffiloreg beryglus ar droed y dyddiau hyn sy'n
cyhuddo gair mewn drama o fod yn ormes.' Cymh. Maureen Rhys,
Prifio: Hunangofiant Maureen Rhys, 67. 'I frawddeg fawr o [John
Gwilym Jones] oedd, "Mae llun yn bwysig, ond mae geiriau'n
bwysicach."'
14 Elenid Williams, 'Theatr y direswm – Ionesco a Beckett', 169. 'Yr
ymdeimlad yma o unigrwydd sydd wrth wraidd llawer arbrawf
newydd yn nhechneg y theatr – y troi oddi wrth y pwyslais ar y gair
ysgrifenedig a chlywadwy at ystumiau a symudiadau gweladwy ...'
15 Gw. Gareth Miles, 'Bardd y di-sens', 62. 'Ni fu dylanwad Theatr y Di-
sens (cyfieithiad Saunders Lewis o *Le Théâtre de l'Absurde*) yn llesol
i'r ddrama Gymraeg. Tybia dynwaredwyr Beckett, Pinter a Ionesco,
yn enwedig rhai ifainc, nad oes raid i ddrama fod am ddim byd ac y
gellir llunio un yn reit hawdd o gymeriadau haniaethol, sefyllfaoedd
ffantasïol, deialog gwta, swta, ddisynnwyr a llond llwyfan o wacter
ystyr.' Cymh. Gwyn Thomas, 'Tu hwnt i'r llen', 364. 'Fe all hyn

[Theatr yr Abswrd] fod yn chwyldro ym myd celfyddyd; eithr y mae'n amheus gennyf ai hynny ydi o.' Gw. Hannah Sams, 'Ailymweld â theatr yr abswrd', 183–213.

16 Saunders Lewis, 'Rhagair', yn Samuel Beckett, *Wrth Aros Godot*, viii.

17 Gw. Eugène Ionesco, 'La tragédie du langage', 159. Cymh. K. Lloyd-Jones, 'Beth ydi'r ystyr?', x.

18 Gw. Ioan M. Williams, *DSL: 2*, 507–17, 873–9.

19 Roger Owen, 'Teithiau a therfynau', 48.

20 Saunders Lewis, 'Ffrainc cyn y cwymp', 12. 'Onid oes rhywbeth hanfodol ddi-olyniaeth a di-drefn yn ein holl feddwl a'n holl dwf ni fel llenorion? Nid oes gennym syniad beth yw na hanes nac olyniaeth na pharhad; nid oes gennym "métier."'

21 Gw. Ioan M. Williams, *DSL:* 2, 875. 'Peidiwch â chymryd y stori ormod o ddifri. Mae un peth i'w gofio. Gall dyn wrando ar ddrama radio dan gau ei lygaid. Bydd tamaid o weiddi ar y diwedd yn help i'w ddeffro.' Y ffynhonnell yw'r llythyr dyddiedig 6 Awst 1973, Archif y BBC, Caerdydd.

22 Roger Owen, 'Teithiau a therfynau', 48.

23 Saunders Lewis, 'Cyfansoddi drama hir: beirniadaeth Mr. Saunders Lewis' (1938), 165. 'Nid bod yn naturiol yw gorchwyl ymddiddan drama, ond bod yn annaturiol, hynny yw, bod yn gelfyddydwaith, a hynny heb ymddangos yn annaturiol.' Ynghylch odrwydd, cymh. Marsha Norman, yn Jeffrey Hatcher, *The Art and Craft of Playwriting*, 186. 'Whenever there are elements of the paranormal, the extranormal, the nondomestic, those are the things that belong best in the theater.' Meddylier hefyd am sylw Harri Pritchard Jones parthed troi'r awdur at Gatholigiaeth yn 'Saunders Lewis (1893–1983): a neglected giant', 120. 'He knew all of what he was doing was odd.'

24 *Cymru Fydd* (1967), *DSI : 2*, 605. 'Ie, yn'tê? Ond pwy ohonom ni yn y wlad heddiw sy'n normal?'

25 *Y Cyrnol Chabert* (1968), *DSL: 2*, 725.

26 *Gymerwch Chi Sigarét?* (1956), *DSL: 1*, 642.

27 Gw. Saunders Lewis, 'Celf drama', 2. 'Camgymeriad mewn celf felly yw pob ymgais at wirioneddolaeth (realism) mewn drama.' Cymh. rhagair *The Playboy of the Western World* (21 Ionawr 1907), yn J. M. Synge, *Synge: the Complete Plays*, 174–5. 'In the modern literature of towns ... richness is found only in sonnets, or prose poems, or in one or two elaborate books that are far away from the profound and common interests in life. One has, on one side, Mallarmé and Huysmans producing this literature; and on the other, Ibsen and Zola dealing with the reality of life in joyless and pallid words. On

the stage one must have reality, and one must have joy; and that is why the intellectual modern drama has failed, and people have grown sick of the false joy of the musical comedy, that has been given them in place of the rich joy found only in what is superb and wild in reality. In a good play every speech should be as fully flavoured as a nut or apple, and such speeches cannot be written by any one who works among people who have shut their lips on poetry.' Cymh. W. B. Yeats (1911), *The Variorum Edition of the Plays of W. B. Yeats*, 1298. 'If the real world is not altogether rejected it is but touched here and there, and into the places we have left empty we summon rhythm, balance, pattern, images that remind us of vast passions, the vagueness of past times, all the chimeras that haunt the edge of trance ...'

28 Gw. rhagair *Gymerwch Chi Sigarét?* (1956), *DSL: 1*, 613.

29 *Yn y Trên* (1965), *DSL: 2*, 523.

30 Gw. Saunders Lewis, 'Y dyn di-docyn', 9. Nododd fod penderfyniad yr Eglwys Gatholig i 'daflu ymaith y gwasanaeth addoli a fuasai'n ddinewid ac arbennig iddi er y flwyddyn 604' wedi 'ysgwyd a chracio seiliau [ei f]ywyd'. Gw. Ioan M. Williams, *DSL: 2*, 511.

31 Ibid. Nodir mai man cychwyn y ddrama ydoedd darllen y llinell hon yn hunangofiant Jean-Paul Sartre, *Les Mots*: 'Yr oeddwn i unwaith eto'n deithiwr di-docyn yn y trên a daeth y gard i mewn i'm cerbyd ...' Gw. Ioan M. Williams, *DSL: 2*, 511. Richard A. Duprey piau'r term 'such part-time Absurdists as Albee'. Gw. Richard A. Duprey, 'Today's dramatists', 216. Cymh. Brian Way, 'Albee and the Absurd: "The American Dream" and "The Zoo Story"', 189. 'Albee still believes in the validity of reason – that things can be proved, or that events can be shown to have definite meanings – and, unlike Beckett and the others, is scarcely touched by the sense of living in an absurd universe.' Cymh. Edward Albee, 'Which theater is the absurd one?', 175. '[T]he playwrights of The Theater of the Absurd have forever altered our response to the theater ... The avant-garde theater is fun; it is free-swinging, bold, iconoclastic, and often wildly, wildly funny.'

32 Gw. Ioan M. Williams, *DSL: 2*, 517.

33 Gw. pennod anghyhoeddedig o draethawd PhD Hannah Sams (sydd ar y gweill), lle y trafodir yr ymateb i'r elfen absŵrd yng nghystadlaethau drama'r Eisteddfod Genedlaethol. Cymh. Branwen Cennard a Meic Povey, 'Drama hir agored o leiaf 70 munud o hyd: beirniadaeth Meic Povey a Branwen Cennard' (2006), 193. 'Yr un yw'r gwendidau sylfaenol a nodir yn flynyddol, sef anallu'r cystadleuwyr i lunio stori a honno'n stori ac iddi ddechrau, canol a

diwedd wedi ei strwythuro mewn modd sy'n gelfydd ac yn addas i'r cynnwys; diffyg cymeriadau credadwy, sy'n ennyn ymateb ac yn cyflyru cynulleidfa i boeni ac i ymdeimlo, a diffyg gallu i greu deialog sy'n berthnasol i fyd y ddrama ac yn taro deuddeg wrth daro'r glust.' Cymh. Saunders Lewis, 'Drama hir ... neu ddrama hanes: beirniadaeth Saunders Lewis' (1939), 215. 'Yn drydydd, diffyg crefft. Nid oes un arwydd fod neb o'r naw cystadleuydd yma wedi ymboeni erioed i ddysgu techneg drama.'

34 Gw. Mari Emlyn a Cefin Roberts, 'Drama hir agored dros 50 munud o hyd: beirniadaeth Cefin Roberts a Mari Emlyn' (2010), 195.

35 Cymh. Saunders Lewis, 'Henry James' (1949), 216.

36 Lee Blessing yn Jeffrey Hatcher, *The Art and Craft of Playwriting*, 177.

37 Gw. Hannah Sams, 'Ailymweld â theatr yr abswrd', 202–7. Cymh. David Hare, *Obedience, Struggle and Revolt*, 176–7. 'I don't find Michael Billington's attempts to prove that Harold was a political playwright any more convincing than the things which were written when people lumped him, even more crudely, into the Theatre of the Absurd ... A lot of people like to claim that, without Beckett, Pinter couldn't have existed. Again, I can't say I really know what this means. With his own highly original temperament and technique, it seems hard to believe that Pinter wouldn't have burst out at us in one way or another.'

38 Gw. Saunders Lewis (12.10.1921), *Letters to Margaret Gilcriest*, 470. 'In my spare time now I'm reading nothing but Shakespeare and the Greek dramatists. I'm very anxious to catch a fever from them, but it's most useless.'

39 Gw. e.e. Gareth William Jones, 'Drama lwyfan Gymraeg ar ei gwely angau?', *Golwg* (29 Hydref 2009), 9.

40 Gw. Jean-Paul Sartre, *Caeedig Ddôr.*

41 Wrth gwrs, terfysgwyd am resymau tra gwahanol. Am drafodaeth fer ar ddrama Synge a'r ymateb iddi, gw. T. R. Henn, 'Introductions to the plays', 56–67. Gw. y cyfeiriad at y ddrama sy'n nodi i Saunders Lewis ei gweld 'rywbryd' yn Llundain yn *Letters to Margaret Gilcriest* (10.12.1919), 380.

42 Ystyrier sylw'r Gweinidog Treftadaeth ar y pryd, Alun Ffred Jones, 'Meddyliau ceidwad y pwrs', 31. 'Ers tua ugain mlynedd, efallai, dwi'n teimlo fod y bwrlwm a'r cynnwrf wedi mynd allan o'r theatr Gymraeg. Dyden ni ddim yn cynhyrchu stwff mentrus, heriol, da.'

43 Saunders Lewis, 'The present state of Welsh drama', 304. 'If there is one danger more than another which threatens the Welsh theatre, it is the danger of ignorant criticism.' Cymh. Peter Brook, *The Empty*

Space, 35–8. Cymh. hefyd David Hare, *Obedience, Struggle and Revolt*, 93. Nodir mor isel yw safonau beirniadol y theatr 'Brydeinig'.

44 Meic Povey, *Nesa Peth i Ddim: Hunangofiant Meic Povey*, 212. 'Dyma'r unig ran llwyfan y byddwn i wirioneddol wedi hoffi ei chwarae yn ystod fy ngyrfa actio honedig. Am gyfnod, yn ifanc, hoffwn freuddwydio y medrwn uniaethu ag o; teimlwn fod ei ddyheadau yn gwbl ddealladwy. Ffwciwr, dyna oedd o.'

45 Gw. e.e. sylwadau Hazel Walford Davies yn Sioned Williams, 'Y Theatr Gymraeg yn y glorian', 82. 'Mae anfodlonrwydd yn bod, nid yn unig gyda'r Theatr Genedlaethol ond gyda holl ddiwylliant y Theatr Gymraeg. Does dim adfywiad cyffrous wedi digwydd oddi ar ddiwedd yr wythdegau a dechrau'r nawdegau pan oedd 'na fwrlwm gwirioneddol yn bodoli ym maes y theatr. Mae yna gwestiynau dwys sydd angen eu gofyn ynghylch cyflwr y theatr Gymraeg ei hiaith.'

46 Alun Ffred Jones, 'Meddyliau ceidwad y pwrs', 30.

47 Cymh. Dafydd Llywelyn, 'Theatr a theledu: yr act olaf?', 66. '[B]oed ar lwyfan, radio neu deledu mae'r allwedd i lwyddiant yn dibynnu ar arlwy safonol, heriol a chyfan gwbl Gymreig.'

48 Cymh. Stuart Spencer, *The Playwright's Guidebook*, 14. 'So in an age when we are inclined to seek instant and easy gratification ... audiences today are flocking to other, less demanding art forms ... As a result, numerous playwrights are tempted to abandon the strengths that the stage alone can offer. But in the long run, this only makes the problem worse.' Cymh. hefyd Peter Brook, *The Empty Space*, 19. '[A] great theatre is not a fashion house; perpetual elements do recur and certain fundamental issues underlie all dramatic activity.'

49 Cymh. sylwadau John McGrath ar y Royal Court yn y chwedegau. Gw. *A Good Night Out*, 10. 'What the Court was looking for was the theatrical *frisson*, the unusual talent exposing itself in an "extraordinary moment", the presence of "danger" on the stage, of the unpredictable, the over-stimulated, the hyper-thyroid, the abundantly vital. If this came ... it was cherished not because of its class origin or significance, but because it was "thrilling", i.e. new and stimulating.' Dyma achubiaeth *Sgint*. Gw. William Gwyn, 'Diwedd y gân', 35. 'Braf oedd cael dod o'r theatr gan deimlo fy mod wedi gweld cynhyrchiad oedd yn berthnasol i Gymru 2012.'

50 Cymh. Peter Brook, *The Empty Space*, 38–9. Yn wyneb absenoldeb cyfres o ddramâu newydd, cyffrous, cadarnhau'r stori hon o droi at y clasurol a'r cymunedol y mae hanes y Theatr Genedlaethol Gymraeg, fel sawl theatr arall, yn 2013: *Y Bont, Tir Sir Gâr, Blodeuwedd*. O ystyried hanes Cwmni Theatr Cymru, y mae'n

dacteg gall iawn, oherwydd perygl arbenigo ar un math o theatr yw colli nawdd.

51 Saunders Lewis, 'Y ddrama yn Ffrainc', 3.

52 Ar berthynas y cyfrwng â ffilm a nofel, gw. Stuart Spencer, *The Playwright's Guidebook*, 3–18.

53 Cymh. Peter Brook, *The Empty Space*, 12, 45. 'The condition of the Deadly Theatre at least is fairly obvious. All through the world theatre audiences are dwindling. There are occasional new movements, good new writers and so on, but as a whole, the theatre not only fails to elevate or instruct, it hardly even entertains. [...] [M]ost of what is called theatre anywhere in the world is a travesty of a word once full of sense.'

54 Gruffudd Owen, 'Yr angen am hyder', 38.

55 Gw. Saunders Lewis, 'Dyfodol llenyddiaeth', 190. 'Mae'n dda fod gŵr ifanc yn dweud hyn.' Cyfeirir at sylwadau o eiddo Gwyndaf Owen.

56 Saunders Lewis, 'Rhai amheuon', 49. 'Rhaid ofni am ddyfodol y ddrama Gymraeg. Priododd â'r ddrama Saesneg mewn Undeb Cymreig ... Felly y diwedda'r ddrama Gymraeg. Arloesodd hi'r ffordd. Gwnaeth iddi ei hun gartref bach yng Nghymru, yna priododd â'r ddrama Saesneg, a'r terfyn fydd Undeb Drama Saesneg yng Nghymru.'

57 Ian Rowlands, 'Y gwaethaf y gall Ewrop ei gynhyrchu? – her i'r Theatr Genedlaethol', 51: 'getto-eiddio' yw'r gwreiddiol.

58 Saunders Lewis, 'Anglo-Welsh theatre: the problem of language', 4: '[I]t is well that they also [English-speaking Welshmen], in the language they know, should try to shape their memories and hopes into forms of literature and drama.' Yn wyneb y sylwadau cyn y dyfyniad hwn ar ddiffygion drama Saesneg a safon Saesneg y Cymry'n gyffredinol, gellid ystyried bod elfen goeglyd iddo. Ond cymh. Saunders Lewis, 'Rhai amheuon', 50. 'Ni fynnwn i gredu o neb fy mod yn elyn i ddrama Saesneg o unrhyw fath yng Nghymru. Y mae rhannau o Gymru, rhaid cyfaddef, a gollodd Gymraeg ers canrif a mwy. Yno, heddiw ac am dymor, ni ellid drama oddieithr Saesneg. Y pwynt sy gennyf yw bod y ddrama Gymraeg, hyd yn oed y cyfieithiadau, wedi ei gwreiddio ym mywyd Cymru, yn rhan o'r bywyd hwnnw.'

59 Gw. Saunders Lewis, 'Y ghetto Cymraeg', 37–8.

60 David Hare, *Obedience, Struggle and Revolt*, 11.

61 Cofier i R. M. Jones ddadlau mai sosialydd ydoedd Saunders Lewis. Gw. R. M. Jones, *Ysbryd y Cwlwm*, 307–8, a Tudur Hallam, *Canon ein Llên*, 124–8.

62 Gw. David Hare, *Obedience, Struggle and Revolt*, 100. Cymh. Saunders Lewis, 'Rhai amheuon', 49. 'Dibynna drama yn fwy na llawer celfyddyd arall ar nawdd llywodraeth. Heb hynny ni chawsid gwaith Molière na Racine nac Ibsen na Pirandello.'

63 Cymh. Jim Carmody, 'The comforts of crisis', 22, 24. 'We are comfortable in crisis situations because we have been exploring, explicating, imagining, recreating, rehearsing, remembering, performing, and marketing them for much of our lives. [...] [T]o move beyond crisis is to move outside history, to exit from the stage.'

64 Saunders Lewis (9.10.1965), *Annwyl D.J.*, 210. 'Y noson gynta' cafwyd drama Noa, ac Edwin Williams yn cynhyrchu ac yn actio Noa ei hunan – un o'r pethau gorau a welais i ar lwyfan drama Gymraeg erioed, y golygfeydd yn drawiadol a lliwus, a'r gosodiadau a'r grwpio a'r actio oll yn hyfryd. Ac yr oedd y neuadd yn orlawn y tair noson a'r gynulleidfa'n gwerthfawrogi pob dim. Wyddoch chi mae hi'n rhy gynnar braidd i ni fynd i wisgo dillad duon ar ôl yr iaith Gymraeg.' Cymh. S. E. Wilmer, 'Theatrical nationalism and subversive affirmation', 86. 'In the twenty-first century, national theatres continue to play an important role in conserving national cultures, serving, as Louis Althusser suggested, as a state ideological apparatus, and cultural nationalism remains a recurrent motif.'

65 Gw. e.e. Menna Baines, 'Dan ganu', 33. Cymh. Roger Owen, 'Sioeau a'u beirniaid', 58. '[F]e hawliwyd y llwyfan gan lais cenhedlaeth newydd.'

66 Cymh. David Hare, *Obedience, Struggle and Revolt*, 96–7. 'Although *Look Back in Anger* would have imitators, although it would provide much-needed encouragement to a hundred other writers who looked at what John had done and instantly *took heart*, he knew that the battle to make the British theatre serious, to make it grown-up, would have to be carried on every day and against overwhelming odds for the rest of his life.'

67 Cymh. John Hodgson, *The Uses of Drama: Acting as a Social and Educational Force*, 12. 'It [drama] is an outgoing activity and its very nature is to be seen. There is a tendency for us to observe it most when it is most spectacular and then to take the part for the whole.'

68 Gw. Saunders Lewis, 'Cyflwr ein llenyddiaeth', 169. 'Egwyddorion yw'r pethau hanfodol mewn bywyd a llenyddiaeth.' Hefyd, 'Dyfodol llenyddiaeth', 191. 'Edrych ar bethau sydd y tu allan i chwi eich hunan a cheisio'u deall a dweud pethau gwir amdanynt. Nid oes disgyblaeth lenyddol well mewn cyfnod o drai ar awen.'

69 Gw. Gwyn Thomas, 'Diwéddgan', x. 'Yr hyn a wnaeth ef [Beckett] yw creu drama sy'n drosiad, drama lle mae'r hyn sy'n digwydd ar y

llwyfan a'r geiriau a leferir yno yn creu yn y gynulleidfa anniddigrwydd aros, methu gweld ystyr, a phryder sy'n cyniwair wrth wraidd bod.'

70 Cymh. Stuart Spencer, *The Playwright's Guidebook*, 15. 'While this [*Poetics*] is only one theory of drama, it is the primary one, and the one that remains essential ... Aristotle's observations on theatre are similar to those of Newton's or Einstein's on nature: they did not make the laws of physics, they only revealed them.' Cofier am y dyfyniad uchod o feirniadaeth Saunders Lewis ar y ddrama hir yn 1938. Gw. 'Cyfansoddi drama hir: beirniadaeth Mr. Saunders Lewis', 165. '[N]odais rai pethau cyffredinol a eill, mi obeithiaf, fod o gymorth i ysgrifenwyr dibrofiad. Maddeuwch imi am ailadrodd peth sydd mor hen ag Aristoteles.'

71 Gwneir y sylw hwn yn sgil clywed y dramodydd yn siarad am natur fywgraffyddol y ddrama yng nghynhadledd *Cyfrwng*, Prifysgol Abertawe, Gorffennaf 2012.

72 Gw. Saunders Lewis yn y cyfweliad ag Aneirin Talfan Davies a atgynhyrchwyd yn dilyn *Serch yw'r Doctor* (1960) yn *DSL: 2*, 123–5. Cyhoeddwyd y cyfweliad gyntaf yn dilyn 'Serch yw'r doctor: libreto act gyntaf opera newydd ...', *Llafar*, VI: 2 (1957), 27–8. 'Fy mhatrwm i ... yn fy holl waith llenyddol yw Mozart. I mi mae Mozart gyda'i benderfyniad i roi y cwbl ohono fe ei hunan mewn gwaith y gofynnid iddo ei wneud fel rhan o'i waith beunyddiol yn batrwm i artist ... Y patrwm o artist yn medru cymryd gwaith beunyddiol a throi'r gwaith beunyddiol hwnnw yn rhywbeth y gall – a all fynegi ei holl ysbryd ef ei hunan.' Gw. hefyd y cyfeiriad at Mozart yn *Brad* (1958), *DSL: 2*, 36. Meddai Stuelpnagel: 'Mozart i mi bob tro, miwsig dynol.' Yn benodol ar debygrwydd drama a gwaith Mozart, gw. Michael H. Black, *Poetic Drama as Mirror of the Will*, 13–16.

73 Ar ddatblygu beirniadaeth theatr yn y Gymraeg, gw. Emyr Edwards, 'Beth yw barn Bob?', 39–40. Megan Eluned Jones, 'Dydd y Farn?', 34–5. Cymh. Peter Brook, *The Empty Space*, 34–8.

74 Am gyflwyniad diweddar i'r safbwynt Aristotelaidd ar hanfodiaeth, gw. Tudur Hallam, 'r/hanfodoli', 49–91; David S. Oderberg, *Real Essentialism*.

75 Cymh. *Gan Bwyll* (1952), *DSL: 1*, 499. 'Paid â gwawdio Aristoteles.'

76 Cymh. Sandy Craig, 'Reflexes of the future: the beginning of the fringe', 14. '[T]he theatrical form echoes the political form ... the naturalistic theatre serves only to defuse any audience action outside the building.'

77 Gw. e.e. Elen Mai Nefydd, 'Blas mwy ar y 'fala', 38.

78 Ynghylch y dull Brechtaidd heddiw, cymh. David Edgar, *How Plays*

Work, 107. 'Rightly or wrongly, standing like a border guard [à la Brecht] between the audience and the action is no longer a fashionable playwriterly approach.' Aristotelaidd yw'r safbwynt ym mhob un o'r llyfrau diweddar ar grefft ysgrifennu drama y cyfeirir atynt yn y gyfrol hon, ond am drafodaeth olau ar ddrama Frechtaidd, Gymraeg, gw. R. Geraint Gruffydd, *'Hanes Rhyw Gymro'*, 56–68.

79 Hoffaf awgrym Ioan M. Williams, sef bod rhywbeth Brechtaidd am yr elfen ddieithrio a welir yn *1938*, drama olaf Saunders Lewis, ac 'sydd i'w gweld trwy gydol dramâu Saunders Lewis'. Gw. *DSL: 2*, 910.

80 Gw. G. K. Hunter, 'Shakespeare and the traditions of tragedy', 127. 'The word "tragedy" carries always a strong classical flavour ... Yet in spite of the lengthy effort made, very little connective tissue has been found.' Ac eto, cymh. Harold Bloom, *Shakespeare: the Invention of the Human*, 717. 'It is difficult sometimes not to assume that Hamlet is as ancient a hero as Achilles or Oedipus, or not to believe that Falstaff was as historical a personality as Socrates.' Cymh. John Gwilym Jones, 'Saunders Lewis dramodydd', 156. 'Er iddo [Shakespeare] fentro ymhell oddi wrth Dri Undod y Groegiaid, canu clodydd yr ystrydebau mawr anghyfnewidiol y mae yntau.'

81 Cymh. Ian Rowlands, 'Llwyfan i freuddwydion', 44. '[Mae'r] theatr [Gymraeg] yn prysur droi'n anghyfleustra rhwng y *pre-show meal* a'r *post-show drinks* .:. Llwyfan cymharol wag, diystyr yw'r theatr yn y Gymru sydd ohoni.'

82 Gw. T. R. Henn, 'General introduction', yn *Synge: the Complete Plays*, 5. 'His [Yeats] plays were to be popular, not in the middle-class sense, but as representing *das Volk* and Gaelic culture, together with an epic national past.' Cymh. Michael H. Black, *Poetic Drama as Mirror of the Will*, 17. Wrth drafod theatr Lloegr a Sbaen yn y cyfnod modern cynnar, meddai Black: 'It is not a drama ... which is consciously learnéd, and is restricting itself by voluntary submission to externally decreed rules. It is more spontaneous than that, and as part of being "popular" it aims to please an audience which ... is merely asking to be "appealed to" ...'

83 Gw. Anwen Jones, 'Popeth ond theatr', 46. 'Os mai amcan theatr yw ysgogi proses o ddatguddiad lle mae cynulleidfa yn rhan weithredol o'r digwydd, nid theatr oedd hwn.' Cymh. sylwadau Gruffudd Owen, 'Steddfod y sbort a'r salsa', 44. 'Cefais gryn fwynhad o weld sawl perfformiad yn ystod yr wythnos, ond am y tro cyntaf ers blynyddoedd, ni chafodd yr Eisteddfod ddrama a oedd yn cynnig llawer mwy na noson dda o adloniant ... Mae hi'n iawn cael ambell

steddfod felly, ond efallai y bydda i yn poeni os mai'r un fydd y patrwm y flwyddyn nesa' a'r flwyddyn wedyn. Amser a ddengys.'

84 Cymh. rhaglen Sarah Hemming, 'It's fun but is it theatre?', Radio 4, cynh. Sara Jane Hall (4 Ionawr 2013, 9pm). Cafwyd cyfweliadau â chynrychiolwyr o nifer o gwmnïau gweithgar ym maes theatr 'drochi'. http://www.bbc.co.uk/programmes/b01j5fwn

85 Gw. Anne Morris Jones, 'Pont Trefechan '63/'13', 40. 'Dyna fu prynhawn cofiadwy yn Aberystwyth felly. Prynhawn o gynnwrf, o aduniad, o atgofion, o emosiwn, o lwmp yn y gwddwg. Prynhawn o weld gweledigaeth Arwel Gruffydd yn troi'n ddigwyddiad – digwyddiad yn fwy na drama, dyna oedd ei nod ... Strôcen!'

86 Saunders Lewis, 'The present state of Welsh drama', 303.

87 Gw. http://en.wikipedia.org/wiki/Punchdrunk Yn ôl Arts Council England: 'Punchdrunk produces hugely innovative, site-specific spectacular theatre in unusual locations that audiences explore and with which they interact.' http://www.artscouncil.org.uk/ funding/browse-regularly-funded-organisations/npo/punchdrunk/

88 Saunders Lewis, 'The present state of Welsh drama', 303. Cryfder *Tir Sir Gâr* ydoedd y cyfuniad episodig, amlhaenog o brofiadau amlgyfryngol, drwy'r amgueddfa, ac ambell olygfa drawiadol o'r ddrama – er enghraifft, golygfa rymus y weddw'n golchi'r atgof o gorff. Gwendid y ddrama, ar y llaw arall, ydoedd pregeth y tad yn yr angladd, a'r ymdrech i achub y teulu'n ddisymwth. Fel y nodwyd uchod, y ffordd fwyaf effeithlon o ddweud rhywbeth yn y theatr yw drwy beidio â'i ddweud hefyd.

89 D. J. Williams (16.11.1967), *Annwyl D.J.*, 306. 'A'r bore dydd Sadwrn diwethaf, daeth dau o'm ffrindiau gorau i yn Abergwaun ... yma ... y ddau ohonynt wedi methu cysgu am oriau'r noson gynt, oherwydd y tristwch mawr a'u llethai yn y ddrama.'

90 Gw. Menna Elfyn, 'Tu ôl i'r llen', *Taliesin*, 141 (Gaeaf 2010), 161. 'Fe wnaeth *Cymru Fydd*, Saunders Lewis, argraff ddofn arnaf ddiwedd y chwedegau. Cofio na wnes gysgu'r noson honno ar ôl y perfformiad. Magodd ynof y teimlad o reidrwydd i "weithredu" dros Gymru – does yr un ddrama wedi treiddio'n fwy na'r ddrama honno – eto.'

91 Cymh. adolygiad Eifion Lloyd Jones o'r ddrama *Esther* i'r BBC. 'Aeth yr amser ar wib ...'

92 Cymh. Konrad Swinarski yn Ralph Berry, *On Directing Shakespeare*, 59. 'I am bound to people I am working with, so I can only choose the plays I can really cast, and that's very difficult.'

93 Gw. Saunders Lewis, 'Rhai amheuon', 50. 'Ni welaf obaith am gelfyddyd gain oddiwrth hyd yn oed y goreuon o *amateurs* Cymraeg. Ni ellir disgyblu neb yng Nghymru oddieithr crefftwyr yn dibynnu

ar eu crefft am eu byw. I'r cwmnïau a welais i, rhyw sbri neu adloniant neu waith cenhadol oedd chwarae drama, nid crefft.' Gw. hefyd Hazel Walford Davies, 'Howard de Walden a chwaraedy cenedlaethol Cymru', 51.

94 Gw. llythyr Saunders Lewis at Mr. Morris Jones (21.10.1948), 'Llythyrau at Morris Jones, Hen Golwyn ...' 'Ni welais i erioed actio amateur gwell, a phob un yn cyfrannu a phawb yn dweud y llinellau fel y dymunwn i eu clywed. Yr wyf dan ddyled drom i gwmni o artistiaid yn eu crefft.'

95 Cymh. Saunders Lewis, 'Rhai amheuon', 49. '[L]lun yw drama i raddau pell iawn. Y mae lluniwr drama yn bwysicach gwaith nag actorion dawnus, diddisgyblaeth.'

96 Gw. Saunders Lewis, 'Saunders Lewis yn trafod llên ... "Llywelyn Fawr"'. 'Hwyrach fy mod yn cam farnu'n llwyr; ond y mae drama radio, yn fy marn i, yn wahanol iawn, yn ei ffurfiad cyntaf ym meddwl yr awdur, i ddrama theatr. Gweld golygfa, ie, ei gweld, ar ei munud anterth y bydd y crefftwr gyntaf wrth lunio drama i'r llwyfan, gweld ystum a chasgl o bersonau o gwmpas yr ystum neu'n ei lunio. Ar gyfer drama radio y peth a gydia'r rhannau ynghyd yw un neu ddau brif ymadrodd a ail ddywedir ac a glywir dro ar ôl tro drwy gydol y rhannau.' Cymh. Aristoteles, *Barddoneg*, 96. 'Wrth ddodi'r stori at ei gilydd a'i gweithio allan mewn iaith, dylai'r bardd osod yr olygfa, hyd y mae'n bosibl, o flaen ei lygaid.'

97 Gw. Ioan M. Williams, *DSL: 2*, 198. Mae 'dehongli ymddygiad y naill a'r llall [Esther ac Ahasferus] yng ngoleuni'r ofn sy'n cyd-fynd â serch ... [a] newid trefn y testunau gwreiddiol ... yn trawsffurfio'r olygfa lle y mae Esther yn ymddangos ym mhresenoldeb y brenin. Y mae hon yn olygfa gref yn fersiwn Groeg y chwedl, ond ni welir mohoni hyd yn oed gan awdur y testun hwnnw ond fel cyfrwng dinistr Haman. I'r dramodydd yr oedd yn uchafbwynt ynddi ei hun, yn ddathliad o'r fuddugoliaeth dros ofn y gall serch ei chyflawni mewn eneidiau aruchel.'

98 *Esther* (1960), *DSL: 2*, 226.

99 Ibid., 237.

100 Ibid., 238.

101 Saunders Lewis, 'Brad: holi Saunders Lewis', 40. '[R]ydych yn gweld yn fras gychwyn, canol a diwedd ... Ond dylech gadw'r diwedd yn agored.' Gw. y dyfyniad llawn isod, n. 280.

102 Cymh. Martin Meisel, *How Plays Work*, 130. '[T]he end of the play often has a shaping power that carries back over what went before, precipitating as well as punctuating the whole.'

103 *Esther* (1960), *DSL: 2*, 239.

104 *Brad* (1958), *DSL: 2*, 92.

105 *Siwan* (1956), *DSL: 1*, 538.

106 Jean Racine, *Phèdre*, act 1, golygfa 3, llinell 158. 'Fel y mae'r addurniadau diwerth hyn, fel y mae'r feliau'n fy llethu!'

107 Luigi Pirandello, dyf. yn John Linstrum, 'Introduction', yn *Pirandello: Three Plays*, xvii. 'I see an old woman with her hair dyed and greasy with oil: she is made up garishly and is dressed like a young girl. I begin to laugh. I perceive that she is the exact opposite of what a respectable old lady should be ... The sense of the comic consists of this *perception of the opposite*. But if, at this point, I reflect and consider that she may not enjoy dressing up like an exotic parrot, that she is distressed by it and does it only because she deceives herself, pitifully, into believing that she can retain the love of her younger husband by making herself up like this ... then I can no longer laugh at her ... from the initial *perception of opposite, reflection* has led me to a *feeling of the opposite*. This is the difference between the comic and humour.' Cymh. Saunders Lewis, *Yr Artist yn Philistia II: Daniel Owen*, 40. 'Gwrthdrawiad rhwng "hanes mewnol" dyn a'i "fywyd cyhoeddus" yw deunydd gwirionedd a digrifwch.'

108 *Cymru Fydd* (1967), *DSL: 2*, 573. Wrth iddo ddarllen y proflenni yr ychwanegodd Saunders Lewis y cyfarwyddyd llwyfan ar ddechrau'r act gyntaf: 'Mae hi'n ganol oed ifanc, ond ei gwallt yn wyn.' Gw. 'Saunders Lewis photocopies', Llyfrgell Genedlaethol Cymru.

109 *Y Cyrnol Chabert* (1968), *DSL: 2*, 726–8.

110 Gw. *Esther* (1960), *DSL: 2*, 241. 'Cychwyn eich cwymp yw trugaredd.'

111 Ibid., 214.

112 Ibid., 248.

113 Cymh. Jeffrey Hatcher, *The Art and Craft of Playwriting*, 52. 'Physical gesture in theater can be as grand as a wave of actors doing battle onstage in Shakespeare's *Henry V*, and it can be as small as a woman reaching out a hand towards her husband in J. B. Priestley's *An Inspector Calls*. In the right dramatic and theatrical contexts, both gestures are huge.'

114 Cymh. Steve Waters, *The Secret Life of Plays*, 82–3. Cymh. hefyd Stuart Spencer, *The Playwright's Guidebook*, 218, 254–5.

115 Ystyrier sylw Alfred Hitchcock, *Hitchcock on Hitchcock*, 255–6. '[I]f I have to shoot a long scene continuously I always feel I am losing grip on it, from a cinematic point of view. The camera, I feel, is simply standing there, hoping to catch something with a visual point to it ... The screen ought to speak its own language, freshly

coined, and it can't do that unless it treats an acted scene as a piece
of raw material which must be broken up, taken to bits, before it
can be woven into an expressive visual pattern.'

116 Cymh. Alan Ayckbourn, *The Crafty Art of Playmaking*, 75. '[A]n
inanimate object can serve to trigger deeper, more meaningful
events.' Cymh. hefyd Elenid Williams, 'Theatr y direswm – Ionesco
a Beckett', 171. 'Y mae *pethau* yn chwarae rhan bwysig yn nramâu
Ionesco ...'

117 Am drafodaeth ar ystyr 'parler, c'est agir' a'r gair cysylltiedig
'action', gw. Michael Hawcroft, *Word as Action*, 12–26; David
Maskell, *Racine: a Theatrical Reading*, 92–8. Gan ddilyn Maskell,
nodaf fod y term 'gweithred lafar' yn gysyniad defnyddiol sy'n
crynhoi ystyr yr ymadrodd 'parler, c'est agir'. Mae'r llefaru'n rhan
o'r digwydd am ei fod yn ceisio perswadio eraill i wneud rhywbeth,
ac yn weithred ei hunan.

118 Gw. Ioan M. Williams, *DSL: 1*, 209, 217. Cyfeirir at ddau lythyr
personol at gyfeillion, lle yr amlygir mai ymgais i efelychu Racine
ydoedd *Blodeuwedd*. Gw. hefyd, Saunders Lewis (17.7.1948),
Annwyl D.J., 156: '[M]i ddywedaf i mai Sophocles a Corneille yw'r
ddau ddylanwad cryfaf o lawer iawn ar *Amlyn ac Amig* ac ar
Flodeuwedd, a bod *Blodeuwedd* yn fwriadol Roegaidd ei thechneg
a'i meddwl. Gweld Sybil Thorndyke [*sic*] yn actio *Medea* Euripides
a'm hysbrydolodd gyntaf i gychwyn ar *Flodeuwedd*. Ond nid
Euripides a borthodd y ddrama yn ei thwf, ond ei frawd mwy.' Ys
dywedodd T. Robin Chapman, *Un Bywyd o Blith Nifer*, 285: 'Megis
yn achos *Gwaed yr Uchelwyr* a *Monica*, priodolodd Lewis ei ddrama
[*Blodeuwedd*] i amryw o ddylanwadau ...' Yn *The Times*, 13
February 1961, nododd Saunders Lewis fod *Esther* yn ddrama
feiblaidd, 'which began as an attempt to translate Racine but soon
took flight on its own'. Gw. T. Robin Chapman, *Un Bywyd o Blith
Nifer*, 324–5.

119 Cymh. G. K. Hunter, 'Shakespeare and the traditions of tragedy',
134. 'High principled suffering and failure allow him [Shakespeare]
to present what poetry can best convey – the sense of self not as an
entity that can be made instrumental but as a condition that
registers the mysterious correspondences between inner and outer
experience.'

120 Gw. Tudur Hallam, 'Saunders Lewis a drama'r radio', 240–1.

121 Cymh. Dafydd Glyn Jones, 'Y ddrama ryddiaith', 221. 'Peth wedi ei
lunio a'i ddethol yw pros, peth mor ffurfiol â barddoniaeth unrhyw
ddydd, yn ei ffordd ei hun.' Cymh. Saunders Lewis, rhagair *Brad*
(1958), *DSL: 2*, 31–2. 'Clywais feirniad llenyddol yn dweud ar y

radio yn ddiweddar fy mod i yn *Gymerwch Chi Sigarét?* wedi cefnu ar y ddrama fydr a derbyn rhyddiaith yn derfynol. Mae gennyf i barch i'r beirniad hwnnw, ond a gaf i awgrymu nad yw'r gwahaniaeth ddim mor bendant a therfynol ag yr awgrymodd ef? Nid oes na ffin na therfyn. Nid rhyddiaith llyfr yw iaith rydd drama. Y mae rhuthmau clywadwy a miwsig llafar o angenrheidrwydd yn ofynnol yn y theatr.' Cymh. hefyd y sylwadau yn y rhagair i *Problemau Prifysgol* (1968), *DSL: 2*, 435–8. '[H]on, yr iaith lenyddol fyw, yw'r unig sylfaen posib' i theatr Cymraeg [*sic*] a fyn fod yn theatr cenedlaethol [*sic*]. [...] Y mae pob dramäydd, mi dybiaf i, yn dweud ei linellau wrtho'i hunan wrth gyfansoddi, yn eu profi ar ei glust yn union megis wrth gyfansoddi cywydd neu delyneg rydd. Rhan o'r frawddeg, rhan o'r rhuthm, rhan o'r symud ar y llwyfan, yw pob gair unigol, a bydd ffurf y gair, ai epenthetig neu beidio, ai llawn ai talfyredig, yn dibynnu nid ar reol neu gywirdeb honedig, ond ar lif yr actio a'r dweud, ar chwerwder neu angerdd neu goegni neu brofóc y sgwrs.' Fodd bynnag, cymh. hyn â'r sylwadau blaenorol yn 'Cyfansoddi drama hir: beirniadaeth Mr. Saunders Lewis' (1938), 164. '[Y] cyfrwng anhawsaf i ddrama hanes yn darlunio cyfnod pell yn ôl yw rhyddiaith. Haws ei sgrifennu ar fydr nag mewn pros. Canys od yw'r pros yn naturiol, odid na ddinistrir cred y gwrandawyr yn hanesyddiaeth y ddrama. Ac os annaturiol yw'r pros, naw wfft iddo.'

122 Cymh. Aristoteles, *Barddoneg*, 81. '[I]aith y siarad; golygaf wrth hynny ... y mynegiant o ystyr mewn geiriau, a'r un yw ei hanfod mewn mydr ag mewn rhyddiaith.'

123 Cymh. Michael H. Black, *Poetic Drama as Mirror of the Will*, 18. 'Shakespeare and Racine both produce an *internal* drama, a drama of the consciousness of the main characters, directly mediated to us by the verse.'

124 Gw. llythyr Saunders Lewis at Mr Morris Jones (14.12.1947), 'Llythyrau at Morris Jones, Hen Golwyn ...'. 'Nid wyf yn credu mewn rhoddi llawer o gyfarwyddiadau llwyfan yn yr argraffiad printiedig. Fy meddwl i yw mai gorau po leiaf a geir – tasg i'r cynhyrchydd yw gwneud ei gyfarwyddiadau ei hun a dylai fod yn rhydd i wneud fel y dymuna.'

125 Am gopi o fanylebau cyfredol CBAC, gw. http://www.cbac.co.uk. Ceir trafodaeth ddifyr ar berthynas drama ag addysg ysgol gan Awen Jones, traethawd MA anghyhoeddedig, Prifysgol Abertawe, 'Agweddau ar astudio drama: gyda golwg arbennig ar lefel TGAU ac astudiaeth gymharol rhwng y pynciau Cymraeg, Drama a Saesneg'.

126 Cymh. Michael Hawcroft, *Word as Action*, 9. Cyfeirir at enghraifft o'r ddrama *Iphigénie* (llinellau 1664–5), pan fo'r milwyr yn amgylchynu Clytemnestra a'i rhwystro rhag gadael: 'Mais on se jette en foule au-devant de mes pas. / Perfides, contentez votre soif sanguinaire!' ['Ond dyma filwyr yn taflu eu hunain ar draws fy llwybr. / Fradwyr, bodlonwch eich syched am waed!'] Ac i'r gwrthwyneb, at enghraifft o dawelwch yn *Andromaque* (llinell 1375): 'Vous ne répondez point?' ['Nid ydych am ateb?'] Yn y naill achos a'r llall, cyfleir y digwydd yn y geiriau. Gellir, heb os, amlhau'r enghreifftiau.

127 Cymh. Terence Hawkes, 'Shakespeare and new critical approaches', 294. 'Deixis refers to the process whereby language establishes the context in which it is taking place and deictics are those words, such as the personal pronouns "I" and "you" and the adverbs "here" and "now", whose meaning can only be pinned down by a specific context.'

128 Shakespeare, *Macbeth*, act 2, golygfa 1, llinell 33. Yn achos y dyfyniad hwn, wrth gwrs, dychmygu'r dagr y mae Macbeth. Gw. llinellau 38–9: 'A dagger of the mind, a false creation, / Proceeding from the heat-oppressed brain?' Gw. Patrick Stewart yn traddodi'r araith: http://www.bbc.co.uk/schools/teachers/offbyheart/speeches/macbeth_dagger.shtml Ceir enghraifft arall o ddangosrwydd ar ddiwedd yr araith, pan genir cloch: 'the bell invites me.'

129 Cymh. Roland Barthes, 'Introduction to the structural analysis of narratives', 114. 'The meaning of an utterance is the very act by which it is uttered ... striving to accomplish so pure a present in its language that the whole discourse is identified with the act of its delivery ...'

130 *Siwan* (1956), *DSL: 1*, 537.

131 Cymh. Eric Bentley yn David Edgar, *How Plays Work*, 156. 'An Ibsenite sentence often performs four or five functions at once.'

132 Gw. rhagair *Gymerwch Chi Sigarét?* (1956), *DSL: 1*, 614. 'Gall Calista aros ar y llwyfan yn llonydd ac yn fud am hydau: mae hynny'n rhan o'i chymeriad hi ac mi hoffwn i i gynulleidfa glywed ei distawrwydd hi.'

133 *Siwan* (1956), *DSL: 1*, 550.

134 Ibid., 578, 580. Gellid dadlau mai gosodiad, megis ar ffurf traethiad, 'Mae'n rhaid iti ...', ac nid gorchymyn yw'r frawddeg gyntaf hefyd.

135 Ibid., 579.

136 Meddylier yma am araith Gwilym Brewys yntau. Fe'i hedrydd i gyfiawnhau'r serch nad yw Siwan yn ei ddeall. Gw. ibid., 544.

137 *Cymru Fydd* (1967), *DSL: 2*, 590.
138 Gw. Matthew Senior, *In the Grip of Minos*, 47. '[C]onfession is essential to holding the monastic community together; it forms the discursive bond between spiritual father and son.' Trafod penyd o'r chweched ganrif ymlaen y mae Senior yn yr adran hon, ond noda mewn man arall (t. 9) fod cyffesu wedi goroesi'r Diwygiad mewn rhai cymunedau Protestannaidd, fel yr amlygodd Saunders Lewis ei hun yn *Williams Pantycelyn*.
139 Un darlleniad seicdreiddiol posib o ymddygiad Dewi fyddai esbonio'r trais yn nhermau adwaith i'r profiad penodol hwn a'r profiad cyffredinol o garchar, gan na chafodd gyfle i fynegi'r gyffes hon yno, a hyd yn oed pe bai modd iddo drafod y peth, ni fedrai wneud hynny yn ei famiaith, debyg iawn. Ystyrier sylw Freud yn *Studies on Hysteria, Standard Edition of Complete Psychological Works*, 8. 'The injured person's reaction to the trauma only exercises a completely "cathartic" effect if it is an adequate reaction – as, for instance, revenge. But language serves as a substitute for action; by its help, an affect can be "abrecated" almost as effectively. In other cases speaking is itself the adequate reflex, when for instance, it is a lamentation or giving utterance to a tormenting secret, e.g. a confession [*Breichte*]!' Gellir nodi hefyd fod Theophilus yn *Drws y Society Profiad* yn nodi, wrth iddo drafod swyddogaeth y stiward: 'os bydd y cwymp i ryw un pechod allanol ... os o rym profedigaeth, megis erlid, carchar, neu angau, ac ofn yn ennill y dydd ... da yw tosturio, cydymdeimlo, gweddio [*sic*] drosto, a'i geryddu yn addfwyn, a'i godi i'w le trwy bob hynawsedd a thiriondeb ...' Gw. William Williams, *Drws y Society Profiad*, 225.
140 Gw. William Williams, *Drws y Society Profiad*, 237. Cymh. Meredydd Evans, 'Saunders Lewis a Methodistiaeth Galfinaidd', 12. 'Yn fyr, mae'n Fethodist [h.y. Pantycelyn] sy'n perthyn i'r oesoedd; yn un, felly, y gallai Pabydd ymhyfrydu yn ei gwmni.'
141 Cymh. Mary Reilly, *Racine: Language, Violence and Power*, 58. 'The act of confession is thus stripped of all consolation; it is presented as a wretched, destructive act, an alarmingly effective instrument of mental torture.'
142 Cymh. Roger Owen, 'Teyrn yw'r lleuad', 35. 'Yr unig ddarn a barodd gyffro i mi, a gododd y profiad o wylio'r ddrama uwchlaw'r cyffredin, oedd araith Prysor yn yr act olaf ... Yn sydyn, fe aeth rhyw ias drwy'r awyr. Ac roedd y weithred o osod yr hen ddyn – yr "obscene threat" chwedl Žižek – i sefyll yno ger ein bron, mewn trueni, i dystio am ei nwyd cynhenid (a'n nwyd cynhenid ninnau), yn theatr bur a chyntefig bwerus.'

143 Cymh. Aneirin Talfan Davies, 'Taith i Taizé', 71–2. '[C]redaf fod angen i Brotestaniaeth ail-afael yn athrawiaeth y gyffes, ac nid yw hyn, mi gredaf, yn wrthwyneb i ddaliadau'r Diwygwyr Protestannaidd megis Luther a Chalfin ... Byddwn yn barod i fentro'r farn fod mwy o angen disgyblaeth cyffes ar Gymru nag odid unrhyw genedl yn Ewrop.'
144 William Williams, *Drws y Society Profiad*, 207.
145 Saunders Lewis, *Williams Pantycelyn*, 56–8. Dyfynnir o *Drws y Society Profiad*, 189, 209.
146 Saunders Lewis, *Williams Pantycelyn*, 61.
147 William Williams, *Drws y Society Profiad*, 196–7. Gw. ymhellach t. 229. 'Ac yn wir nid da yw i ni eu hadrodd, rhag trwy hynny iddynt gynyddu yn fwy, neu gael argraff ar rai eraill; ac hefyd maent yn rhy ddychrynllyd ac ofnadwy i'w hadrodd ...' Cymh. *Merch Gwern Hywel* (1968), *DSL: 2*, 678. 'Mae Mr Williams yn greulon iawn wrth gariadon. 'Rydan ni bobl y seiat yn gneud ein gorau i anghofio hynny.'
148 Dyfrig Lewis-Smith, 'Y gyffes', diweddglo'r gerdd.
149 Cymh. Sharon Morgan, *Hanes Rhyw Gymraes*, 124. 'Hyd yn oed heddiw mae 'na ysfa i barchuso'r theatr rywsut, naill ai trwy ei chyfyngu i adeiladau moethus, neu i rôl gymdeithasol neu addysgiadol mewn cwmnïe cymuned ac addysg.'
150 *Cymru Fydd* (1967), *DSL: 2*, 571–2.
151 Gw. Mary Reilly, *Racine: Language, Violence and Power*, 66, 70.
152 *Cymru Fydd* (1967), *DSL: 2*, 572.
153 *Gymerwch Chi Sigarét?* (1956), *DSL: 1*, 631, 661–2. *Brad* (1958), *DSL: 2*, 81–2. *Esther* (1960), *DSL: 2*, 210–11, 217–18, 221. Mewn cymhariaeth â'r disgrifiadau hyn, mae'r adran yn *Amlyn ac Amig* sy'n sôn am ladd y plant yn llawer llai graffig. Gw. *Amlyn ac Amig* (1940), *DSL: 1*, 196. Felly hefyd ddisgrifiadau'r frwydr ar ddiwedd *Buchedd Garmon*, *DSL: 1*, 141–2.
154 Gw. y drydedd bennod yn Mary Reilly, *Racine: Language, Violence and Power*. Cymh. Garfield Hughes, 'Rhagymadrodd', yn *Gweithiau William Williams Pantycelyn*, Cyfrol 2, xxiii. 'Wrth ddisgrifio grym a dychryn nwydau crwydrol, anghytbwys y gwelir amlycaf ddawn ddarluniadol Williams.'
155 William Williams, *Drws y Society Profiad*, 213.
156 Anthony Miller, 'Matters of state', 202. 'The argumentation and pleading that pervade the play [*The Merchant of Venice*] position the audience as judge or jury, weighing up conflicting words and actions.'
157 William Williams, *Drws y Society Profiad*, 233.

158 Ibid.

159 Ibid.

160 Cymh. Harri Pritchard Jones, 'Saunders Lewis (1893–1983): a neglected giant', 115. 'The outsider who is challenging, at times dangerous, who reminds you of a side to yourself you have forgotten and perhaps don't wish to be reminded of; an exotic ingredient which can change everything.' Cymh. John Gwilym Jones, 'Drama wreiddiol hir: beirniadaeth John Gwilym Jones' (1957), 213–14. 'Mae'n rhan o grefft dramodydd iddo sylweddoli y geill y da fod yn hunangyfiawn, yr atgas a'r drwg yn hoffus, y cyfiawn yn fwrn a'r pechadur yn annwyl, y dyn da yn lleiddiad a'r lleiddiad yn fardd.'

161 Gw. S. E. Wilmer, 'Theatrical nationalism and subversive affirmation', 99. '[T]heatre artists can use theatre to subvert the "obscene" excesses of nationalist discourse, either by directly critiquing it, or through such novel tactics as over-identification.'

162 Cymh. Constantin Stanislavski, *Building a Character*, 30. Cymh. hefyd sylwadau Stanley Wells ar Antony Sher yn rhan Richard III, *Times Literary Supplement*, 29 June 1984, 729; adarg. yn Stanley Wells (gol.), *Shakespeare in the Theatre: an Anthology of Criticism*, 290. 'The voice is capable of mellifluousness as well as malice; rapid, jerky movements and a vocal delivery that occasionally sacrifices nuance to speed suggest hyperactive mental activity, a capacity to charm and fascinate as well as repel.' Yn achos Hitler, meddylier yn arbennig am yr olygfa ar ddechrau'r drydedd act, lle y 'mae ef yn ei daflu ei hun i'r llawr, yn curo'r llawr â'i ddyrnau, yn gafael mewn darn o'r carped a'i gnoi, yna'n sydyn yn neidio ar ei draed, edrych yn wyllt ar y ddau arall'. Gw. *1938* (darlledwyd 1978), *DSL: 2*, 935.

163 Cymh. *Siwan* (1956), *DSL: 1*, 538.

164 Tennessee Williams, 'Foreword', *A Streetcar Named Desire and Other Plays*, 12.

165 Gw. James Roose-Evans, 'The theatre of ecstasy – Artaud, Okhlopkov, Savary', 76. 'Artaud ... was attacking a French theatre particularly dominated by words and by reverence for the author. In place of the poetry of language he proposed a poetry of space, employing such means as music, dance, painting, kinetic art, mime, pantomime, gesture, chanting, incantations, architectural shapes, lighting.' Ceir cyflwyniad cryno, da i'w waith gan Edward Braun, *The Director and the Stage*, 180–90.

166 Gw. David Hare, *Obedience, Struggle and Revolt*, 42–3. 'It is precisely this quality, the ability to see through everyone, and most of all, to see through one's own pathetic fabrications, which marks

out some of our most searching dramatists. (Such writers choose theatre because theatre is scrutiny.)'

167 Cymh. Garfield Hughes, 'Rhagymadrodd', yn *Gweithiau William Williams Pantycelyn*, Cyfrol 2, xxii. '[R]hagora ar ei gyd-Fethodistiaid yn ei adnabyddiaeth o natur dyn, a "gwres nwydau natur", a'r dinistr a ddilyn pan fo'r nwydau hynny heb eu cymwys gyd-gysylltu.'

168 Gw. Matthew Senior, *In the Grip of Minos*, 18. 'Freud borrowed as much if not more from *Hamlet* [than *Oedipus Rex*] in the construction of his main thesis and his very interpretation of *Oedipus Rex* was itself derived from the Renaissance dramaturgy present in *Hamlet*.' Ar berthynas Freud â'r traddodiad cyffesol, Cristnogol, gw. ymhellach t. 9. Nododd Michel Foucault fod disgwrs cyffes yn rhedeg 'de Tertullien à Freud'. Gw. Michel Foucault, 'Le jeu de Michel Foucault', 78.

169 *Gan Bwyll* (1952), *DSL: 1*, 475.

170 Cymh. *The Eve of Saint John, DSL: 1*, 18. 'Then perhaps you will be saying to Megan the thing is on your mind ...' Dyma eiriau Sara cyn iddi adael y llwyfan, a gadael Megan a Harri.

171 *Siwan* (1956), *DSL: 1*, 568. Ac uchod, 575.

172 Ibid., 546–7.

173 Gw. Soffocles, *Oidipos Frenin*.

174 Gw. Ioan M. Williams, *DSL: 2*, 875. Am y broses o ysgrifennu *Cell y Grog*, meddai Saunders Lewis: 'Mae arnaf ofn i'r stori fod yn fwy diddorol i mi nag i'r gwrandawyr. Oblegid pan ddechreuais i roi'r ddrama ar bapur nid oedd gen i syniad yn y byd sut yr oedd hi'n mynd i dyfu. Ond wyddoch chi, rhowch chi ddau gymeriad gyda'i gilydd mewn lle cyfyng a thynged un yn enbyd o'i flaen, a rhaid i bethau ddigwydd.' Gw. llythyr dyddiedig 6 Awst 1975, Archif y BBC, Caerdydd. Cymh. Alan Ayckbourn, *The Crafty Art of Playmaking*, 7. 'There is no point in launching into a scene between two characters, however sparkling their dialogue might be, if you have no idea at all what might happen next. Interesting as an exercise, possibly, but useless in terms of ever hoping to construct a full-length play.'

175 Gw. Saunders Lewis, 'Cwmni Drama Cymrodorion Caerdydd', 2. Wrth wahodd dramodwyr i anfon braslun o ddrama, meddai ymhellach: 'Ni a debygwn fod pob dramodydd, os yw o ddifrif, yn sgrifennu ei scenario cyn dechrau ar y ddrama, ac felly ni bydd hyn yn anfantais i neb.'

176 Cymh. sylwadau Michael Hawcroft am berthynas sgwrsio â digwydd yn *Bérénice*. Gw. *Word as Action*, 151. '[F]or the dramatist

and his spectators the theatrical interest lies less in the action eventually taken than in the discussions that lead to its being taken, which are in themselves action.'

177 Cymh. John Gwilym Jones, 'Drama hir: beirniadaeth John Gwilym Jones' (1981), 150. 'Gellir, fel Morgan Llwyd, ymhyfrydu yng nghoethder geiriau, neu, fel T. H. Parry-Williams, ymfoethuso yn agosatrwydd tafodiaith, neu, fel Saunders Lewis, pan fo'r galw, eu trin fel cyllyll i frifo.'

178 Gw. Roland Barthes, *Sur Racine*, 66.

179 Aled Jones Williams, 'Y cylchoedd perffaith', yn *Y Cylchoedd Perffaith*, 100. 'Ydw i yn ddigon gwirion / i feddwl fod geiria' / 'n medru newid petha? // Yndw! mae'n rhaid!'

180 Gw. sylwadau Aneirin Talfan Davies ar gyfieithu yn y ddwy ysgrif, 'Y llenor a'i gyfrwng', a 'Llenydda yn Gymraeg – pam?' yn *Astudio Byd*, 14, 23. Cymh. sylwadau Constantin Stanislavski ar ddramâu estron yn *Building a Character*, 142. 'Do they not produce great effects, moods, excite the emotions? And we understand nothing of the words spoken by them on the stage.'

181 Addasiad Siôn Eirian o *Siwan* a ddarlledwyd ar Radio 4. Recordiwyd y cynhyrchiad ar 22 Tachwedd 1993. Gellir gwrando arno yn Archif Genedlaethol Sgrin a Sain Cymru yn y Llyfrgell Genedlaethol.

182 Os goddefir imi adrodd un stori bersonol, gallaf nodi imi glywed aelod o'r gynulleidfa'n dweud wrth Ffion Dafis, wedi perfformiad o'r ddrama *Siwan* yn Theatr Taliesin yn 2008, nad oedd wedi deall y geiriau i gyd ond iddi ddeall y ddrama gyfan.

183 Cymh. Stuart Spencer, *The Playwright's Guidebook*, 66. 'Playwrights who insist on writing vast sections of their plays in the form of a monologue to the audience often find the audience wondering why they didn't visit the bookstore instead of the box office.' Rhyw feddwl felly yr oeddwn i wrth wylio *Sgint* (Theatr Genedlaethol Cymru), *100* (Theatr Bara Caws), *Fala Surion* (Cwmni'r Frân Wen) a rhannau o *Dyled Eileen* (Theatr Genedlaethol Cymru) a *Tir Sir Gâr* (Theatr Genedlaethol Cymru). Cofier am gyngor A. C. Bradley, *Shakespearean Tragedy*, 56. 'It will be agreed that in listening to a soliloquy we ought never to feel that we are being addressed.'

184 Cymh. Roland Barthes, 'The world of wrestling', 15. '[W]restling is not a sport, it is a spectacle, and it is no more ignoble to attend a wrestled performance of Suffering than a performance of the sorrows of Arnolphe or Andromaque.'

185 Ioan M. Williams, *A Straitened Stage*, 109–10. Hefyd, *DSL: 1*, 530.

'Cawn yr un argraff wrth edrych ar sylwedd yr ail Act, sy'n lletchwith iawn yn y theatr ac yn darllen drwyddi draw fel rhywbeth a gyfansoddwyd ar gyfer cyflwyniad radio, gydag effeithiau sain o du [sic] allan a rhuglau cadwyn Siwan y tu mewn.'

186 Cymh. Stuart Spencer, *The Playwright's Guidebook*, 38. 'Dramatic action is not doing something. It is not physical activity. It is not characters moving around the stage, gesturing and performing business. It is not fight scenes, or dances, or behaving like large dogs, or preparing and then eating a meal. Characters on stage may do all these things with great exertion and extraordinary polish, but it will bring them no closer to dramatic action unless the fact of their wanting something drives them to do so ... Action is what a character wants.'

187 Pierre Corneille, *Writings on the Theatre*, 19. 'Y gweithredu yw enaid trasiedi, lle y mae'n rhaid i ni lefaru'n unig wrth weithredu, ac er mwyn gweithredu.' Gw. Michael Hawcroft, *Word as Action*, 20. '[I]n tragedies of the period speech should normally be action and action will usually be speech.'

188 Cyfeirir at bob un o'r llyfrau mewn nodiadau eraill ac eithrio llyfr Georges Le Bidois, *De l'action dans la tragédie de Racine*; Georges May, *Tragédie cornélienne, tragédie racinienne* a Jacques Scherer, *La Dramaturgie classique en France*.

189 Cymh. Stuart Spencer, *The Playwright's Guidebook*, 41. 'The important thing to remember is that neither physical activity nor language alone is action. By themselves they're either mere activity or mere talk. Words and movement are there for a larger purpose: to serve the action, to reveal it, to convey it to the audience ... Action is what a character wants. It is the wanting itself.'

190 Gw. traethawd MA anghyhoeddedig Awen Jones.

191 Ystyrier hefyd Ahasferus a Harbona, Blodeuwedd a Rhagnell hyd yn oed.

192 *Siwan* (1956), *DSL: 1*, 539.

193 Michel Foucault yn Matthew Senior, *In the Grip of Minos*, 14. 'Cyfaddefwn neu fe'n gorfodir i gyfaddef.'

194 *Esther* (1960), *DSL: 2*, 258. Gw. hefyd t. 215: 'Twt, twt, fachgen, fe all dau o swyddogion y palas siarad yn rhydd ac yn ffrindiau.'

195 *Siwan* (1956), *DSL: 1*, 556–7. A'r dyfyniadau dilynol o'r un act.

196 Ibid., 554–7. Gellir nodi bod techneg dangosrwydd yn bur amlwg yn y ddrama gyntaf, *The Eve of Saint John* (1922), *DSL: 1*, 15–31.

197 Cymh. Jeffrey Hatcher, *The Art and Craft of Playwriting*, 80.

198 *Siwan* (1956), *DSL: 1*, 554. A'r gweddill ymlaen o'r fan hon.

199 Cymh. Jean Racine, *Phèdre*, act III, golygfa iii, llinellau 854–5. 'Il

me semble déjà que ces murs, que ces voûtes / Vont prendre la parole, et prêts à m'accuser ...' ['Eisoes, mae fel pe bai'r muriau hyn, y nenfwd hwn / ar fin siarad ac yn barod i'm cyhuddo ...']

200 Gw. *Phèdre*, act V, golygfa vi, llinellau 1498–1573. Dyma dechneg Euripides yn ei ddrama yntau, *Hippolytus*. Nododd Martin Meisel fod drama Friedrich Schiller, *Maria Stuart* (1800), yn enghraifft arall o ddrama ac ynddi ddienyddiad cydamserol oddi ar y llwyfan, fel a geir yn *Siwan*. Mae'r ffaith fod y dienyddiad yn digwydd ar y pryd yn rhoi i'r naill ddrama a'r llall ymdeimlad o densiwn byw. Cymh. Martin Meisel, *How Plays Work*, 49–50. Cymh. hefyd *Gan Bwyll* (1952), *DSL: 1*, 451–7, lle y cyfeiria'r cymeriadau at Riannon a'r sawl sy'n rhedeg ar ei hôl, gan syllu o'r llwyfan. Cymh. ymhellach t. 508: 'Clywir cynnwrf mawr yn y cyntedd; gwelir milwyr yn symud o gwmpas; clywir lleisiau'n gweiddi. O'r diwedd ymddengys o'r chwith Teirnon a Milwr 1.'

201 Gwenan Mared, 'Atgyfodi clasur', 55–6.

202 Cymh. *Eisteddfod Bodran* (1952), *DSL: 1*, 362. 'Cofiwch, nid edrych a gwrando ydy'ch rhan chi'n unig. Yr ydych chi'n bersonau yn y ddrama eich hunain 'rŵan ...' Fodd bynnag, fel yr awgryma'r cyfarch uniongyrchol, llai llwyddiannus yw'r ymdrech hon i gynnwys y gynulleidfa yn y digwydd.

203 Tennessee Williams, 'The timeless world of a play', 13. 'By a sort of legerdemain, events are made to remain *events*, rather than being reduced so quickly to mere *occurrences*. The audience can sit back in a comforting dusk to watch a world which is flooded with light and in which emotion and action have a dimension and dignity that they would likewise have in real existence, if only the shattering intrusion of time could be locked out.' Gw. ymdriniaeth Steve Waters ar amser yn *The Secret Life of Plays*, 73–91. Perthnasol yn achos theatr Saunders Lewis yw'r sylw hwn. Gw. 78. 'As playwriting has moved increasingly away from its epic, storytelling role, rescinding the dominance of plot, it has grown more concerned with the dynamics of what Virginia Wolf calls "moments of being"; it has in fact relinquished the novelistic for the focus of the short story.'

204 Rhyfedd, fodd bynnag, mor amlwg mewn cynyrchiadau Cymraeg diweddar yw'r fath siarad uniongyrchol rhwng cymeriad a chynulleidfa. Er bod i hyn ei le, heb os, mae'r gorymdrech diweddar fel pe bai'n arwyddo ymgais gyffredinol yn y theatr i adennill y berthynas rhwng actor a chymeriad, nad yw dwyster y digwydd fel arall yn ei hyrwyddo.

205 *Gymerwch Chi Sigarét?* (1956), *DSL: 1*, 657–67.

206 *Brad* (1958), *DSL: 2*, 63. Cymh. t. 62. 'Fe ddylai'r newyddion radio o Berlin ddyfod unrhyw funud yn awr.'

207 *Siwan* (1956), *DSL: 1*, 563.

208 Cymh. Alan Ayckbourn, *The Crafty Art of Playmaking*, 22. 'The more closely stage time equates to real (theatre foyer) time, the closer to the action we appear to get.'

209 *Brad* (1958), *DSL: 2*, 69.

210 R. M. Jones, 'Triawd y Gymru gyfoes', 396. Cymh. hyn â'r feirniadaeth ar eironi, 'bron weithiau hyd at fod yn ymarferiad'. Gw. 'Tair gwraig Saunders Lewis', 379.

211 Ar debygrwydd drama a cherddoriaeth, cymh. Michael H. Black, *Poetic Drama as Mirror of the Will*, 11. Cymh. Shaun MacLoughlin, *Writing for Radio*, 40. 'Construct your play like a symphony, with different movements, paces and styles to beguile and enchant the ear.'

212 *1938* (darlledwyd 1978), *DSL: 2*, 928, 931. 'Mae hi'n fater o ddiwedd byd. [...] Mae'n gwareiddiad ni yn y fantol.' Cymh. hefyd *Branwen* (1975), *DSL: 2*, 797. 'Mae'r wlad yn unfryd: rhaid i chi ddewis rhwng y frenhines a'r orsedd.' Gw. Bruce Griffiths, 'Y dramodydd', 13. 'Damcaniaeth ganolog ei theatr yw y gallai gweithred bender-fynol ar ran yr arwr neu'r arwres newid cwrs hanes.' Cymh. Stuart Spencer, *The Playwright's Guidebook*, 74. 'Stakes are what a character has to gain or lose.' Cofier am eiriau Marc yn *Gymerwch Chi Sigarét?*, *DSL: 1*, 667: 'Chollais i mo Iris eto. Mae gen' i Iris i'w dal ar y byrddau. Mi ddaliaf Iris mewn bet ... Os clywa' i ei llais hi ar y teleffôn a hithau'n ddiogel, mi roddaf innau fy mywyd i Dduw!'

213 Gellir nodi mai fel arall y mae yn *Buchedd Garmon* ac *Amlyn ac Amig*. Gw. Ioan M. Williams, *DSL: 1*, 159. 'Ar ôl cyfansoddi *Amlyn ac Amig* newidiodd persbectif dramâu Saunders Lewis. Yn lle dathlu buddugoliaeth ffydd yn y byd, trodd i gofnodi profedigaethau mwy dynol cymeriadau fel Llew Llaw Gyffes a Siwan, sy'n dysgu sut i fyw gyda diflastod a siom, yn y byd sydd ohoni.' Gellir awgrymu, fodd bynnag, fod hedyn yr agwedd aeddfetach at fethiant yn bresennol yn *Gwaed yr Uchelwyr*, gan mai un rhwng dwy alwad yw Eluned, ac sy'n dewis mynd gyda'i rhieni i'r America, heb Arthur, er mai canlyniad hynny yw ei thorcalon. Gw. *Gwaed yr Uchelwyr* (1922), *DSL: 1*, 91–5.

214 *Excelsior* (1962), *DSL: 2*, 341.

215 Diddorol yw cymharu'r ymatal ym Marc ag araith Amlyn ar ddiwedd *Amlyn ac Amig*, a gyfansoddwyd yn sgil derbyn comisiwn ar gyfer y radio'n wreiddiol. Gw. *Amlyn ac Amig* (1940), *DSL: 2*, 197–8.

216 *Gymerwch Chi Sigarét?* (1956), *DSL: 1*, 667. Ond cofier hefyd am
awgrym Alan Ayckbourn, *The Crafty Art of Playmaking*, 80. Gall
arsyllwr o gymeriad ar lwyfan droi sefyllfa ddifrifol yn un ddoniol.
Beth pe bai Alis yn bresennol weddill yr act olaf yn *Siwan?* Fel y
mae, hebddi, mae'r ddau yn torri i chwerthin gan mor afresymol yw
eu sefyllfa. Ffin denau sydd rhwng comedi a thrasiedi yn *Esther*
hefyd.

217 Cymh. Martin Meisel, *How Plays Work*, 110. '[A]uthor surrogates ...
collectively, and probably deservedly, have a bad name.' Hefyd,
David Hare, *Obedience, Struggle and Revolt*, 31. 'Self-expression
may be a by-product of telling stories, but it is not its purpose ... We
may even say the greatest of writers are often marked out by a
personal reticence which defies you to read their plays
autobiographically and makes a fool of you when you try.'

218 Gw. y disgrifiad o Harri Richard. *The Eve of Saint John* (1921),
DSL: 1, 19.

219 *Gymerwch Chi Sigarét?* (1956), *DSL: 1*, 670.

220 Ibid., 628.

221 Ibid., 635.

222 *Cymru Fydd* (1967), *DSL: 2*, 619.

223 Cymh. Harold Bloom, *Shakespeare: the Invention of the Human*,
722–3. 'Sometimes I reflect that not Hamlet and Falstaff, but Iago
and Edmund are the most Shakespearean characters, because in
them, and by them, the radical gap between words and action is
most fully exploited.' Yn achos Hitler, *1938* (a gyfansoddwyd ar
gyfer y teledu, wrth gwrs), anodd meddwl y byddai'r gynulleidfa'n
cydymdeimlo ag ef, ac eto, byddai'n rhaid iddi ymateb, yn chwithig,
bid siŵr, i'w ofnau a'i deimladau yntau.

224 Gw. *Gymerwch Chi Sigarét?* (1956), *DSL: 1*, 670. 'Mae Iris yn galw
arnat, Marc. Hi a'th ddanfonodd di atom ni.'

225 Ibid., 618, 620, 628, 632, 636. Yr awgrym cyntaf: 'Yr oeddit ti ar fin
dweud diolch fyth ... Swyddog yn yr heddlu politicaidd yn
awgrymu'r bod o Dduw!' Yr ail: 'Yr un hen stori, – am i benbwl o
Farcsydd a adwaen i gael digon o fennydd neu o ras i droi'n
Gristion.' Y trydydd: 'Ydw. Wedi meddwi o orfoledd o wybod dy fod
ti'n onest, Marc, a'th fod di mewn poen meddwl yn ceisio dy
berswadio dy hun ...' Y pedwerydd, o enau Marc: 'Dy ffordd di yw fy
ffordd i, Iris.' Y pumed: 'Pa ots, dyro gusan i'r groes drosof fi fel hyn
... Fy annwyl, annwyl dad-bedydd ... Dyma Marc ... peth di-fedydd
... ond fi piau fe.'

226 Saunders Lewis, 'Drama hir ... neu ddrama hanes: beirniadaeth
Saunders Lewis' (1939), 215.

227 Cymh. sylwadau Raymond Williams ar y ddrama *Brand* gan Ibsen yn *Drama From Ibsen to Brecht*, 35–6. 'The call is absolute; so are the barriers. The tension is the whole action of the play ... In the beginning, most of Brand's speeches are in specifically social terms ... [b]ut it is part of the design of the play that this emphasis should change, that the vocation should come to be defined, not as social reform, but as the realization of the actual self; or rather, in the classic position of liberalism, that social reform is self-fulfilment – the purpose of changing the world is to gain the conditions for being oneself ...' Dyna yw hanes yr alwad i Marc yn y drydedd act yn *Gymerwch Chi Sigarét?* Mae'n peidio â bod yn drafodaeth am Dduw ac Ewrop ac yn hytrach yn canoli'r sylw ar sut y bydd Marc yn dygymod â'i golled. 'Mae Iris yn galw arnat, Marc.' Gw. *Gymerwch Chi Sigarét?* (1956), *DSL: 1*, 670.

228 Rhagair *Gymerwch Chi Sigarét?* (1956), *DSL: 1*, 612.

229 *Gymerwch Chi Sigarét?* (1956), *DSL: 1*, 666.

230 Ibid., 667.

231 Ibid., 666–7.

232 Gw. *Blodeuwedd* (1948), *DSL: 1*, 233; *Siwan* (1956), *DSL: 1*, 548–9. Cymh. Mark Coniglio, 'The importance of being interactive', 6. 'Digital media is wonderful because it can be endlessly duplicated and/or presented without fear of the tiniest change or degradation. But, it is this very quality (the media's "deadness") that is antithetical to the fluid and ever changing nature of live performance.' Ystyrier hefyd sut yr oedd Paul Claudel yn defnyddio cerddoriaeth 'to amplify character and dramatic situation'. Gw. Christopher Innes, *Avant Garde Theatre 1892–1992*, 101.

233 *Brad* (1958), *DSL: 2*, 66–7. Gw. Jeffrey Hatcher, *The Art and Craft of Playwriting*, 48–9. 'Strategically placed sound can have tremendous theatrical effect ... In the theatre, as in life, audiences need music ... a key ingredient of Aristotle's six elements.' Meddylier am y defnydd o gerddoriaeth a dawns ar ddechrau'r drydedd act yn *Esther*. Felly hefyd y gerddoriaeth a'r dawnsio yn act gyntaf *Gymerwch Chi Sigarét?* Ceir miwsig yn y dramâu cynnar, *Buchedd Garmon* ac *Amlyn ac Amig* a gyfansoddwyd ar gyfer y radio. Ceir canu hefyd yn *Eisteddfod Bodran*. Meddylier am y libreto *Serch yw'r Doctor*. Enghreifftiau trawiadol eraill o sain theatrig yw sgrech y dylluan ar ddiwedd *Blodeuwedd*, sŵn yr awyrennau a'r radio yn *Brad*, y gwaith coed a'r canonwyr a'r dorf yn *Siwan*, sŵn y beic modur a'r car oddi ar y llwyfan yn *Cymru Fydd*.

234 I'r gwrthwyneb, gellir dweud nad Natsïad mo Kluge ac nad

Llafurwr mo Crismas Jones. Yr hyn a feirniedir, felly, yw eu bod yn ildio i'r alwad honno, gan osgoi'r wir alwad – galwad y *Corps*, a galwad y cenedlaetholwr.

235 *Siwan* (1956), *DSL: 1*, 569.

236 Dante Alighieri, *La Divina Commedia*, 30:73. 'Fi yw, fi yw yn wir, Beatrice.' Daw'r geiriau heriol, gobeithiol hyn ar gychwyn araith Beatrice sy'n cymell y bardd i gyffesu.

237 Gw. *Siwan* (1956), *DSL: 1*, 576.

238 Cymh. Harold Bloom, *Shakespeare: the Invention of the Human*, 731. 'Shakespeare ... presents his thoughts obliquely, only rarely allowing himself a surrogate or spokesperson among his dramatic personages.' Awgryma Bloom mai'r amgylchfyd gwleidyddol a oedd yn gyfrifol am hyn, ond mae'n rhaid ystyried a yw'r fath ddyfais yn llwyddiannus bob tro yn y theatr. Gw. hefyd Michael Hawcroft, *Word as Action*, 8–9, sy'n nodi mai haws o lawer yw trafod effaith rhethreg cymeriadau ar ei gilydd nag effaith rhethreg y dramodydd ar y gynulleidfa, sydd, wrth gwrs, yn cael ei mynegi drwy gyfrwng y cymeriadau.

239 Cymh. R. Gerallt Jones, *Siwan Saunders Lewis*, 34–6. '[Nid] problem yn y pen draw, sydd ynghanol y ddrama hon ychwaith, ond person. Y mae'r cyfan a welsom hyd yn hyn yn gyd-destun i'r person. A'r person yw Siwan ei hun. Problem Siwan yw'r broblem, oes Siwan yw'r oes, a phortread o Siwan yw'r ddrama. [...] Aeth Saunders Lewis a [*sic*] ni i'w hoff gyfnod yn Siwan [*sic*], ond yn y cyfnod hwnnw gosododd o'n blaen bersonoliad o wirionedd cyffredinol. Nid yw'n cynnig atebion i broblemau. Ni byddai Shakespeare fyth yn cynnig atebion; nid cynnig atebion yw swyddogaeth drama. Swyddogaeth drama yw dangos i gynulleidfa fodau dynol mewn creisis, yn wynebu problem, a'u teimladau a'u problemau yn ymgorffori mewn iaith urddasol a chredadwy, gan wneud i'r gynulleidfa rannu poen â hwynt a chydymdeimlo â'u hemosiynau, a thrwy hynny ddyfod i ddeall eu hunain yn well.'

240 Cymh. Roland Barthes, *S/Z*, 178. '[T]he character and the discourse are each other's accomplices ... the characters are types of discourse and, conversely, the discourse is a character like the others.'

241 *Siwan* (1956), *DSL: 1*, 577.

242 Gw. isod, n. 245.

243 Drama syniad o'r fath ydoedd *100!*, cynhyrchiad Theatr Bara Caws (2010), ac addasiad Elin Jones o waith Neil Monaghan, Diene Petterle a Christopher Heimann i'r Imaginary Body Theatre Company. Cyflwynwyd sefyllfa ddigon diddorol, ar yr olwg gyntaf,

ond go brin fod y gyfres o storïau unigol yn meddu ar yr un apêl theatrig â drama fawr. Mewn un man yn unig y teimlais i wir gyffro, a hynny pan oedd y ferch yn sôn am ei gwir deimladau, ei meddwl, *tuag at* ei chariad.

244 Gw. traethawd PhD anghyhoeddedig ac anorffenedig Hannah Sams.

245 Whitney J. Oates ac Eugene O'Neill, Jr., 'General Introduction', yn *Seven Famous Greek Plays*, xix, xxi. 'Euripides ... raised to supreme importance the study of character. Unlike Aeschylus he is not predominantly interested in religion and theology, but rather in ethical problems, in human beings face to face with the pain and evil of human life, as they exhibit now strength and now pathetic weakness. [...] ... Sophocles ... has the scale of Aeschylus plus Euripides' power of psychological analysis. He studies his human characters psychologically in their human environment, and yet he manages to approach the elevation of Aeschylus.' Er nad addef y Llais hyn, ar ei orau y mae Saunders Lewis yn efelychu'r gamp hon. Drwy wrando ar Siwan a Llywelyn, dysgwn rywbeth am natur priodas. Drwy Iris, dysgwn beth yw cariad pur. Drwy Esther a Mordecai, dysgwn beth yw urddas ac aberth. Drwy wrando ar Dewi, dysgwn rywbeth am ystyr, neu ddiffyg ystyr, ein cenedl.

246 Saunders Lewis, 'Celfyddyd y ddrama', 3.

247 William Williams, *Drws y Society Profiad*, 236.

248 D. J. Williams (16.11.1967), *Annwyl D.J.*, 306. 'A'r Dewi yna sydd wedi bod yn bygro pobl ynglŷn â'ch drama chi hefyd. Ond yn awr, wedi'r Rhagair mae'n "olau dydd" – dyn wedi gwadu'i deyrngarwch i bopeth ystyrir yn gysegredig mewn bywyd, beth sydd ar ôl iddo ond – nos a difodiant.' Cymh. J. R. Jones, '"Cymru Fydd" a'r seicolegwyr', 5. 'Y feirniadaeth seicolegol ar y ddrama oedd, gan ei bod yn "ddigon eglur" mai gwallgofddyn yw Dewi, nad oes yma ddim trasiedi – mai prin, yn wir, y gellid dweud fod yma ddrama o gwbl.'

249 Gw. *Cymru Fydd* (1967), *DSL: 2*, 573.

250 Ibid., 620.

251 *Siwan* (1956), *DSL: 1*, 568.

252 *Cymru Fydd* (1967), *DSL: 2*, 573. 'Yn fab y mans a phlentyn yr ysgol Sul mi gerddais allan.'

253 *Gymerwch Chi Sigarét?* (1956), *DSL: 1*, 626–7.

254 *Siwan* (1956), *DSL: 1*, 575.

255 Cymh. Harold Bloom, *Shakespeare: the Invention of the Human*, 733. 'The deepest conflicts in Shakespeare are tragedies, histories, romances, even comedies: of blood. When we consider the human,

we think first of parents and children, brothers and sisters, husbands and wives.'

256 *Cymru Fydd* (1967), *DSL: 2*, 584.

257 *Siwan* (1956), *DSL: 1*, 577.

258 *Gymerwch Chi Sigarét?* (1956), *DSL: 1*, 628.

259 *Cymru Fydd* (1967), *DSL: 2*, 573. Meddai Dora wrth Dewi: "Dwyt ti'n 'nabod dim ar dy dad.'

260 Gw. ymhellach R. Gerallt Jones, *Siwan Saunders Lewis*, 34, 36. Er iddo nodi bod *Siwan* yn '[dd]rama gynlluniedig ofalus, gyda phob gair yn cario ei bwysau', mawredd *Siwan* i'r beirniad yw 'holl gyfoeth personoliaeth Siwan'. Nid deubeth ar wahân mo'r plot a'r cymeriad, ond o feddwl am y gwahaniaeth rhwng *Brad* a *Siwan*, dyweder, ac o gofio mai dewis cynhyrchu *Esther* (2006), *Siwan* (2008) a *Blodeuwedd* (2013) a wnaeth Theatr Genedlaethol Cymru yn y blynyddoedd diweddar, gwelir grym y gosodiad hwn. Cofier am glod Saunders Lewis i Gordon Bottomley am lunio dramâu clasurol: 'short and simple. There is no surprise of plot. They are dramas of situation, and the interest is not in the turn of events, but in the unfolding of character.' Gw. 'Recent Anglo-Celtic drama', 65.

261 *Siwan* (1956), *DSL: 1*, 568.

262 Constantin Stanislavski, *Building a Character*, 283. Cymh. Stuart Spencer, *The Playwright's Guidebook*, 38. Gellid dadlau mai man cychwyn *Siwan* ydoedd meddwl am chwant y cymeriadau. Gw. 'Cwrs y byd: priodas tywysoges' (1947), 8. 'Dywed y crogi gerbron llys Aber wrthym angerdd teimladau Llywelyn a dwyster ei serch.'

263 Constantin Stanislavski, *An Actor Prepares*, 273–4. 'That inner line of effort that guides the actors from the beginning to the end of the play we call the *continuity* or the *through-going action*. This through line galvanizes all the small units and objectives of the play and directs them toward the super-objective. From then on they all serve the common purpose.'

264 Constantin Stanislavski, *Building a Character*, 66–7. Gw. t. 285. 'The super-objective and the through line of action constitute the fire which does the cooking.'

265 *Siwan* (1956), *DSL: 1*, 540, a'r dyfyniadau dilynol o weddill yr act.

266 Cymh. Stuart Spencer, *The Playwright's Guidebook*, 70. Gw. hefyd Aristoteles, *Barddoneg*, 97–8.

267 Saunders Lewis, 'Nodyn ar Ibsen', 8. Beirniedir Ibsen am fethu â chreu 'Antony neu Harpagon; creu cymeriadau sy'n aml yn gyfnewidiol ac anghyson, ac felly yn fyw'.

268 Cymh. John Gwilym Jones, 'Drama wreiddiol hir: beirniadaeth John Gwilym Jones', (1957), 213. 'Nid gwrthdaro cymeriadau syml, undonog ond gwrthdaro personau sy'n gymysgfa o dda a drwg fel y bo cynulleidfa weithiau'n cydymdeimlo â pherson ac weithiau'n ffieiddio wrtho ...'

269 Cymeriad llawn cyferbyniad yw'r Cyrnol Chabert hefyd. Gw. *Y Cyrnol Chabert* (1968), *DSL: 2*, 759. 'Mi fûm i gyda'r meirw yn y bedd yn ddyn byw. 'Nawr 'rydw i gyda'r esgymun byw yn ddyn marw ...'

270 *Gymerwch Chi Sigarét?*, *DSL: 1*, 628. Dyma eiriau Iris wrth Marc.

271 Saunders Lewis (27.12.1939), *Annwyl D.J.*, 111. '[M]ae'r act olaf [o *Amlyn ac Amig*] yr wyf arni'n awr yn rhoi poen enbyd imi; yn araf iawn y tyf hi o gwbl ac nid yw'n magu adenydd.'

272 Saunders Lewis (25.8.1954), *Annwyl Kate, Annwyl Saunders*, 181. 'Gallaf ddweud un peth yn onest wir – mi *weithiais* yn galed iawn ar y ddrama [*Siwan*], yn enwedig act III, oblegid dipyn o *tour de force* oedd mentro act olaf heb ddim i ddigwydd ynddi o gwbl ond dau'n siarad, ac yna mymryn o basiantri rhoi'r goron ar ei phen i gloi.'

273 Genesis 3: 19.

274 Saunders Lewis (Sul y Blodau, 1969 [recte 1968]), *Annwyl D.J.*, 312. 'Yr wyf yn gweithio ers rhai wythnosau ar y Mabinogion. Ond diogi yw hynny: y mae'r hyn a alwn ni'n ymchwil yn foddion hwylus i mi i ddianc rhag gwaith creadigol.' Cymh. Saunders Lewis (29.10.1923), *Letters to Margaret Gilcriest*, 513. 'Playwriting, especially in verse, absorbs all my mind, so that I daren't look at it until lectures are finished for a month. But critical essays and outside studies never tax me at all; in fact, they bring me constantly new ideas for my work.'

275 Cymh. Alan Ayckbourn, *The Crafty Art of Playmaking*, 20.

276 Saunders Lewis (27.5.1958), *Annwyl Kate, Annwyl Saunders*, 187. 'Mae'n debyg mai'r ffaith yw fod yn ddiflas gennyf ddarllen fy nramâu, maen' nhw'n fy siomi i ac yn fy nadrithio i, ac oblegid hynny ni fedraf eu cywiro gyda dim argyhoeddiad fod y gwaith yn werth ei wneud ... Felly gyda'r ddrama hon [*Brad*], pan oeddwn i'n ei sgrifennu 'roeddwn i'n meddwl fod mawredd ynddi (o'r diwedd!) ond yn awr, wedi cywiro'r proflenni, nid wyf yn debyg o fynd i Lyn Ebwy.' Cymh. y sylw am *Gan Bwyll* (20.6.1951), 166. 'Ail-sgrifennais rai rhannau drosodd a throsodd, ac wedyn digalonni nes crïo neu regi wrth ddarllen y cais newydd.' Cymh. hefyd y sylw am *Cymru Fydd* (16.9.1966), 122. '[R]wy'n hwyrfrydig i'w ddarllen hi rhag ofn imi ei gweld yn druenus a dechrau ail-weithio arni.'

277 Saunders Lewis, 'Celfyddyd y ddrama', 3. 'Creu drama felly sy
bwysig, nid cadw nifer yr actau yn bedwar!'
278 Cymh. Stuart Spencer, *The Playwright's Guidebook*, 104–6.
Awgrym Spencer yw y dylid ysgrifennu'r ddrama yng ngoleuni
arferion toriadau'r theatr. Ac eto, gw. t. 31. Boed y ddrama'n un bum
act neu dair neu un, mewn perthynas â 'the underlying dramaturgy
of a play', sy'n wahanol i ystyriaethau un toriad y theatr, meddai:
'the arrangement of almost any play is (like a dream) in three acts'.
279 Cymh. R. M. Jones, 'Tri mewn llenyddiaeth', 92–110.
280 Saunders Lewis, *'Brad*: holi Saunders Lewis', 40. 'Dyma sut y mae
drama'n dechrau – yn sydyn. Rydych chi'n gweld un act neu ddwy
yn codi allan o sefyllfa rhwng dynion a'i gilydd. Yna, rydych yn
gweld yn fras gychwyn, canol a diwedd. Dydw i ddim yn cofio
unrhyw ffurf o ysgrifennu nad ydw i wedi ei newid. Rydych chi'n ei
ddatblygu fwy nag oeddech wedi bwriadu; felly, mae'n newid. Ond
dylech gadw'r diwedd yn agored.'
281 *Cymru Fydd* (1967), *DSL: 2*, 565.
282 *Brad* (1958), *DSL: 2*, 68.
283 Saunders Lewis, *'Brad*: holi Saunders Lewis', 40. Gw. n. 280 uchod.
284 *Cymru Fydd* (1967), *DSL: 2*, 583.
285 Ibid., 608.
286 *Gymerwch Chi Sigarét?* (1956), *DSL: 1*, 670.
287 Gw. rhagair *Cymru Fydd* (1967), *DSL: 2*, 564. 'Mae'r cwbl yn y
ddrama yn digwydd o fewn pedair awr ar hugain, ac y mae diwedd
Dewi wedi ei ragddangos yn eglur yn yr act gyntaf. Mor hen-ffasiwn
ag *Aias*.'
288 Cymh. Michael Hawcroft, *Word as* Action, 117, 130. 'In whichever
way protagonists argue with each other, with or without an orator's
mask, Racine is nearly always careful to let the audience know
beforehand what a character's persuasive aim will be and what
mask, if any, will be worn. [...] Nearly always the spectators are
able to appreciate the implementation of particular strategies,
because Racine makes it clear in advance what the real aims and
desires of the debating characters are.'
289 Ar eironi dramataidd, gw. R. M. Jones, 'Tair gwraig Saunders
Lewis', 379–81.
290 Cymh. Alan Ayckbourn, *The Crafty Art of Playmaking*, 75. 'The
audience has diligently stored it [the seed] away and they are
rewarded.'
291 Saunders Lewis, 'Celfyddyd a'r ddrama III: arluniaeth mewn
drama', 7. Dyfyniad yw'r frawddeg o'r ysgrif.
292 Cymh. D. Myrddin Lloyd, 'Jean-Paul Sartre', 61. 'Nid yn gymaint

llunio cymeriadau ar lwyfan, ond rhoi dynion mewn sefyllfa sy'n gwasgu arnynt, a'r sefyllfa honno â gwedd gyffredinol iddi, a'r prif gymeriad neu gymeriadau yn gweithredu'n greadigol, yn penderfynu pa fath ddynion a fyddant trwy'r dewisiadau a wnânt dan wasgfa'r sefyllfa honno.'

293 Saunders Lewis, 'Drama hir ... neu ddrama hanes: beirniadaeth Saunders Lewis' (1939), 216. 'Rhoes y cwbl hefyd mewn ffrâm; y mae'r sanatorium sy'n olygfa gyntaf ac olaf y ddrama – hen gast, ond hollol gyfreithlon, – yn rhoi cymesuredd gweledigaeth o bell i'r holl helbulon.'

294 Gw. R. Gerallt Jones, *Siwan Saunders Lewis*, 34. 'Drama fawr, yn ddiamheuol, yw Siwan [*sic*], drama gelfydd yn ei chrefft dramatig, [*sic*] a drama gynulliedig [*sic*] ofalus, gyda phob gair yn cario ei bwysau. Ond mae'n fwy na hyn.' Cymh. Stuart Spencer, *The Playwright's Guidebook*, 173.

295 Er y gellir gwerthfawrogi saernïaeth ffarsaidd *Problemau Prifysgol*, anodd iawn yw cydymdeimlo ag unrhyw un o'r cymeriadau, ac ysgafn yw'r chwerthin.

296 Cymh. Neil Carson, *Arthur Miller: Macmillan Modern Dramatists*, 154. 'It becomes apparent, I think, that in the final analysis Miller can best be described as a religious writer. He is not so much concerned with establishing utopias as with saving souls. This is why he is always more interested in the individual than the group. Systems – whether they be capitalism, socialism, McCarthyism or even Nazism – are not Miller's prime concern. They provide the fire in which the hero is tested.'

297 Cymh. Saunders Lewis, 'Celfyddyd y ddrama', 3. 'Syniad llawer o feirniaid, ysywaeth, yw mai'r gallu i drin plot yw celfyddyd drama.' Am *Esther*, meddai T. Robin Chapman yn *Un Bywyd o Blith Nifer*, 324: 'Drama orlawn, orbrysur ac ansicr ei hamcan artistig yw *Esther*.' Dywedais ddigon i amlygu nad wyf fi'n bersonol yn rhannu'r farn hon.

298 Gw. R. M. Jones, 'A B C Ewrop', 388. 'Y mae diweddglo'r ffôn ar ddiwedd yr ail act yn rhy uchel ei gloch: daeth yr awyrblan a'r peilot a Marc yn rhy gyfleus at ei gilydd ...'

299 Cymh. Saunders Lewis (12.10.1921), *Letters to Margaret Gilcriest*, 470. Cymh. Tim Fountain, *So You Want to Be a Playwright?*, 31. 'To begin with, you may try writing in the style of your heroes; it might be the only way for you to get going.' Yn achos gweithiau cynnar Saunders, gellir nodi bod dylanwad Synge ar ei ddrama gyntaf, *The Eve of Saint John*, ynghyd â'i ddull cyffredinol o ymweld â thafarndai a'r wlad i gasglu cymeriadau a golygfeydd. (Gw. y

llythyr ddiwedd 1920 yn *Letters to Margaret Gilcriest*, 433.) Anodd peidio â meddwl nad yw dylanwad Eliot a *Murder in the Cathedral* ar *Buchedd Garmon*, a nododd Saunders ei hun fod dylanwad Corneille ar *Gwaed yr Uchelwyr* ac *Amlyn ac Amig*, ac mewn llythyron at ffrindiau, nododd mai ymgais i efelychu theatr Racine ydoedd *Blodeuwedd*.

300 Saunders Lewis, 'Drama hir ... neu ddrama hanes: beirniadaeth Saunders Lewis' (1939), 214. 'Dialog neu ymddiddan yw'r peth pennaf mewn drama. Trwy'r dialog y dangosir y cymeriadau ac y dadlennir y stori. Dawn lenyddol yw dawn ysgrifennu dialog. Anodd ei chael oni aner dyn â'r ddawn ganddo. Od yw hi ganddo rhaid iddo ei meithrin a'i datblygu drwy hir fyfyrio llenyddiaeth orau ei iaith.'

301 Gw. Ioan M. Williams, *DSL: 1*, 605. Cymh. Alan Ayckbourn, *The Crafty Art of Playmaking*, 30. 'The problem with composite sets, if you're not careful, is that apart from dividing the stage, they also divide the audience.'

302 Michael Hawcroft, *Word as Action*, 19. '[A]ction is the purposeful interaction between characters or at least a purposeful monologue.'

303 Cymh. ibid., 250. 'Purposeful acts of persuasion executed by characters battling with each other over important issues are the single most important source of theatrical pleasure in the plays of Racine.'

304 Cymh. Inga-Stina Ewbank, 'Shakespeare and the art of language', 51, 58. 'Shakespeare's plays testify to nothing so much as to his interest in what people can do to themselves and to each other by language – whether in the form of the comic wit of Rosalind (or Falstaff) or the tragic persuasiveness, unequalled among traditional revenge ghosts and amounting to nothing less than emotional blackmail, of Hamlet's dead father, or the auto-suggestiveness of Leontes's speeches. [...] Perhaps, if we remember that Shakespeare was not formally trained in play-writing whereas he was grammar-school trained in the arts of language, this is not so surprising. Rhetoric teaches the control of structures and of an audience.' Cymh. Steve Waters, *The Secret Life of Plays*, 115–16.

305 Richard Carew, *'The excellency of the English tongue'* (?1595–6), 288. 'Lastly, our speech doth not consist only of wordes, but in a sorte even of deedes, as when we expresse a matter by Metaphors, wherein the English is very frutefull and forcible.' Cymh. D. Gwenallt Jones, 'Rhagymadrodd', yn *Yr Areithiau Pros*, xvii. 'Araith, felly, mewn gramadeg, yw clwm o eiriau yn mynegi meddwl

crwn; brawddeg. Araith, mewn rhethreg, yw brawddeg wedi ei
thecáu â throadau a ffigurau ymadrodd a geiriau cyfansawdd.'
Dyfynnir o *Cardiff MSS*, 8, 255. 'Llyma ddangos beth yw ffugr. ffugr
yw synnwyr neu araith neu air ameddiant anssawdd yddo yn
amgenach nor ffras ar arfer gyffredin.'
306 Cymh. Peter G. Platt, 'Shakespeare and rhetorical culture', 277.
'[R]hetoric's effect can be destructive, false, and harmful; the
individual listening to the words – whatever their intent – can be
bewitched by an "evil persuasion".'
307 *Gan Bwyll* (1952), *DSL: 1*, 458. Cymh. 444: 'Soffyddion a
chyfreithwyr! / Gwyddoniaeth piau ystyr pethau.' Ond cymh. hefyd,
462: 'Nid cyngor doeth a fynnaf.'
308 Henri Perri (1595), *Egluryn Phraethineb. Sef Dosparth ar Retoreg,
un o'r saith gelfyddyd ...*, 85. 'Drwy gymmorth anhyludd y
gelfyddyd ymma mae doethineb yn ymddangos yn ei glendid; yn
dyscleirio yn ei splennydd oleuni; yn honni ei difethl fowredd; yn
datcan ei nerth anhyfing; ac fegys phynnon ammhallnant, yn
tywallt nwydau'r gallon; neu yntau fegys steren [*sic*] yn argan pob
dirgelwch i'n gwneuthud yn gydnabyddus ... O fedru mddiddan yn
araithiawl, sharad yn barablddoeth, ymchwedleua'n foddhaus; o
ddigorni delfrydau yr enaid; o ddiblygu meddylliau'r gallon ar
eiriau gweddol, hygoel, hyfedr, a hyfryd; yr adnebyddir fod dyn yn
greadur cyfeilladwy.'
309 Cymh. Inga-Stina Ewbank, 'Shakespeare and the art of language',
62. Nodir bod amryw feirniaid, ers cyhoeddi llyfr Wolfgang Clemen,
The Development of Shakespeare's Imagery, wedi cymharu'r
defnydd o ddelweddaeth, megis addurn, yn y dramâu cynnar â'r
trosiadau mwy pwrpasol yn y rhai aeddfed, 'where characters seem,
as it were, to think in images'.
310 Cymh. Kenneth Muir, 'Introduction', yn *Jean Racine: Five Plays*,
xiv. 'The rhymed Alexandrines, wonderful as they sound on the lips
of great actresses, continually remind us that we are listening to
great poetry, when we would prefer to forget the poetry and give
ourselves up to the illusion that we are listening to men and
women.' Nid yw Muir yn awgrymu bod y cyfieithiad yn well na'r
gwreiddiol, ond meddai: 'even in translation, I believe, some of
Racine's greatness as a dramatist should be apparent.' Cymh. hefyd
John Cairncross, 'Translator's foreword', 9–10. Cymh. ymhellach
Gareth Miles, 'Trosi dwy drasiedi ac un epig', 51. 'Mewn sawl
perfformiad o ddramâu Shakespeare yn yr iaith wreiddiol, rwyf
wedi teimlo bod y fydryddiaeth a'r ieithwedd yn dod rhwng y
gynulleidfa a'r stori ac yn pylu ei hamgyffred o gyflwr emosiynol a

seicolegol y cymeriadau. Ac waeth pa mor gain yw'r cyfieithiad, profiad llenyddol yn hytrach na theatrig yw Shakespeare yn Gymraeg.'

311 Cymh. Aristoteles, *Barddoneg*, 107. 'Wrth eiriau anghyffredin, golygaf rai dieithr, neu fetaffor, neu air wedi ei hwyhau, ac unrhyw beth sy'n groes i'r ieithwedd arferol. Ond os bydd dyn yn gwneud y cyfan fel hyn, bydd ei gynnyrch yn enigma neu yn farbarwaith – yn enigma os ceir metafforau yn unig, yn farbarwaith os ceir geiriau dieithr yn unig.'

312 Cymh. D. Gwenallt Jones, 'Rhagymadrodd', yn *Yr Areithiau Pros*, xix. 'Edrychai awduron yr Areithiau ar arddull fel peth allanol, ac ar ffurf iaith fel gwisg. Nid perthynas gwisg â chorff yw'r berthynas rhwng arddull a deunydd, ond cysylltiad annatod corff ac enaid. Yn yr act o greu y mae'r mynegiant a'r mater yn un ac yn anwahanadwy.'

313 Ibid., xx. 'Ni ddewisid y gair priodol, ond y gair prydferth, a'r ymadrodd cwmpasog. Ond tan y geiriau cyfansawdd a'r ymadroddion addurn yr oedd tlodi dychymyg, lludded cydwybod, a gwacter ysbryd.'

314 Cymh. Peter Brook, *The Empty Space*, 54. '[W]riters seem unable to make ideas and images collide through words with Elizabethan force.'

315 *Siwan* (1956), *DSL: 1*, 537. A'r dyfyniadau dilynol o'r un act.

316 Aristoteles, *Barddoneg*, 109. '[Y] peth pwysicaf o ddigon yw meistrolaeth ar fetaffor.'

317 Cymh. ibid, 107–9. 'Dylid yn hytrach gymysgu ychydig o'r elfennau hyn; oherwydd bydd y gair dieithr a'r metaffor a'r addurn a'r mathau eraill a grybwyllwyd gennym yn cadw'r arddull rhag bod yn sathredig neu'n ddi-nod, tra bydd defnyddio'r geiriau cyffredin yn sicrhau eglurder. [...] Mewn barddoniaeth iambig, gan ei bod yn efelychu, hyd y bo modd, ein ffordd gyffredin o siarad, y geiriau cymhwysaf yw'r rhai a ddefnyddir wrth siarad. Y rhain yw'r geiriau cyffredin, metafforau, a geiriau addurn.'

318 Gw. Saunders Lewis, 'Drama hir ... neu ddrama hanes: beirniadaeth Saunders Lewis' (1939), 214. 'Annaturioldeb yw'r ail fai cyffredin. Cymeriadau annaturiol a throeon annaturiol ar eu helyntion. A siarad annaturiol.'

319 Saunders Lewis, 'Cyfansoddi drama hir: beirniadaeth Mr. Saunders Lewis' (1938), 166. 'Dyma'r rheol, boed y ddrama mewn tafodiaith neu iaith lenyddol, – rhaid i iaith drama fod yn ddigon ystwyth iddi beidio ag ymddangos yn annaturiol a rhaid iddi hefyd wrth rym ac effeithiolrwydd celfyddyd. Sylwch, nid dweud yr wyf y dylai hi

ymddangos yn naturiol, eithr y dylai hi beidio ag ymddangos yn annaturiol. Y mae'r gwahaniaeth yn bwysig.'

320 Cymh. John Gwilym Jones, 'Drama hir wreiddiol: beirniadaeth John Gwilym Jones' (1961), 154. '[D]ylai'r dafodiaith gael ei hysgrifennu nid yn unig yn gywir ond mor fwriadol ymwybodol ddewisol nes ei dangos ar ei phuraf ac ar ei chryfaf.'

321 John Gwilym Jones, 'Drama wreiddiol hir: beirniadaeth J. Gwilym Jones' (1963), 166.

322 Harold Pinter, 'Writing for the theatre', 579. 'One way of looking at speech is to say that it is a constant stratagem to cover nakedness.'

323 Saunders Lewis, 'Drama hir ... neu ddrama hanes: beirniadaeth Saunders Lewis' (1939), 214. Cymh. sylwadau beirniadol Saunders Lewis, 'Four plays', 175. 'It is less a lack of technique ... than of power and personality.' Cymh. hefyd Alan Ayckbourn ar ysgrifennu deialog, *The Crafty Art of Playmaking*, 94. 'It's an instinctive process for ninety-nine per cent of the time. You either feel it, or you don't.' Cymh. ymhellach Stuart Spencer, *The Playwright's Guidebook*, 195. '[T]hese qualities do not result so much from your desire that they be so as from a consequence of who you are, how you write, what you write about, and so on ... [Y]ou don't create a voice, you discover it. And you discover it by getting down to work and writing as honestly as you can.'

324 Gw. Tennessee Williams yn Donald Spoto, *The Kindness of Strangers: the Life of Tennessee Williams*, 60. 'I don't think I would have been the poet I am without that anguished familial situation ... I've yet to meet a writer of consequence who did not have a difficult familial background if you explored it.' Ystyrier yr ateb swta gan Saunders Lewis yn 'Saunders Lewis', *Cyfweliadau Mabon*, 94. 'A thaid a hendaid i chwi'n weinidogion gyda'r Methodistiaid Calfinaidd, pa mor anodd oedd hi i chwi i droi at yr Eglwys Gatholig?' 'Fe gymerodd ugain mlynedd.'

325 John Gwilym Jones, 'Drama hir: beirniadaeth John Gwilym Jones' (1981), 150. Wrth drafod y frawddeg ''Ryn ni'n aros Godot', meddai: 'Geiriau cyffredin, ie – a 'does dim o'i le ar hynny – ond geiriau wedi eu dewis yn ofalus i bwrpas arbennig. Ac nid yw o unrhyw wahaniaeth prun [*sic*] ai trasiedi ai comedi ai ffars yw'r ddrama, heb hyn mae'n fethiant.'

326 Gw. rhagair *Problemau Prifysgol* (1968), *DSL: 2*, 437. Gw. n. 121 uchod.

327 Cymh. Mark Fortier, *Theory/Theatre*, 41. 'Language is thought of more as an instrument for getting at truth than as a force for unavoidable confusion. Language isn't, in the phrase of

Frederic Jameson, a prison house, but rather a way of seeing and doing.' Trafod iaith mewn perthynas â ffenomenoleg a wneir yma.

328 Rhan o'r *peroratio* yw'r *amplificatio* – cyfle olaf yr areithiwr i greu argraff ar ei gynulleidfa, a defnyddio *affectus*, apêl at y nwydau. Am y *peroratio*, meddai Michael Hawcroft, *Word as Action*, 59: '[T]his is the moment when the orator opens up all the emotional wounds that he has inflicted earlier in the speech; this is the moment when he makes the audience hate his opponent and feel pity for his own cause; this is the moment when the audience is filled with fears or hopes, with anger or despair.' Y *confirmatio* yw pen draw'r ddadl y deuir iddo. Y *refutatio* yw'r wrth-ddadl, yn rhan o'r un araith fel rheol.

329 Meddylier am ddiwedd yr act gyntaf yn *Siwan*, a'r ergyd i Iris yn act gyntaf *Gymerwch Chi Sigarét?* Gw. *DSL: 1*, 553, 628.

330 Saunders Lewis, 'Drama ar gyfer Gŵyl Ddewi', 9. 'Mi ymgroeswn heddiw rhag ysgrifennu'r farddoniaeth areithiol sydd ynddi [*Buchedd Garmon*]. Gallech dybio ei bod hi wedi ei chyfansoddi'n unswydd ar gyfer cystadleuthau [*sic*] adrodd yr Eisteddfod Genedlaethol. Mae'n rhaid fod annerch llysoedd barn a dal pen rheswm gyda'r Barnwr Lewis wedi mynd yn ail natur imi ar y pryd. Yr wyf wedi tawelu dipyn ers ugain mlynedd.'

331 *Gymerwch Chi Sigarét?* (1956), *DSL: 1*, 616.

332 Ibid.

333 Cymh. Lee Blessing yn Jeffrey Hatcher, *The Art and Craft of Playwriting*, 185.

334 Saunders Lewis (10.12.1919), *Letters to Margaret Gilcriest*, 380. 'I think there's a chance of my having something to do with Welsh drama sometime.'

335 Michael Billington, *The Life and Work of Harold Pinter*, 203. 'The historical fact is that most twentieth-century playwrights – with certain obvious exceptions, such as Shaw and Ayckbourn – have enjoyed a vital ten-to-fifteen-year creative span in which they have done their best work.'

336 *Mäster Olof* oedd drama fawr gyntaf Strindberg, a chyfansoddwyd y fersiwn cyntaf, a gydnabyddir fel yr un gorau, pan oedd yn dair ar hugain mlwydd oed. Gw. Michael Meyer, 'Introduction to *Master Olof*', yn *Strindberg: Plays Three: Master Olof: Creditors: To Damascus (Part 1)*, 3.

337 *Eisteddfod Bodran* (1952), *DSL: 1*, 358. 'Mae gen' i dymer yr artist heb ddim dawn i greu. Efallai y gwnawn i actor.'

338 *Blodeuwedd* (1948), *DSL: 1*, 247.

BYRFODDAU

DSL: 1   *Dramâu Saunders Lewis: Y Casgliad Cyflawn: Cyfrol 1*, gol.
Ioan M. Williams (Caerdydd: Gwasg Prifysgol Cymru, 1996)

DSL: 2   *Dramâu Saunders Lewis: Y Casgliad Cyflawn: Cyfrol 2*, gol.
Ioan M. Williams (Caerdydd: Gwasg Prifysgol Cymru, 2000)

LLYFRYDDIAETH

1. Dramâu Saunders Lewis

Cyfeirir at y dramâu golygedig yng nghyfrolau Ioan M. Williams drwy gydol y gyfrol hon. Yn achos ambell ddrama, ceir mwy nag un fersiwn. Bydd y dyddiad a nodir yn yr ôl-nodyn yn amlygu pa destun y cyfeirir ato.

Lewis, Saunders, *Dramâu Saunders Lewis: Y Casgliad Cyflawn: Cyfrol 1*, gol. Ioan M. Williams (Caerdydd: Gwasg Prifysgol Cymru, 1996)

Lewis, Saunders, *Dramâu Saunders Lewis: Y Casgliad Cyflawn: Cyfrol 2*, gol. Ioan M. Williams (Caerdydd: Gwasg Prifysgol Cymru, 2000)

2. Gweithiau y cyfeirir atynt: llyfrau ac ysgrifau, yn nhrefn yr wyddor

Albee, Edward, 'Which theater is the absurd one?', yn Alvin B. Kernan (gol.), *The Modern American Theater: a Collection of Critical Essays* (Englewood Cliffs, N. J.: Prentice-Hall, 1967), 170–5

ap Gwilym, Gwynn, *Stori Saunders Lewis: Bardd y Chwyldro yng Nghymru / The Story of Saunders Lewis: the Poet of Welsh Revolution* (Cyhoeddiadau Barddas, 2011)

Aristoteles, *Barddoneg*, cyf. J. Gwyn Griffiths (Caerdydd: Gwasg Prifysgol Cymru, arg. 2001)

Aristoteles, *Moeseg Aristoteles*, cyf. John FitzGerald (Caerdydd: Gwasg Prifysgol Cymru, 1998)

Aubignac, François Hédelin, abbé d', *La Pratique du théâtre*, gol. Pierre Martino (Alger: Bastide-Jourdan, 1927)

Ayckbourn, Alan, *The Crafty Art of Playmaking* (London: Faber and Faber, 2002)

Baines, Menna, 'Dan ganu', *Barn*, 581 (Mehefin 2011), 32–4

Barnwell, H. T. (gol.), 'Introduction', yn Pierre Corneille, *Writings on the Theatre* (Oxford: Basil Blackwell, 1965)

Barnwell, H. T., *The Tragic Drama of Corneille and Racine: an Old Parallel Revisited* (Oxford: Clarendon Press, 1982)

Barthes, Roland, 'Introduction to the structural analysis of narratives', yn *Image-Music-Text*, cyf. Stephen Heath (Glasgow: Fontana/Collins, 1977), 79–124

Barthes, Roland, *Sur Racine* (Paris: Seuil, 1963)

Barthes, Roland, *S/Z*, cyf. Richard Miller (Oxford: Basil Blackwell, 1974)

Barthes, Roland, 'The world of wrestling', yn *Mythologies*, cyf. Annette Lavers (London: Paladin Books, 1973), 15–25

Bentley, Eric, *The Life of the Drama* (London: Methuen, 1965)

Berry, Ralph, *On Directing Shakespeare* (London: Hamish Hamilton, 1989)

Billington, Michael, *The Life and Work of Harold Pinter* (London: Faber and Faber, 1996)

Birkett, Jennifer a Kate Ince (goln), *Samuel Beckett* (Harlow: Longman, 2000)

Black, Michael H., *Poetic Drama as Mirror of the Will* (London: Vision, 1977)

Bloom, Harold, *The Anxiety of Influence: a Theory of Poetry* (Oxford: Oxford University Press, 1973)

Bloom, Harold, *Shakespeare: the Invention of the Human* (London: Fourth Estate, 1999)

Bradley, A. C., *Shakespearean Tragedy* (London: Macmillan, adarg. 1989)

Braun, Edward, 'Artaud's theatre of cruelty', yn *The Director and the Stage* (London: Methuen Drama, 1993), 180–90

Brook, Peter, *The Empty Space* (London: Penguin Books, 1968)

Cairncross, John, 'Translator's foreword', yn Jean Racine, *Iphigenia/Phaedra/Athaliah* (London: Penguin Books, arg. 1970), 9–10.

Carew, Richard, 'The excellency of the English tongue' (?1595–6), yn G. Gregory Smith (gol.), *Elizabethan Critical Essays*, cyfrol 2 (Oxford: Clarendon Press, 1904), 285–94

Carmody, Jim, 'The comforts of crisis', yn Maria M. Delgado a Caridad Svich (goln), *Theatre in Crisis? Performance Manifestos for a New Century* (Manchester: Manchester University Press, 2002), 22–4

Carson, Neil, *Arthur Miller: Macmillan Modern Dramatists* (London: Macmillan, arg. 1983)

Cennard, Branwen a Meic Povey, 'Drama hir agored o leiaf 70 munud o hyd: beirniadaeth Meic Povey a Branwen Cennard', yn J. Elwyn Hughes (gol.), *Cyfansoddiadau a Beirniadaethau: Eisteddfod Genedlaethol Abertawe a'r Cylch 2006* (Llys yr Eisteddfod, 2006), 193–6

Chapman, T. Robin, *Un Bywyd o Blith Nifer: Cofiant Saunders Lewis* (Llandysul: Gwasg Gomer, 2006)

Clemen, Wolfgang, *The Development of Shakespeare's Imagery* (London: Methuen, 1951)

Coniglio, Mark, 'The importance of being interactive', yn Gavin Carver a Colin Beardon (goln), *New Visions in Performance: the Impact of Digital Technologies* (Lisse, the Netherlands: Swets and Zetlinger, 2004), 5–12

Corneille, Pierre, *Oeuvres complètes*, gol. Georges Couton, 3 cyfrol (Paris: Gallimard, 1980–7)

Corneille, Pierre, *Writings on the Theatre*, gol. H. T. Barnwell (Oxford: Basil Blackwell, 1965)

Craig, Sandy, 'Reflexes of the future: the beginning of the fringe', yn idem (gol.), *Dreams and Deconstructions: Alternative Theatre in Britain* (Ambergate: Amber Lane Press, 1980), 9–29

Dante, *La Divina Commedia* (Milan: Fabbri, 1963)

Davies, Aneirin Talfan, 'Y llenor a'i gyfrwng', yn *Astudio Byd* (Llandybie: Llyfrau'r Dryw, 1967), 9–16

Davies, Aneirin Talfan, 'Llenydda yn Gymraeg – pam?', yn *Astudio Byd* (Llandybie: Llyfrau'r Dryw, 1967), 22–8

Davies, Aneirin Talfan, 'Taith i Taizé', yn *Astudio Byd* (Llandybie: Llyfrau'r Dryw, 1967), 51–74

Davies, Eic, '"Brad" Saunders Lewis', *Lleufer*, 15: 1 (1959), 29–32

Davies, Hazel Walford, 'Howard de Walden a chwaraedy cenedlaethol Cymru, 1927–40', yn eadem (gol.), *Y Theatr Genedlaethol yng Nghymru* (Caerdydd: Gwasg Prifysgol Cymru, 2007), 47–128

Davies, James Kitchener, 'Saunders Lewis a'r ddrama Gymraeg', yn Pennar Davies (gol.), *Saunders Lewis: Ei Feddwl a'i Waith* (Dinbych: Gwasg Gee, 1950), 90–102

Davies, Pennar (gol.), *Saunders Lewis: Ei Feddwl a'i Waith* (Dinbych: Gwasg Gee, 1950)

Duprey, Richard A., 'Today's dramatists', yn John Russel Brown a Bernard Harris (goln), *American Theatre: 10* (London: Edward Arnold, 1967), 209–24

Edgar, David, *How Plays Work* (London: Nick Hern Books, adarg. 2012)

Edwards, Emyr, 'Beth yw barn Bob?', *Barn*, 585 (Hydref 2011), 39–40

Edwards, Emyr, 'Saunders Lewis, the dramatist', *Wales*, 33 (October 1958), 39–42

Edwards, Emyr, *Sut i Greu Drama Fer* (Cyhoeddiadau Barddas, 2012)

Elam, Keir, *The Semiotics of Theatre and Drama* (London: Methuen, 1980)

Elfyn, Menna, 'Tu ôl i'r llen', *Taliesin*, 141 (Gaeaf 2010), 159–62

Emlyn, Mari a Cefin Roberts, 'Drama hir agored dros 50 munud o hyd: beirniadaeth Cefin Roberts a Mari Emlyn', yn J. Elwyn Hughes (gol.), *Cyfansoddiadau a Beirniadaethau: Eisteddfod Genedlaethol Cymru Blaenau Gwent a Blaenau'r Cymoedd 2010* (Llys yr Eisteddfod, 2010), 195–8

Evans, Glyn, 'Awyr iach ar ôl cymhlethdod Tŷ ar y Tywod', *Y Cymro*, 31 Mai 1983, 7

Evans, Meredydd, 'Saunders Lewis a Methodistiaeth Galfinaidd', *Y Traethodydd*, 630 (1994), 5–16

Evans, R. Wallis, 'Cymdeithaseg y ddrama' [rhan 2], *Y Genhinen*, XVIII (Gaeaf 1967–1968), 42–6

Ewbank, Inga-Stina, 'Shakespeare and the art of language', yn Stanley Wells (gol.), *The Cambridge Companion to Shakespeare Studies* (Cambridge: Cambridge University Press, 1986), 49–66

Fortier, Mark, *Theory / Theatre: an Introduction* (London: Routledge, arg. 2002)

Foucault, Michel, 'Le jeu de Michel Foucault', *Ornicar*, 10 (1977), 62–93

Fountain, Tim, *So You Want to Be a Playwright?* (London: Nick Hern Books, 2012)

Freud, Sigmund, *Studies on Hysteria, Standard Edition of Complete Psychological Works*, cyfrol 2 (London: Hogarth, 1966)

Griffiths, Bruce, 'Y dramodydd', yn Gwerfyl Pierce Jones (gol.), *Saunders Lewis: Agweddau ar ei Fywyd a'i Waith* (Ymddiriedolaeth Cronfa Goffa Saunders Lewis, 1991), 13–15

Griffiths, Bruce, 'Gorchest a chymwynas (rhan un)', *Barn*, 402/403 (Gorffennaf/Awst 1996), 75–8

Griffiths, Bruce, 'His theatre', yn Alun R. Jones a Gwyn Thomas (goln), *Presenting Saunders Lewis* (Cardiff: University of Wales Press, 1973), 79–92

Griffiths, Bruce, 'Molière a'r meddygon', *Barn*, 382 (Tachwedd 1994), 28–9

Griffiths, Bruce, 'Trwy deg ynteu trwy dwyll?', *Efrydiau Athronyddol*, 61 (1998), 50–64

Grotowski, Jerzy, 'Statement of principles', yn Michael Huxley a Noel Watts (goln), *The Twentieth-Century Performance Reader* (London: Routledge, 1996), 187–94

Grotowski, Jerzy, *Towards a Poor Theatre*, cyf. M. Buszewicz a J. Barba, gol. E. Barba (London: Methuen, 1968)

Gruffydd, Annes (gol.), 'Rhagair', yn *Dramâu Gwenlyn Parry: y Casgliad Cyflawn* (Llandysul: Gwasg Gomer, 2001), vii–xiii

Gruffydd, R. Geraint, 'Hanes Rhyw Gymro', yn Gwyn Thomas (gol.), *John Gwilym Jones: Cyfrol Deyrnged* (Abertawe: Christopher Davies, arg. 1976), 56–68

Gwyn, William, 'Diwedd y gân' [adolygiad o *Sgint*], *Barn*, 590 (Mawrth 2012), 35

Hallam, Tudur, *Canon ein Llên* (Caerdydd: Gwasg Prifysgol Cymru, 2007)

Hallam, Tudur, 'r/hanfodoli', yn Tudur Hallam ac Angharad Price (goln), *Ysgrifau Beirniadol XXXI* (Bethesda: Gwasg Gee, 2012), 49–91

Hallam, Tudur, 'Saunders Lewis a drama'r radio', yn Tudur Hallam ac Angharad Price (goln), *Ysgrifau Beirniadol XXXII* (Bethesda: Gwasg Gee, 2013), 236–303

Hare, David, *Obedience, Struggle and Revolt: Lectures on Theatre* (London: Faber and Faber, 2005)

Hartnoll, Phyllis (gol.), *The Oxford Companion to the Theatre* (London: Geoffrey Cumberlege/Oxford University Press, 1951)

Hatcher, Jeffrey, *The Art and Craft of Playwriting* (Cincinatti, Ohio: Story Press, 1996)

Hawcroft, Michael, *Word as Action: Racine, Rhetoric, and Theatrical Language* (Oxford: Clarendon Press, 1992)

Hawkes, Terence, 'Shakespeare and new critical approaches', yn Stanley Wells (gol.), *The Cambridge Companion to Shakespeare Studies* (Cambridge: Cambridge University Press, 1986), 287–302

Hédelin, François: gw. Aubignac

Hemming, Sarah, 'It's fun but is it theatre?', Radio 4, cynh. Sara Jane Hall, 4 Ionawr 2013, 9pm. Cafwyd cyfweliadau â chynrychiolwyr o nifer o gwmnïau gweithgar ym maes theatr 'drochi'. http://www.bbc.co.uk/programmes/b01j5fwn (cyrchwyd Mai 2013)

Henn, T. R. (gol.), 'General introduction', yn *Synge: the Complete Plays* (London: Methuen Drama, 1981), 1–21

Henn, T. R. (gol.), 'Introductions to the plays', yn *Synge: the Complete Plays* (London: Methuen Drama, 1981), 22–78

Hingley, Ronald (gol.), 'Introduction', yn *Anton Chekhov: Five Plays*, cyf. Ronald Hingley (Oxford: Oxford University Press, 1980), i–xxxi

Hitchcock, Alfred, *Hitchcock on Hitchcock*, gol. Sidney Gottlieb (London: Faber and Faber, 1995)

Hodgson, John, *The Uses of Drama: Acting as a Social and Educational Force* (London: Methuen, 1972)

Hughes, Garfield (gol.), 'Rhagymadrodd', yn *Gweithiau William Williams Pantycelyn*, Cyfrol 2 (Caerdydd: Gwasg Prifysgol Cymru, 1967), ix–xxiv

Hughes, Haydn, 'Saunders yr enllibiwr', *Taliesin*, 122 (2004), 24–35

Humphreys, Emyr, 'Drama wreiddiol hir: beirniadaeth Emyr Humphreys', *Cyfansoddiadau a Beirniadaethau: Eisteddfod Genedlaethol Cymru Caernarfon 1959* (Gwasg y Brython dros Gyngor yr Eisteddfod Genedlaethol, 1959), 195–7

Humphreys, Emyr, *Theatr Saunders Lewis: Astudiaethau Theatr Cymru 1* (Bangor: Cymdeithas Theatr Cymru, 1979)

Hunter, G. K., 'Shakespeare and the traditions of tragedy', yn Stanley Wells (gol.), *The Cambridge Companion to Shakespeare Studies* (Cambridge: Cambridge University Press, 1986), 123–41

Huxley, Michael a Noel Watts (goln), *The Twentieth-Century Performance Reader* (London: Routledge, 1996)

Innes, Christopher, *Avant Garde Theatre 1892–1992* (London: Routledge, 1993)

Ionesco, Eugène, 'La tragédie du langage', yn *Notes et contre-notes* (Paris: Gallimard, 1962), 155–60

Jones, Alun Ffred, 'Meddyliau ceidwad y pwrs', *Barn*, 562 (Tachwedd, 2009), 29–32

Jones, Alun R. a Gwyn Thomas (goln), *Presenting Saunders Lewis* (Cardiff: University of Wales Press, 1973)

Jones, Anne Morris, 'Pont Trefechan '63/'13', *Barn*, 602 (Mawrth 2013), 38–40

Jones, Anwen, *National Theatres in Context: France, Germany, England and Wales* (Cardiff: University of Wales Press, 2007)

Jones, Anwen, 'Popeth ond theatr', *Barn*, 567 (Ebrill 2010), 45–6

Jones, Awen, Traethawd MA anghyhoeddedig, Prifysgol Abertawe: 'Agweddau ar astudio drama: gyda golwg arbennig ar lefel TGAU ac astudiaeth gymharol rhwng y pynciau Cymraeg, Drama a Saesneg'

Jones, D. Gwenallt (gol.), 'Rhagymadrodd', yn *Yr Areithiau Pros* (Caerdydd: Gwasg Prifysgol Cymru, 1934), ix–xx

Jones, Dafydd Glyn, 'Agweddau ar ethos y dramâu', yn D. Tecwyn Lloyd a Gwilym Rees Hughes (goln), *Saunders Lewis* (Llandybie: Christopher Davies, 1975), 178–95

Jones, Dafydd Glyn, 'Y ddrama ryddiaith', yn Geraint Bowen (gol.), *Y Traddodiad Rhyddiaith yn yr Ugeinfed Ganrif* (Caerdydd: Gwasg Prifysgol Cymru, 1976), 211–40

Jones, Dafydd Glyn, 'Golygu dramâu S.L.', *Taliesin*, 96 (1996), 102–14

Jones, Eifion Lloyd, [adolygiad o *Esther*, 2006], http://www.bbc.co.uk/cymru/adloniant/theatr/adolygiadau/esther-adol.shtml (cyrchwyd Mai 2013)

Jones, Gareth William, 'Drama lwyfan Gymraeg ar ei gwely angau?', *Golwg* (29 Hydref 2009), 9

Jones, Harri Pritchard, 'Saunders Lewis (1893–1983): a neglected giant', *Trafodion Anrhydeddus Gymdeithas y Cymmrodorion* (1993), 115–37

Jones, J. R. '"Cymru Fydd" a'r seicolegwyr', *Llwyfan*, 1 (Haf 1968), 5

Jones, John Gwilym, 'Drama hir: beirniadaeth John Gwilym Jones', yn J. T. Jones (gol.), *Cyfansoddiadau a Beirniadaethau: Eisteddfod Genedlaethol Frenhinol Cymru Maldwyn a'r Cyffiniau 1981* (Gwasg Gomer dros Lys yr Eisteddfod, 1981), 150–4

Jones, John Gwilym, 'Drama hir wreiddiol: beirniadaeth John Gwilym Jones', yn J. T. Jones (gol.), *Cyfansoddiadau a Beirniadaethau: Eisteddfod Genedlaethol Frenhinol Cymru Dyffryn Maelor 1961* (Gwasg Gomer dros Lys yr Eisteddfod, 1961), 153–7

Jones, John Gwilym, 'Drama wreiddiol hir: beirniadaeth John Gwilym Jones', yn Thomas Roberts (gol.), *Cyfansoddiadau a Beirniadaethau: Eisteddfod Genedlaethol Cymru Sir Fôn 1957* (Gwasg y Brython dros Lys yr Eisteddfod Genedlaethol, 1957), 213–17

Jones, John Gwilym, 'Drama wreiddiol hir: beirniadaeth J. Gwilym Jones', yn William Morris (gol.), *Cyfansoddiadau a Beirniadaethau: Eisteddfod Genedlaethol Frenhinol Cymru Llandudno a'r Cylch 1963* (Gwasg Gomer dros Lys yr Eisteddfod, 1963), 166–72

Jones, John Gwilym, 'Saunders Lewis dramodydd', *Y Traethodydd*, 600 (1986), 152–63

Jones, Megan Eluned, 'Dydd y Farn?', *Barn*, 586 (Tachwedd 2011), 34–5

Jones, R. Gerallt, *Siwan Saunders Lewis* (Llandybïe: Llyfrau'r Dryw, 1966)

Jones, R. M., 'A B C Ewrop', *Llenyddiaeth Gymraeg 1936–1972* (Llandybïe: Christopher Davies, 1975), 385–91

Jones, R. M., 'Dramâu Saunders Lewis', *Llenyddiaeth Gymraeg 1936–1972* (Llandybïe: Christopher Davies, 1975), 370–6

Jones, R. M., *Mawl a Gelynion ei Elynion* (Cyhoeddiadau Barddas, 2002)

Jones, R. M., 'Tair gwraig Saunders Lewis', *Llenyddiaeth Gymraeg 1936–1972* (Llandybïe: Christopher Davies, 1975), 377–84

Jones, R. M., *Tair Rhamant Arthuraidd* (Caernarfon: Gwasg Pantycelyn, 1998)

Jones, R. M., 'Tri mewn llenyddiaeth', *Llên Cymru*, 14 (1982), 92–110

Jones, R. M., 'Triawd y Gymru gyfoes', *Llenyddiaeth Gymraeg 1936–1972* (Llandybïe: Christopher Davies, 1975), 392–9

Jones, R. M., *Ysbryd y Cwlwm* (Caerdydd: Gwasg Prifysgol Cymru, 1998)

Kastan, David Scott (gol.), *A Companion to Shakespeare* (Oxford: Blackwell Publishers, 1999)

Klaić, Dragan, 'The crisis of the theatre? The theatre of crisis!', yn Maria M. Delgado a Caridad Svich (goln), *Theatre in Crisis? Performance Manifestos for a New Century* (Manchester: Manchester University Press, 2002), 144–60

Knowles, Ric, *Reading the Material Theatre* (Cambridge: Cambridge University Press, 2004)

Le Bidois, Georges, *De l'action dans la tragédie de Racine* (Paris: Poussielgue, 1900)

Leech, Clifford, *Tragedy* (London: Routledge, arg. 1994)

Lewis, Lisa, 'Cwmni Theatr Cymru ac Emily Davies', yn Hazel Walford Davies (gol.), *Y Theatr Genedlaethol yng Nghymru* (Caerdydd: Gwasg Prifysgol Cymru, 2007), 208–51

Lewis, Saunders, 'Anglo-Welsh theatre: the problem of language', *Cambria Daily Leader*, 10 September 1919, 4

Lewis, Saunders, *Yr Artist yn Philistia II: Daniel Owen* (Aberystwyth: Gwasg Aberystwyth, 1936)

Lewis, Saunders [fel y nodwyd ei sylwadau gan Meinwen Rees, c. Mawrth 1968], '*Brad*: holi Saunders Lewis', gol. E. Wyn James, *Taliesin*, 135 (2008), 37–41

Lewis, Saunders, 'Celf drama', *Y Darian*, 20 Mai 1920, 2

Lewis, Saunders, 'Celfyddyd y ddrama', *Y Darian*, 25 Tachwedd 1920, 3

Lewis, Saunders, 'Celfyddyd y ddrama II: Pa fodd i drefnu'r llwyfan?', *Y Darian*, 27 Mai 1920, 2

Lewis, Saunders, 'Celfyddyd a'r ddrama III: arluniaeth mewn drama', *Y Darian*, 10 Mehefin 1920, 7

Lewis, Saunders, 'Celfyddyd Miss Kate Roberts' (1924), yn *Meistri a'u Crefft*, gol. Gwynn ap Gwilym (Caerdydd: Gwasg Prifysgol Cymru, 1981), 1–3

Lewis, Saunders, 'Cwmni Drama Cymrodorion Caerdydd', *Y Darian*, 2 Mawrth 1922, 2

Lewis, Saunders, 'Cwrs y byd: priodas tywysoges', *Y Faner*, 26 Tachwedd 1947, 8

Lewis, Saunders, 'Cyfansoddi drama hir: beirniadaeth Mr. Saunders Lewis', yn W. J. Gruffydd a G. J. Williams (goln), *Barddoniaeth a Beirniadaethau: Eisteddfod Genedlaethol Caerdydd 1938* (Cyngor yr Eisteddfod Genedlaethol, 1938), 164–7

Lewis, Saunders, 'Cyflwr ein llenyddiaeth' (1939), *Meistri a'u Crefft*, gol. Gwynn ap Gwilym (Caerdydd: Gwasg Prifysgol Cymru, 1981), 167–71

Lewis, Saunders (cyf.), *Doctor er ei Waethaf: Comedi gan Molière* (Wrecsam: Hughes a'i Fab, 1924)

Lewis, Saunders, 'Drama ar gyfer Gŵyl Ddewi', *Radio Times*, 22 February 1957 [ar gyfer 24 February – 2 March 1957], 9

Lewis, Saunders, 'Drama hir ... neu ddrama hanes: beirniadaeth Saunders Lewis', yn R. T. Jenkins a Tom Parry (goln), *Barddoniaeth a Beirniadaethau: Eisteddfod Genedlaethol Dinbych 1939* (Cyngor yr Eisteddfod Genedlaethol), 214–16

Lewis, Saunders, 'Drama wreiddiol hir – cystadleuaeth arbennig: beirniadaeth Saunders Lewis', yn D. M. Ellis (gol.), *Cyfansoddiadau a Beirniadaethau: Eisteddfod Genedlaethol Cymru y Rhyl 1953* (Gwasg y Brython dros Gyngor yr Eisteddfod Genedlaethol, 1953), 168–71

Lewis, Saunders, 'Dyfodol llenyddiaeth' (1950), yn *Meistri a'u Crefft*, gol. Gwynn ap Gwilym (Caerdydd: Gwasg Prifysgol Cymru, 1981), 188–92

Lewis, Saunders, 'Y dyn di-docyn', *Radio Times*, 27 November 1969 [ar gyfer 29 November – 5 December], 9

Lewis, Saunders, 'Y ddrama yn Ffrainc', *Y Darian*, 7 Gorffennaf 1921, 3

Lewis, Saunders, 'Four plays', *The Welsh Outlook*, 7 (1920), 175

Lewis, Saunders, 'Ffrainc cyn y cwymp' (1939), *Ysgrifau Dydd Mercher* (Llandysul: Gwasg Gomer, 1945), 9–18

Lewis, Saunders, 'Y ghetto Cymraeg' (1972), *Barn*, 550 (Tachwedd 2008), 37–8

Lewis, Saunders, 'Henry James' (1949), *Meistri a'u Crefft*, gol. Gwynn ap Gwilym (Caerdydd: Gwasg Prifysgol Cymru, 1981), 216–20

Lewis, Saunders, *Letters to Margaret Gilcriest*, gol. Mair Saunders Jones, Ned Thomas a Harri Pritchard Jones (Cardiff: University of Wales Press, 1993)

Lewis, Saunders, 'Llythyrau at Morris Jones, Hen Golwyn ...', Llyfrgell Genedlaethol Cymru

Lewis, Saunders, 'Nodyn ar Ibsen', *Y Darian*, 23 Rhagfyr 1920, 8

Lewis, Saunders, 'Pierre Corneille' (1949–50), yn *Meistri a'u Crefft*, gol. Gwynn ap Gwilym (Caerdydd: Gwasg Prifysgol Cymru, 1981), 221–9

Lewis, Saunders, 'The present state of Welsh drama', *The Welsh Outlook*, 6 (1919), 302–4

Lewis, Saunders, 'Recent Anglo-Celtic drama', *The Welsh Outlook*, 9 (1922), 63–5

Lewis, Saunders, 'Rhagair', yn Samuel Beckett, *Wrth Aros Godot*, cyf. Saunders Lewis (Caerdydd: Gwasg Prifysgol Cymru, 1970), vii–viii

Lewis, Saunders, 'Rhagair', yn Gwenlyn Parry, *Y Tŵr* (Llandysul: Gwasg Gomer, 1979), 10–11

Lewis, Saunders, 'Rhai amheuon', *Y Llwyfan*, 1 (Mehefin/Gorffennaf 1928), 49–50

Lewis, Saunders, 'Saunders Lewis photocopies', Llyfrgell Genedlaethol Cymru

Lewis, Saunders, 'Saunders Lewis yn trafod llên, celfyddyd, pynciau'r dydd: "Llywelyn Fawr"', *Y Faner*, 14 Mawrth 1951, 8

Lewis, Saunders, 'Tynged i fyw – neu farw', *Radio Times*, 28 February 1974 [ar gyfer 2–8 March 1974], 5

Lewis, Saunders, 'Welsh drama and folk drama', *The Welsh Outlook*, 7 (1920), 167–8

Lewis, Saunders, *Williams Pantycelyn* (Llundain: Foyle's Welsh Depôt, 1927)

Lewis, Saunders ac Aneirin Talfan Davies, [cyfweliad yn dilyn] 'Serch yw'r doctor: libreto act gyntaf opera newydd ...', *Llafar*, VI (1957), 27–8

Lewis, Saunders ac Aneirin Talfan Davies, 'Dylanwadau: Saunders Lewis mewn ymgom ag Aneirin Talfan Davies', *Taliesin*, 2 (Nadolig 1961), 5–18

Lewis, Saunders a Gwyn Thomas, 'Saunders Lewis', yn Gwyn Thomas (gol.), *Cyfweliadau Mabon* (Bethesda: Gwasg Gee, 2011), 93–8

Lewis, Saunders a Kate Roberts, *Annwyl Kate, Annwyl Saunders: Gohebiaeth 1923–83*, gol. Dafydd Ifans (Aberystwyth: Llyfrgell Genedlaethol Cymru, 1992)

Lewis-Smith, Dyfrig, 'Y gyffes', *Taliesin*, 135 (2008), 87

Linstrum, John, 'Introduction', yn *Pirandello: Three Plays* (London: Methuen Drama, 1985), vii–xxxviii

Lloyd, D. Myrddin, 'Jean-Paul Sartre', yn Gareth Alban Davies ac W. Gareth Jones (goln), *Y Llenor yn Ewrop* (Caerdydd: Gwasg Prifysgol Cymru, 1976), 54–65

Lloyd, D. Tecwyn a Gwilym Rees Hughes (goln), *Saunders Lewis* (Llandybie: Christopher Davies, 1975)

Lloyd-Jones, K., 'Beth ydi'r ystyr?' yn Eugène Ionesco, *Y Wers: Y Testament Newydd*, cyf. K. Lloyd-Jones, gol. Gwyn Thomas (Caerdydd: Gwasg Prifysgol Cymru, 1974), vii–xii

Llywelyn, Dafydd, 'Theatr a theledu: yr act olaf?', *Barn*, 587/588 (Rhagfyr/Ionawr 2011/2012), 65–6

MacLoughlin, Shaun, *Writing for Radio: How to write plays, features and short stories that get you on air* (Oxford: How To Books, arg. 2001)

Mared, Gwenan, 'Atgyfodi clasur', *Barn*, 545 (Mehefin 2008), 54–6

Maskell, David, *Racine: a Theatrical Reading* (Oxford: Clarendon Press, 1991)

May, Georges, *Tragédie cornélienne, tragédie racinienne* (Urbana, Illinois: University of Illinois Press, 1948)

McGrath, John, *A Good Night Out* (London: Methuen Drama, 1981)

Meisel, Martin, *How Plays Work: Reading and Performance* (Oxford: Oxford University Press, 2007)

Meyer, Michael, 'Introduction to *Master Olof*', yn Johan August Strindberg, *Strindberg: Plays Three: Master Olof: Creditors: To Damascus (Part 1)*, cyf. Michael Meyer (London: Methuen Drama, 1991), 3–10

Miles, Gareth, 'Bardd y di-sens', *Barn*, 545 (Mehefin 2008), 61–2

Miles, Gareth, 'Y teilwng a'r annheilwng: cip yn ôl ar y brifwyl', *Barn*, 574 (Tachwedd 2010), 53–4

Miles, Gareth, 'Trosi dwy drasiedi ac un epig', *Taliesin*, 122 (2004), 50–6

Miles, Gareth, 'Yn y crochan', *Barn*, 522/523 (Gorffennaf/Awst 2006), 95–8

Miller, Anthony, 'Matters of state', yn Alexander Leggatt (gol.), *The Cambridge Companion to Shakespearean Comedy* (Cambridge University Press, 2002), 198–214

Millward, E. G., 'O'r llyfr i'r llwyfan: Beriah Gwynfe Evans a'r ddrama Gymraeg', yn J. E. Caerwyn Williams (gol.), *Ysgrifau Beirniadol XIV* (Dinbych: Gwasg Gee, 1988), 199–220

Molière, *Oeuvres complètes*, gol. G. Couton, 2 gyfrol (Paris: Gallimard, 1971)

Morgan, Sharon, *Hanes Rhyw Gymraes* (Tal-y-bont: Y Lolfa, 2011)

Muir, Kenneth (gol.), 'Introduction', yn *Jean Racine: Five Plays, Translated into English Verse, and with an Introduction* (New York: Hill and Wang, 1960), xi–xxviii

Nefydd, Elen Mai, 'Blas mwy ar y 'fala', *Barn*, 591 (Ebrill 2012), 38

Nurse, Peter H., *Classical Voices: Studies of Corneille, Racine, Molière, Mme de Lafayette* (London: George G. Harrap, 1971)

Oates, Whitney J. ac Eugene O'Neill, Jr., 'General Introduction', yn idem (goln), *Seven Famous Greek Plays* (New York: Vintage Books, arg. 1950), ix–xxv

Oderberg, David S., *Real Essentialism* (London: Routledge, 2007)

Ogwen, John, 'John Gwilym Jones: Cynhyrchydd III', yn Gwyn Thomas (gol.), *John Gwilym Jones: Cyfrol Deyrnged* (Abertawe: Christopher Davies, arg. 1976), 39–41

Owen, Gruffudd, 'Yr angen am hyder', *Barn*, 572 (Medi 2010), 36–8

Owen, Gruffudd, 'Steddfod y sbort a'r salsa', *Barn*, 584 (Medi 2011), 42–4

Owen, Roger, 'Sioeau a'u beirniaid', *Barn*, 575/576 (Rhagfyr/Ionawr 2010/11), 57–8

Owen, Roger, 'Teithiau a therfynau', *Barn*, 569 (Mehefin 2010), 47–8

Owen, Roger, 'Teyrn yw'r lleuad', *Barn*, 562 (Tachwedd 2009), 34–5

Parry, Gwenlyn, *Y Tŵr* (Llandysul: Gwasg Gomer, 1979)

Perri, Henri (1595), *Egluryn Phraethineb. Sef Dosparth ar Retoreg, un o'r saith gelfyddyd ...*, yn Garfield H. Hughes (gol.), *Rhagymadroddion 1547–1659* (Caerdydd: Gwasg Prifysgol Cymru, 1951), 84–8

Phillips, Dewi Z., *Dramâu Gwenlyn Parry: argraffiad newydd gyda phenodau ychwanegol* (Caernarfon: Gwasg Pantycelyn, 1995)

Pinter, Harold, 'Writing for the theatre' (speech at the National Student Drama Festival, 1962), adargraffwyd yn Henry Popkin (gol.), *The New British Drama* (New York: Grove Press, 1964), 574–80

Platt, Peter G., 'Shakespeare and rhetorical culture', yn David Scott Kastan (gol.), *A Companion to Shakespeare* (Oxford: Blackwell Publishers, 1999), 277–96

Pocock, Gordon, *Corneille and Racine: Problems of Tragic Form* (Cambridge: Cambridge University Press, 1973)

Potter, Dennis, *Potter on Potter*, gol. Graham Fuller (London: Faber and Faber, 1993)

Povey, Meic, *Nesa Peth i Ddim: Hunangofiant Meic Povey* (Llanrwst: Gwasg Carreg Gwalch, 2010)

Povey, Meic, *Tyner yw'r Lleuad Heno* (Llandysul: Gomer gyda Theatr Genedlaethol Cymru, 2009)

Racine, Jean, *Iphigenia / Phaedra / Athaliah*, cyf. John Cairncross (London: Penguin Books, arg. 1970)

Racine, Jean, *Théâtre Complet*, gol. Philippe Sellier, 2 gyfrol (Paris: Imprimerie Nationale, 1995)

Reilly, Mary, *Racine: Language, Violence and Power* (Oxford: Peter Lang, 2005)

Robert, Gruffydd, *Gramadeg Cymraeg*, gol. G. J. Williams (Caerdydd: Gwasg Prifysgol Cymru, 1939)

Roose-Evans, James, 'The theatre of ecstasy – Artaud, Okhlopkov, Savary', yn *Experimental Theatre: From Stanislavsky to Peter Brook* (London: Routledge, arg. 1989), 74–90

Rowlands, Ian, 'Drama a llenyddiaeth', *Taliesin*, 122 (2004), 57–67

Rowlands, Ian, 'Y gwaethaf y gall Ewrop ei gynhyrchu? – her i'r Theatr Genedlaethol', *Barn*, 538 (Tachwedd 2007), 50–2

Rowlands, Ian, 'Llwyfan i freuddwydion', *Barn*, 566 (Mawrth 2010), 43–4

Rhys, Maureen, *Prifio: Hunangofiant Maureen Rhys* (Llandysul: Gwasg Gomer, 2006)

Sams, Hannah, 'Ailymweld â theatr yr abswrd', yn Tudur Hallam ac Angharad Price (goln), *Ysgrifau Beirniadol XXXI* (Bethesda: Gwasg Gee, 2012), 183–213

Sams, Hannah, traethawd PhD anghyhoeddedig, anorffenedig, Prifysgol Abertawe (sydd ar y gweill)

Sartre, Jean-Paul, *Caeedig Ddôr*, cyf. Richard T. Jones (Caerdydd: Gwasg Prifysgol Cymru, 1979)

Scherer, Jacques, *La Dramaturgie classique en France* (Paris: Nizet, 1950)

Senior, Matthew, *In the Grip of Minos: Confessional Discourse in Dante, Corneille, and Racine* (Columbus: Ohio State University Press, 1994)

Shakespeare, William, *Tragedies* (London: Marshall Cavendish, 1988)

Soffocles, *Oidipos Frenin*, cyf. Euros Bowen (Caerdydd: Gwasg Prifysgol Cymru, 1972)

Spencer, Stuart, *The Playwright's Guidebook* (New York; London: Faber and Faber, 2002)

Spoto, Donald, *The Kindness of Strangers: the Life of Tennessee Williams* (Boston: Little, Brown and Company, 1985)

Stanislavski, Constar '.n Actor ι ιepaιes, ι," Elizabeth Reynolds Hapgood (London ιet...uen Drama, arg. 1992)

Stanislavski, Cons'...ntin, *Building a Character*, cyf. Elizabeth Reynolds Hapgood (London: Methuen Drama, arg. 1986)

Styan, J. L., *Y Ddrama Gyfoes: Damcaniaethau ac Arferion: Realaeth a Naturiolaeth*, addasiad Annes Glynn (Llandysul: Gwasg Gomer, 2007)

Synge, J. M., *Synge: the Complete Plays*, gol. T. R. Henn (London: Methuen Drama, 1981)

Thomas, Gwyn, 'Diwéddgan', yn Samuel Beckett, *Diwéddgan*, cyf. Gwyn Thomas (Caerdydd: Gwasg Prifysgol Cymru, 1969), vii–xii

Thomas, Gwyn (gol.), *John Gwilym Jones: Cyfrol Deyrnged* (Abertawe: Christopher Davies, arg. 1976)

Thomas, Gwyn, 'Tu hwnt i'r llen', yn J. E. Caerwyn Williams (gol.), *Ysgrifau Beirniadol IX* (Dinbych: Gwasg Gee, 1976), 352–65

Thomas, M. Wynn a Tudur Hallam, 'Holi'r Athro M. Wynn Thomas', yn Tudur Hallam ac Angharad Price (goln), *Ysgrifau Beirniadol XXXI* (Bethesda: Gwasg Gee, 2012), 215–23

Tudur, Non, 'Grym y gair "ar goll"?', *Golwg*, 10 Mai 2012, 10–11

Turnell, Martin, *Jean Racine – Dramatist* (London: Hamish Hamilton, 1972)

Waters, Steve, *The Secret Life of Plays* (London: Nick Hern Books, 2010)

Way, Brian, 'Albee and the Absurd: "The American Dream" and "The Zoo Story"', yn John Russel Brown a Bernard Harris (goln), *American Theatre: Stratford-upon-Avon Studies: 10* (London: Edward Arnold, 1967), 189–207

Wells, Stanley (gol.), *The Cambridge Companion to Shakespeare Studies* (Cambridge: Cambridge University Press, 1986)

Wells, Stanley (gol.), *Shakespeare in the Theatre: an Anthology of Criticism* (Oxford: Oxford University Press, 1997)

Williams, Aled Jones, *Y Cylchoedd Perffaith* (Caernarfon: Gwasg y Bwthyn, 2010)

Williams, D. J. a Saunders Lewis a Kate Roberts, *Annwyl D.J.: llythyrau D.J., Saunders, a Kate*, gol. Emyr Hywel (Tal-y-bont: Y Lolfa, 2007)

Williams, Elenid, 'Theatr y direswm – Ionesco a Beckett', yn Gareth Alban Davies ac W. Gareth Jones (goln), *Y Llenor yn Ewrop* (Caerdydd: Gwasg Prifysgol Cymru, 1976), 162–72

Williams, Ioan, *Y Mudiad Drama yng Nghymru 1880–1940* (Caerdydd: Gwasg Prifysgol Cymru, 2006)

Williams, Ioan M., *A Straitened Stage* (Bridgend: Seren Books, 1991)

Williams, J. Ellis, *Tri Dramaydd Cyfoes* (Dinbych: Gwasg Gee, 1961)

Williams, Raymond, *Drama from Ibsen to Brecht* (London: Hogarth Press, 1993)

Williams, Raymond, 'Theatre as a political forum', yn Edward Timms a Peter Collier (goln), *Visions and Blueprints: Avant-garde culture and radical politics in early twentieth-century Europe* (Manchester: Manchester University Press, 1988), 307–20

Williams, Sioned, 'Y Theatr Gymraeg yn y glorian', *Barn*, 563/564 (Rhagfyr/Ionawr 2009/10), 81–4

Williams, Tennessee, 'Foreword', yn *A Streetcar Named Desire and Other Plays*, gol. E. Martin Browne (London: Penguin Books, arg. 1995), 9–13

Williams, Tennessee, 'The timeless world of a play', yn *The Rose Tattoo and Camino Real*, gol. E. Martin Browne (Harmondsworth: Penguin Books, 1958), 11–14

Williams, William, *Drws y Society Profiad*, yn *Gweithiau William Williams Pantycelyn*, Cyfrol 2, gol. Garfield Hughes (Caerdydd: Gwasg Prifysgol Cymru, 1967), 181–242

Wilmer, S. E., 'Theatrical nationalism and subversive affirmation', yn Megan Alrutz, Julia Listengarten ac M. Van Duyn Wood (goln), *Playing with Theory in Theatre Practice* (Basingstoke: Palgrave Macmillan, 2012), 86–101

Wilson, John Dover, *What Happens in Hamlet* (Cambridge: Cambridge University Press, 1935, adarg. 2003)

Worton, Michael, 'Waiting for Godot and Endgame: theatre as text', yn John Pilling (gol.), The Cambridge Companion to Beckett (Cambridge: Cambridge University Press, 1994), 67–87

Yeats, W. B., 'Certain noble plays of Japan', W. B. Yeats: Essays and Introductions (London and Basingstoke: Macmillan, 1961), 221–37

Yeats, W. B., The Variorum Edition of the Plays of W. B. Yeats, gol. Russell K. Alspach, gyda chymorth Catherine C. Alspach (London: Macmillan, 1966)

Yeats, W. B., W. B. Yeats: Collected Plays (London: Papermac, Macmillan, 1982)